CTX

CARBON TAPE X-WARPING

CTX 공법
Uni-Direct 형 Carbon 원사의 최대 취약점인 압축강도를 보강하기 위하여 Blank 작업 시 최 외측에 24ton 또는 30ton Carbon Tape 를 X-자 형태로 일정한 Pitch로 감음으로서 압축 강도 및 외관을 화려하게 연출 할 수 있는 공법이다.

FUJI "K" GUIDE, SiC-S
DPSSD 18GM + LOGR 18/AN 시트 사용 (릴 장착 시 풀림 방지 用 NUT 사용)
下 그립은 원그립(One Grip) 채용
CTX적용으로 초고강도와 최고 감도를 동시에 실현

MODEL	LENGTH (m)	SECTION (pcs)	C.LENGTH (cm)	WEIGHT (g)	TOP DIA (mm)	BUTT DIA (mm)	LURE wt. (g)	P.E LINE (호)	GUIDE (ea)	GRIP (mm)	CARBON (%)	PRICE (KRW)
S-9102XM	3.00	2	154	187	1.7	14.3	8~42	1.2~2.0	9	330	99	330,000
S-1092MH	3.28	2	168	210	1.9	14.5	10~50	1.5~2.5	9	360	99	340,000

※ 제품 규격 및 디자인과 판매가는 품질 향상 등의 이유로 사전 예고 없이 변경될 수 있습니다.
※ 구매일로부터 1년 이내 파손된 한 절번에 한하여1회 무상 A/S

MADE IN KOREA

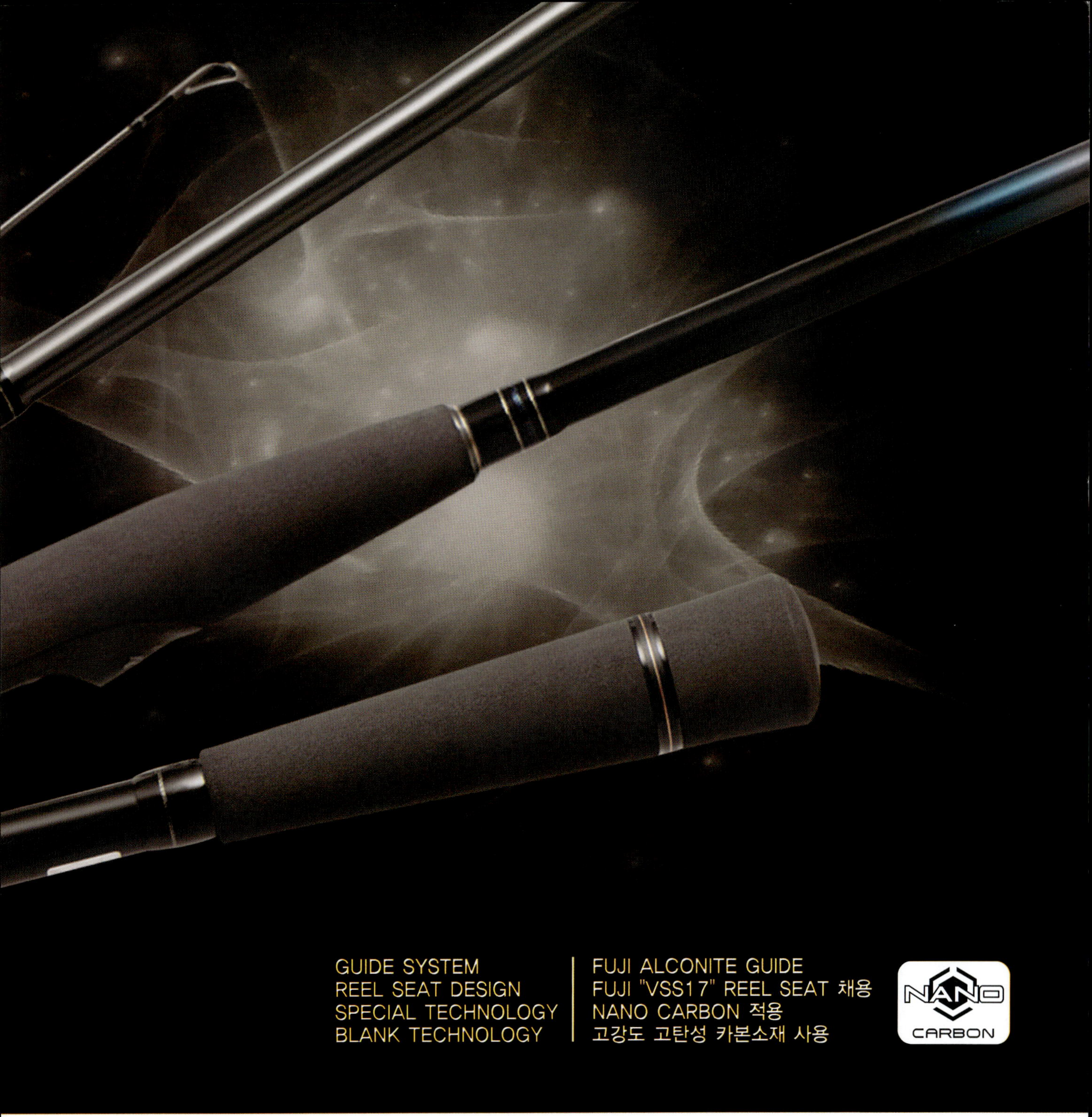

GUIDE SYSTEM | FUJI ALCONITE GUIDE
REEL SEAT DESIGN | FUJI "VSS17" REEL SEAT 채용
SPECIAL TECHNOLOGY | NANO CARBON 적용
BLANK TECHNOLOGY | 고강도 고탄성 카본소재 사용

MODEL	LENGTH (m)	SECTION (pcs)	C.LENGTH (cm)	WEIGHT (g)	TOP DIA (mm)	BUTT DIA (mm)	LURE wt. (g)	P.E LINE (호)	GUIDE (ea)	GRIP (mm)	CARBON (%)	PRICE (KRW)
S-902L	2.74	2	140	161	1.6	13.0	8~32	0.6~1.5	8	360	99	230,000
S-962ML	2.90	2	149	176	1.7	14.4	10~36	0.8~2.0	8	380	99	240,000
S-1002ML	3.05	2	157	188	1.7	15.0	10~36	0.8~2.0	8	420	99	250,000
S-1063M	3.20	3	112	216	1.8	15.3	10~42	1.0~3.0	9	420	99	270,000
S-1103ML	3.35	3	117	215	1.6	15.4	10~36	0.8~2.0	9	435	99	280,000
S-1203M	3.66	3	127	247	1.8	16.6	10~42	1.0~3.0	9	440	99	290,000

※ 제품 규격 및 디자인과 판매가는 품질 향상 등의 이유로 사전 예고 없이 변경될 수 있습니다.
※ 구매일로부터 1년 이내 파손된 한 절번에 한하여 1회 무상 A/S

MADE IN CHINA

CRETA OESUJIL GAME

크레타 외수질 게임

농어, 민어, 우럭 등 다양한 어종에 대응 가능한 외수질 전용 플래그쉽 모델!

CRETA OESUJIL GAME 확대컷

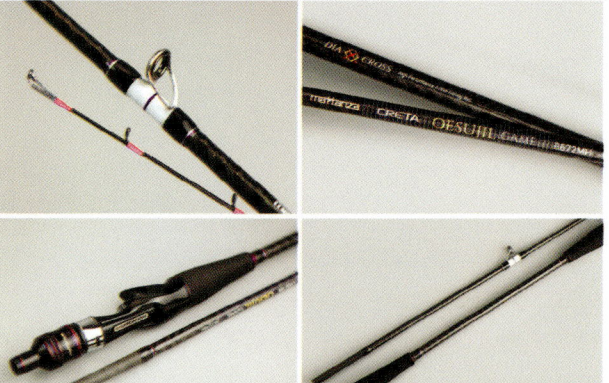

CRETA OESUJIL GAME 특장점

- 줄 꼬임 방지용 "K"형 가이드+AL 링 적용
- 더블 풋 가이드 언더랩핑 적용으로 강한 훅셋 시 충격 방지
- 고강 알루미늄 투톤(블랙+퍼플) 이중 아노다이징 처리
- 파지감이 뛰어난 ACS형 REEL SEAT 적용
- 저RC 중탄성 카본+050RT 453P3 DIAMOND 무늬 패턴 적용
- 조작성을 중시한 Split Handle 및 고탄력 양면 컷팅 Non Slip EVA Grip 적용으로 견착이 용이

CRETA OESUJIL GAME 제원표

품번	전장(m)	마디수	접은길이(cm)	총중량(g)	선경	원경	LURE Wt.(g)	LINE Wt.(PE)	판매가
B672MH	2.00	2	148.0	128	1.5	10.8	100~200	1.5~3.0	170,000

A/S 규정
- 1회 수리의뢰: 훼손 된 절번과 보증서가 회수되는 조건으로 1마디 무상수리, 교환
- 2회부터 훼손 된 절번이 회수되는 조건으로 수리품 가격의 50% 적용

The new paradigm of Sports fishing!
www.mattanza.co.kr

- 부산광역시 강서구 녹산산단 381로 40번길 57 (송정동 1662-8)
- 전화: (051) 264-8915~6 • 팩스: (051) 264-8913
- 천류, 마탄자 A/S 홈페이지: www.cmsvc.kr

모든 것이 미래의 상징이 된다.
[에어드라이브 디자인]
AIRDRIVE DESIGN

마음먹은 대로 돌리고 멈춘다.
AIRDRIVE, 차원이 다른 미래의 권상감각.

에어드라이브 디자인은 의도한 대로 루어를 조작하길 원하는 낚시인의 니즈를 반영한 차세대 스피닝 릴의 설계 사상이다. 현재 스피닝 릴의 리어 유닛은 모노코크 보디나 터프 디지기어와 같은 높은 수준의 신기축 테크놀로지로 인해 고강성, 고강도인 동시에 경량화되었다. 또한 핸들 등의 부품도 감도를 유지하면서 점점 가벼워지고 있다. 이러한 진전된 테크놀로지에 힘입어 프린트 유닛의 경량화도 시도하였다. 마침내 모든 부품이 진정한 모습을 찾고, 적은 힘으로도 상쾌하게 감아올리고, 정확히 멈추고, 최고의 감도와 함께 회전을 자유자재로 조작하는 에어드라이브 디자인이 탄생하였다.

www.daiwa.com/kr

[에어드라이브 베일]
AIRDRIVE BAIL
강성과 경량성을 실현시키는 중공 파이프 구조를 채용해온 에어베일을 더욱 더 경량화시키기 위하여 필요 강도를 유지하면서 지름을 최소화. 라인이 베일에서 라인롤러로 보다 매끄럽게 흘러 들어가는 최적의 베일 각도로 경사 세팅. 경량성의 진보, 트러블레서를 실현

[에어드라이브 스풀]
AIRDRIVE SPOOL
정밀한 강도 계산을 바탕으로 불필요한 부분을 한계까지 덜어내 철저한 경량화를 실현한, 얇은 벽 구조의 에어드라이브 스풀, 스풀이 경량화됨으로써 가벼운 권상감과 캐스트 동작 등의 조작성이 향상. 더욱이 작동 저항이 적은 드랙 발음 구조에 의해 드랙 작동 시의 리스폰스 향상을 실현하였다.

[에어드라이브 로터]
AIRDRIVE ROTOR
독자적인 이론으로 구 모양을 그대로 잘라낸 듯한 새로운 형태를 구현했다. 거기에다 불필요한 부분을 한층 더 깎아내어 강성을 유지함과 동시에 큰 폭으로 경량화를 실현시켰다.
조작성, 감도 향상으로 이어지는 권상의 가벼움을 비약적으로 이뤄냈다.

[에어드라이브 샤프트]
AIRDRIVE SHAFT
메인 샤프트와 피니온을 비접촉 구조로 하여 마찰 저항을 제로로 만드는 리니어 샤프트. 거기에 피니온의 양단을 BB로 지지함으로써 입력된 파워를 사용해 최대한의 회전력을 낼 수 있는 시스템. 이에 더해 메인 샤프트를 고정밀도 카라로 지지하여 회전 노이즈를 최소한으로 줄였다.

에어드라이브 디자인은
최대 4가지의 테크놀로지로 구성되어 있다.

가벼운 권상감과 높은 회전 리스폰스를 탄생시킨 에어드라이브 로터의 탑재를 필수 조건으로 하며, 에어드라이브 로터 성능을 지탱하는 가볍고 트러블이 적은 에어드라이브 베일, 정밀한 강도 계산을 바탕으로 불필요한 부분을 최대한 덜어내 철저한 경량화를 실현한, 얇은 벽 구조의 에어드라이브 스풀, 메인 샤프트와 피나온을 비접촉 구조로 설계함과 동시에 고정밀도 카라로 메인 샤프트를 지지함으로써 고부하 시에도 회전 노이즈를 최소화하는 경쾌한 권상을 실현시킨 에어드라이브 샤프트.
이 모든 기술의 시너지 효과와 프런트 유닛의 경량화로 이뤄낸 가벼운 권상감과 무게 개선으로 인해 리트리브 낚시나 로드 액션 낚시를 중심으로 한 모든 루어 피싱 상황에서 고차원의 조작성을 실현시켰다.

Sufix 131

더 질기고 더 부드러운 합사

서픽스 131

GORE Featuring
GORE® Performance Fibers

특급A⁺⁺, 우유처럼 부드러운 131

1. 1가닥 고어 중심줄로 넣고 그 주위를 12가닥의 다이니마 원사를 사용하여 직조한 서픽스사의 특허 기술
2. 중심줄로 고어합사를 사용함, 더 질기고 부드러운 합사 탄생
3. 중심부분의 빈 공간을 없앰으로서 라인의 물흡수를 최소화 시키며, 비거리 향상과 조류 간섭을 최소화 시킴
4. 1인치내 60번 직조된 아주 부드러운 표면은 라인의 원형화를 이루어 비거리 향상에 큰 도움

라팔라브이엠씨코리아(주)   인천시 부평구 부평대로 130 청봉빌딩 2층 202호   문의 : 032)529-5561~2   팩스 : 032)529-5563

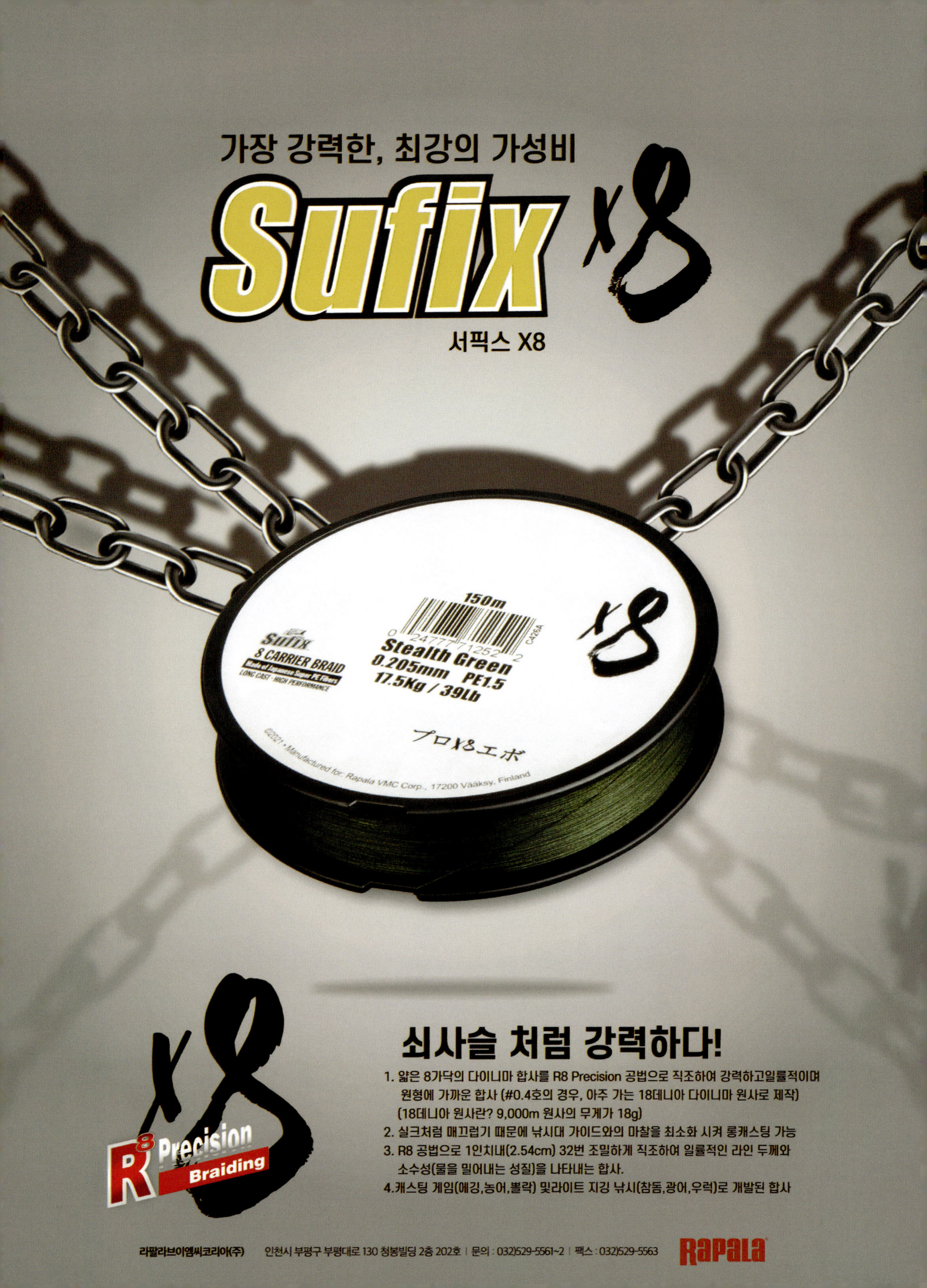

가장 강력한, 최강의 가성비

Sufix X8

서픽스 X8

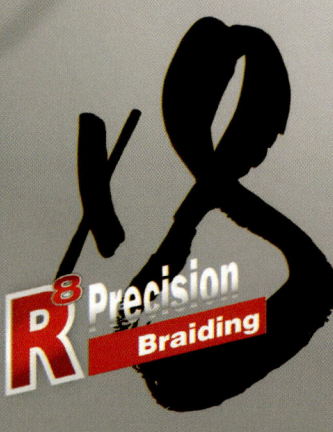

쇠사슬 처럼 강력하다!

1. 얇은 8가닥의 다이니마 합사를 R8 Precision 공법으로 직조하여 강력하고 일률적이며 원형에 가까운 합사 (#0.4호의 경우, 아주 가는 18데니아 다이니마 원사로 제작) (18데니아 원사란? 9,000m 원사의 무게가 18g)
2. 실크처럼 매끄럽기 때문에 낚시대 가이드와의 마찰을 최소화 시켜 롱캐스팅 가능
3. R8 공법으로 1인치내(2.54cm) 32번 조밀하게 직조하여 일률적인 라인 두께와 소수성(물을 밀어내는 성질)을 나타내는 합사.
4. 캐스팅 게임(에깅,농어,볼락) 및 라이트 지깅 낚시(참돔,광어,우럭)로 개발된 합사

라팔라브이엠씨코리아(주)　인천시 부평구 부평대로 130 청봉빌딩 2층 202호 ｜ 문의 : 032)529-5561~2 ｜ 팩스 : 032)529-5563

STALLION

1. 고탄성카본과 평직카본의 조화로 완성도 높은 디자인 구현.
2. Fuji 릴시트를 채용과 홀드감이 강한 통너트로 안정적 낚시행위를 돕는다.
3. 전가이드 SIC링 사용, 높은 비거리와 라인의 마찰을 최소화 한다.
4. 대 구경의 TOP가이드와 쇼트 풋 가이드 장착, 보다 쾌적한 낚시를 연출한다.

품 번	전장(m)	접은길이(Cm)	마디(절)	자중(g)	Lure Wt.(g)	Line Wt.(lbs)	소비자가격(원)
ST-802ML	8'0"(2.43)	126.0	2	150.0	7~25	6~12	₩147,000
ST-862ML	8'6"(2.58)	133.0	2	165.0	7~25	6~12	₩157,000
ST-862M	8'6"(2.58)	134.0	2	170.0	10~33	8~14	₩168,000
ST-902ML	9'0"(2.74)	141.0	2	180.0	10~30	8~14	₩178,000
ST-902M	9'0"(2.74)	142.0	2	210.0	10~45	8~20	₩189,000
ST-962ML	9'6"(2.89)	149.0	2	183.0	10~30	8~14	₩194,000
ST-962M	9'6"(2.89)	149.0	2	212.0	15~45	8~20	₩200,000
ST-1002M	10'0"(3.04)	157.0	2	215.0	15~45	8~20	₩210,000

품 번	전장(m)	접은길이(Cm)	마디(절)	자중(g)	Lure Wt.(g)	Line Wt.(lbs)	소비자가격(원)
BC782ML	7'8"(2.33)	121.0	2	145.0	7~25	6~12	₩160,000
BC822ML	8'2"(2.49)	127.0	2	158.0	7~25	6~12	₩170,000

ST(스피닝 릴) 타입

BC(베이트 릴) 타입

인천광역시 계양구 효성2동 543-5 | TEL : 032-553-6333 / FAX : 032-553-6332   YGF 영규산업

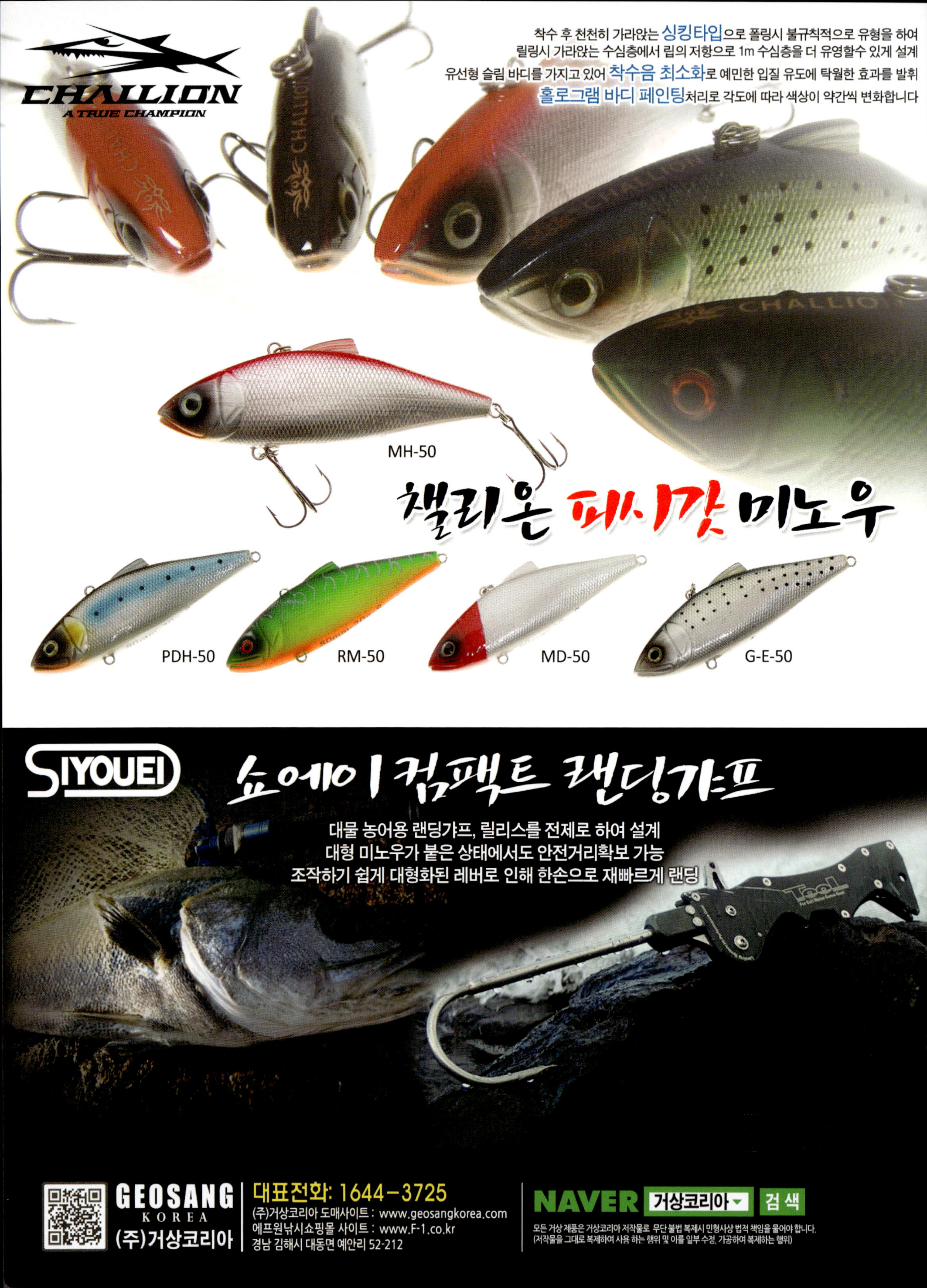
CHALLION
A TRUE CHAMPION
착수 후 천천히 가라앉는 싱킹타입으로 폴링시 불규칙적으로 유형을 하여
릴링시 가라앉는 수심층에서 립의 저항으로 1m 수심층을 더 유영할수 있게 설계
유선형 슬림 바디를 가지고 있어 착수음 최소화로 예민한 입질 유도에 탁월한 효과를 발휘
홀로그램 바디 페인팅처리로 각도에 따라 색상이 약간씩 변화합니다
MH-50
챌리온 페시갓 미노우
PDH-50
RM-50
MD-50
G-E-50
SIYOUEI
쇼에이 컴팩트 랜딩갸프
대물 농어용 랜딩갸프, 릴리스를 전제로 하여 설계
대형 미노우가 붙은 상태에서도 안전거리확보 가능
조작하기 쉽게 대형화된 레버로 인해 한손으로 재빠르게 랜딩
GEOSANG
KOREA
(주)거상코리아
대표전화: 1644-3725
(주)거상코리아 도매사이트 : www.geosangkorea.com
에프원낚시쇼핑몰 사이트 : www.F-1.co.kr
경남 김해시 대동면 예안리 52-212
NAVER 거상코리아 검 색
모든 거상 제품은 거상코리아 저작물로 무단 불법 복제시 민형사상 법적 책임을 물어야 합니다.
(저작물을 그대로 복제하여 사용 하는 행위 및 이를 일부 수정, 가공하여 복제하는 행위)

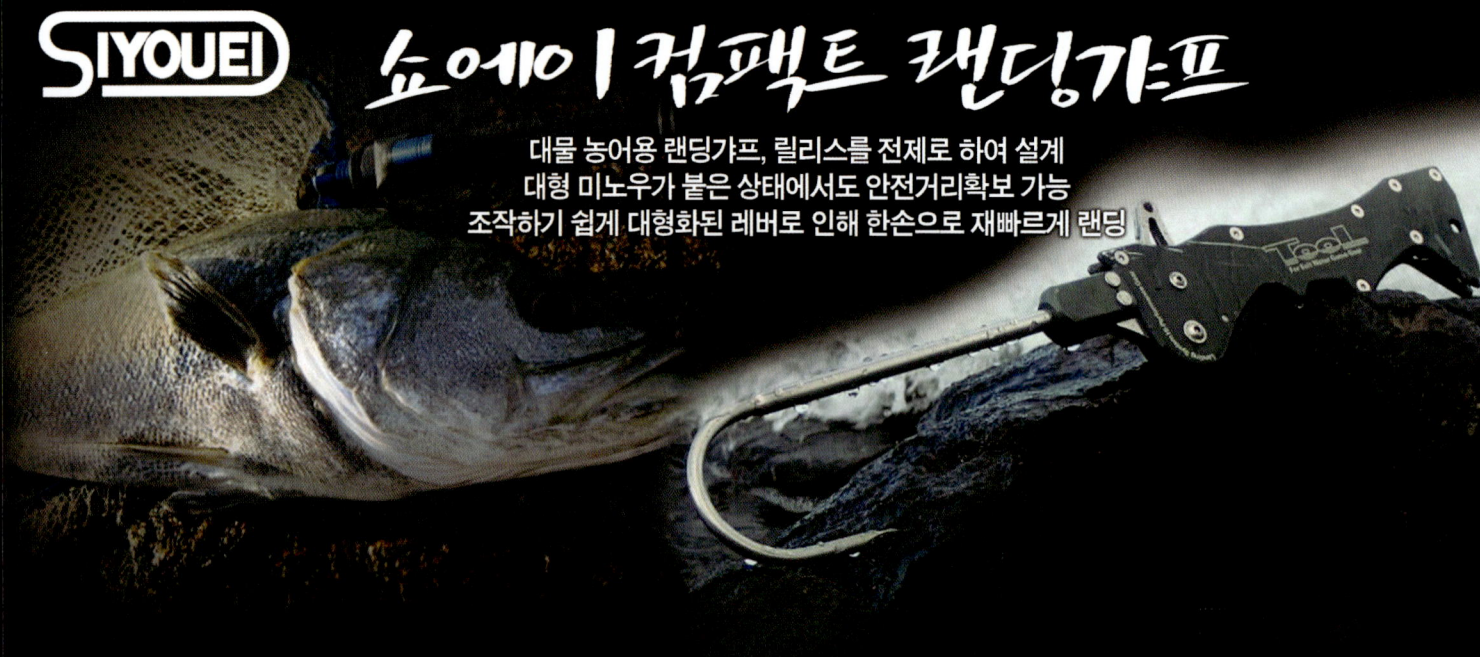

칼립소

더 다양한 필드에서 활약하는 싱킹 미노우

JIG MINNOW 100SS

TYPE : Sinking　SIZE : 100mm
WEIGHT : 22g　DEPTH : 0.1~0.5m

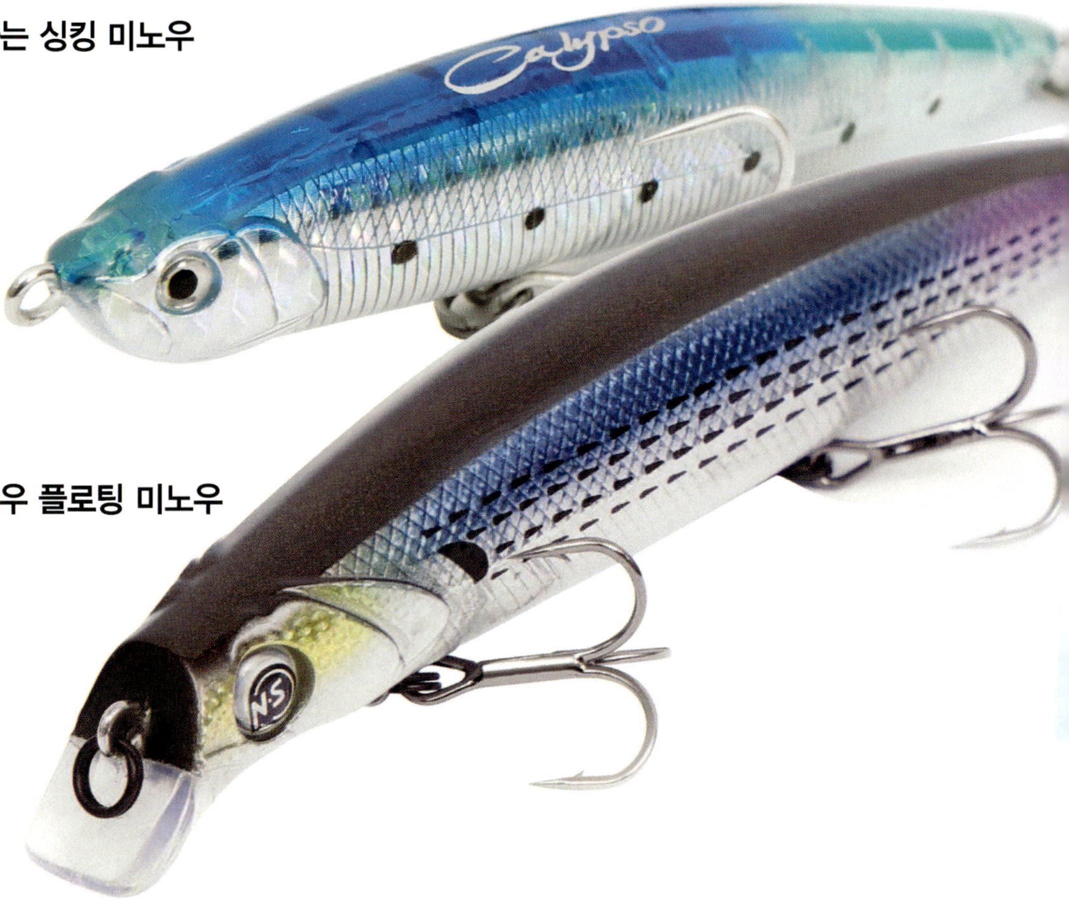

다양한 상황에 최적인 슬로우 플로팅 미노우

MINNOW 125SF-24g

TYPE : Slow Floating　SIZE : 125mm
WEIGHT : 24g　DEPTH : 0.5~0.8m

위브론 카본 리더 라인
WEAVERON CARBON LEADER LINE

어종별로 정확히 타기팅 하였다. 전문 낚시인을 위한 초고강도 고감도 라인 쇼크리더

- 뛰어난 인장력
- 카본의 뻣뻣함을 보완하여 강하지만 부드럽다.
- 후로로카본 100%
- 대상어의 이빨과 암초에 의한 손상을 최소화

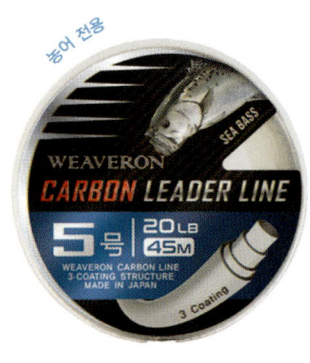

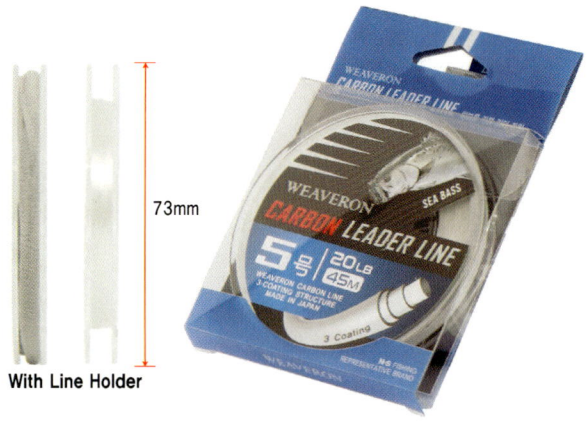

73mm

With Line Holder

(주)엔에스 인천광역시 남동구 염전로411번길 38 https://nsrod.co.kr/　TEL : 032)868-5406　A/S : 032)868-1004　FAX : 032)868-5423

쵸비 (CHOVY) SF125

넙치농어를 겨냥하여 개발한 바이트 특화형 쉘로우 러너

- 액션: 백파를 떠다니는 베이트를 연상케하는 네츄럴한 롤링액션
- 유영자세: 백파속에 동화되기 쉬운 '서스펜드'에 가까운 비중과, 공격하기 쉬운 수평자세
- 쇼트저킹: 짧은 저킹으로 다트액션을 발생시켜, 잔잔한 바다 상황에서도 대상어의 공격 스위치 온!

002 찌미도로(피투성이)

004 케이무라슬릿글로우

014 케이무라 코튼캔디

025 챠트 오렌지

026 레드헤드

033 카타쿠치

034 사라시 그린

035 스케챠트

제품 스펙
- 길이: 130mm
- 중량: 20g
- 바늘: 트리플 훅 #6
- 링: 굵은선 #3

제품상세 상세 소개 영상은
아래 QR코드를 스캔하세요!

- 주소: 부산광역시 동래구 중앙대로 1277번길 131
- 전화: (051) 853-8956 / ・ 이메일: yamariakorea@naver.com

낚시춘추 무크지 2
SEABASS lure fishing
농어 루어낚시

Chapter 1 농어 & 루어

- 24 농어루어낚시의 정수
  CORE of SEABASS LURE
- 30 농어의 모든 것
  All that Seabass
- 34 루어의 종류
  Seabass Lure BIG 3
- 38 루어 액션 스터디
  Rolling, Wobbling, Wiggling
- 41 첨단 테크닉
  Seabass Jigging
- 42 루어 제작 A to Z
  미노우는 어떻게 만들어지나?
- 44 낚시로 올린 농어 기록
  한국 농어 최대어 TOP 3

Chapter 2 동해

- 48 동해 농어루어낚시 현장
  포인트는 파도밭, 승부수는 비거리!
- 56 동해 HIT 루어 컬렉션
  립 짧고 슬림한 플로팅 미노우 선호
- 58 동해 농어 고수 테크닉 1
  파도밭 진입 시 웨이더는 필수품
- 60 동해 농어 고수 테크닉 2
  3대 명당은 곶부리·본류대·먼 여밭
- 62 동해 농어 핫 포인트
  삼척~울진 9 to 영덕~울산 9

Chapter 3 서해

- 72 서해 농어루어낚시 현장
  동해, 제주와 달리 파도 없어도 잘 낚인다
- 80 서해 HIT 루어 컬렉션
  1순위는 바이브레이션, 2순위는 미노우
- 82 서해 농어 고수 테크닉 1
  내 루어에만 입질이 없다면?
- 84 서해 농어 고수 테크닉 2
  바이브레이션도 다양한 액션 필요
- 86 서해 농어 연안낚시터
  Walking Spot 5

Chapter 4 남해

- 92 남해 농어루어낚시 현장
  다양한 수심층 공략이 열쇠
- 100 남해 HIT 루어 컬렉션
  섈로우엔 미노우, 딥엔 바이브
- 102 남해 농어 고수 테크닉
  조류가 정면으로 부딪히는 곳이 포인트
- 104 남해 농어 핫스팟
  적도/갈도/구조라/내도·외도/외나로도 신여/화양면 문여·목섬/영산강하구언/목포 대불부두

Chapter 5 제주

- 114 제주 농어루어낚시 현장
  기록경신 도전의 무대
- 122 제주 HIT 루어 컬렉션
  플로팅 미노우와 싱킹 펜슬베이트는 필수
- 124 제주 농어 고수 테크닉 1
  캐스팅 지점은 농어 포인트의 훨씬 뒤쪽
- 126 제주 농어 고수 테크닉 2
  수중여보다 본류 브레이크라인
- 128 제주 농어 낚시터
  제주 본섬 BEST 29

Chapter 6 로드·릴·장비

- 144 농어루어 낚싯대 전시
  Rod line-up
- 150 농어루어용 릴 전시
  Reel line-up
- 152 기타 소품들
  Accessory & Tackles
- 156 고수들의 장비와 채비
  임신우/이영수/성상보/박용섭/이동지/백종훈/김장천

입문자 페이지

- 66 ❶ 농어루어 낚싯대 고르기
- 88 ❷ 농어루어낚시용 릴의 선택
- 108 ❸ 농어루어낚시 필수 묶음법
- 110 ❹ 루어 투척법 익히기

Special Guide

- 132 ❶ 일본 기수역 농어낚시 방법
- 134 ❷ 일본 루어낚시 고수 특강-시배스 게임의 3대 패턴
- 140 ❸ 먼바다 갯바위 농어루어낚시

MEIHO FISHING TACKLE BOX 2025
신컬러 리뉴얼!

MEIHO
明邦化学工業株式会社
https://www.meihokagaku.co.jp

한국정식에이전트
HANJO CREATIVE
(주)한조크리에이티브
우)17088 경기도 용인시 기흥구 지삼로 107번길 68
TEL:031-284-1788 FAX:031-284-1787

농어&루어

농어를 찾아 파도 치는 갯바위로 전진하는 낚시인들. 난폭한 육식어종인 농어는 하얗게 부서지는 파도나 세차게 흐르는 조류 속을 누비며 작은 물고기들을 사냥한다. 그래서 농어루어낚시는 늘 파도와 조류 속에서 펼쳐진다. 그만큼 다이내믹한 역동성이 특징인 농어낚시는 호쾌한 캐스팅과 파이팅이 연속되는 바다루어낚시의 백미라 할 수 있다.

해가 뜬 직후, 두 명의 낚시인이 포항 구룡포읍 앞바다의 여 위에 오르기 위해 얕은 곳을 건너고 있다.

농어루어낚시의 정수

CORE of SEABASS LURE

전남 신안군 만재도에서 농어 선상낚시를 즐기고 있는 낚시인들. 남해서부 먼 바다에 있는 만재도는 파도가 치는 섬 곳곳이 농어 포인트다

바람 그리고 파도

아찔한 파도! 농어의 생태를 모르는 사람들 눈에는 갯바위에 부딪쳐 부서지는 포말이 위험천만하게 보이겠지만 농어를 안다면 '파도가 곧 찬스'라는 사실도 알고 있을 것이다. 농어는 바람이 만든 파도가 갯바위에 부서지며 허연 포말을 일으킬 때 활발하게 접근한다. 파도가 일으킨 혼돈 속에서 우왕좌왕하는 베이트피시들을 사냥하는 것이다. 그래서 농어가 낚이는 현장엔 항상 파도가 있다. 선택의 여지는 없다. 바람이 그치고 파도가 죽으면 농어는 연안을 벗어난다. 그 전에 승부를 내야 한다.

Casting

농어루어낚시에서 가장 중요한 기술을 꼽으라면 단연 캐스팅이다.
더 멀리, 농어가 있는 스포트에 루어가 닿느냐 그렇지 않느냐가 그날의 성패를 좌우한다.
그래서 루어를 더 멀리 날리기 위한 낚시인들의 노력은 부단하다. 낚싯대, 릴, 줄, 루어를
고급품으로 업그레이드하고, 한 발이라도 더 멀리 나가기 위해 웨이더를 착용하고 물속으로
들어가기도 한다. 강풍을 뚫고 캐스팅한 내 루어가 가장 멀리 날아갔을 때의 그 희열은
농어루어낚시 마니아만 알 수 있다.

포항 구룡포읍 구만리 해안에서 파도를 가를 기세로 캐스팅하고 있는 낚시인. 이런 거친 파도에 농어가 붙는다.

HIT!!!

덜커덕! 루어를 잡아채는 대물 농어의 둔탁한
입질이 손끝에 느껴지는 순간 숨 가쁜
파이팅은 시작된다.
조여 놓은 릴의 드랙을 사정없이 풀고나가는
질주! 그래서 녀석은 '야생마'라 불린다.
마지막 순간, 연안으로 끌려나온 농어가
저항을 늦추자 가프를 들고 대기하고 있던
낚시인이 단숨에 농어를 찍어 올리고 있다.
농어루어낚시는 마지막 랜딩에 성공할
때까지 안심할 수 없다. 갯바위에 줄이 쓸려
터질 수도 있고, 농어가 튀어 오르며 루어를
털어버리는 수도 있다.
농어의 거친 저항에 가슴이 철렁하지만,
그런 스릴을 만끽하는 것 자체가 어찌 보면
행운이다.

연안으로 끌려온 농어를 가프로 찍어 올리고 있다. 제주 사계리 해안.

농어의 모든 것

All that Seabass

농어

학명: *Lateolabrax japonicus* **영명**: Common seabass
일명: スズキ(스즈키) **방언**: 까지매기!, 깔따구

몸은 측편되어 있으며 아래턱이 앞으로 돌출되어 있어 먹이를 먹을 때 크게 벌어진다. 등은 회청색, 배는 은회색이며 어릴 때 등에 작고 검은 점이 산재하는데, 자라면서 없어지는 것이 많다. 등지느러미에는 12~15개의 강한 가시가 발달해 있다. 농어, 점농어, 넙치농어로 구분하며 전 연안에 서식한다. 1m 넘게 자라며 기록으로 남아 있는 가장 큰 농어는 제주도에서 낚인 112cm 농어이다.

지구의 경골어류 중 가장 큰 그룹을 형성하고 있는 어종은 무엇일까? 바로 농어다. 농어과, 바리과, 전갱이과, 도미과, 민어과 등이 모두 농어목(目)에 포함된다. 낚시인들이 사랑하는 돔, 다금바리, 돗돔도 모두 농어목에 속한다. 범위를 좁혀 농어과를 살펴보면 바다에는 화이트 시배스, 블랙 시배스, 스트라이프 시배스, 돗돔, 노랑벤자리 등이 농어과에 속하며, 민물에는 쏘가리, 꺽지, 배스가 농어과 물고기로 꼽힌다.

우리나라에서 농어라고 하면 가장 흔히 볼 수 있는 농어, 서해에서 많이 나는 점농어, 제주도에서만 잡히는 넙치농어, 세 가지를 든다. 넙치농어는 쉽게 구분할 수 있지만 점농어와 농어는 전문가도 구분하기 어렵다.

농어는 연중 낚인다(서해의 경우 겨울엔 낚기 어렵다). 그 중에서도 3~6월에 가장 조황이 좋다. 1~2월에 산란한 농어들이 3~6월에 본격적으로 활동을 시작해 연안으로 붙기 때문이다. 7~8월에도 잘 낚이지만, 궂은 날씨로 인해 출조하기 힘든 경우가 많고 너무 더운 날에는 잘 낚이지 않는다. 8~9월에 침체기를 보인 농어는 10월 이후 다시 호황기를 맞는다. 10~11월엔 연안에 각종 소형 베이트피시들이 몰리고 농어도 덩달아 먹이사냥을 위해 몰려든다. 서해는 11월이 거의 마지막 시즌이 되지만, 남해, 동해, 제주도는 이듬해 1월까지 시즌이 이어진다. 초겨울에 낚이는 농어는 씨알이 아주 크다. 배에 기름이 잔뜩 들어차 있고 체고도 봄~여름에 비해 훨씬 높은데, 진짜 대물 농어를 만나려면 12월 전후를 노려야 한다.

육식어종 농어의 먹이들 Bait

1. 멸치 | 농어들이 연중 가장 많이 먹는 것이 멸치다. 멸치가 잘 낚이는 3~4월을 기점으로 멸치의 어군이 어떻게 형성되는가에 따라 농어 조과가 달라지는데, 연안에 멸치가 없으면 낚시가 잘 안 되지만 반대로 너무 많아도 낚시가 잘 되지 않는다. 농어가 적극적으로 멸치를 쫓을 정도로 적당량이 있어야 좋다.

2. 게 | 농어는 작은 게도 즐겨 먹는다. 6월이 되어 농어의 활성이 올라갈 무렵 낚은 농어의 배를 갈라보면 상당히 많은 양의 게가 들어있는 것을 볼 수 있다. 따라서 농어도 바닥을 뒤져서 먹이를 찾기도 한다는 것을 알 수 있다.

3. 작은 물고기 | 겨울에는 작은 쥐노래미나 쏨뱅이, 볼락, 전어, 숭어 새끼 등도 잡아먹는다. 활성이 떨어진 겨울 농어는 해초 주변에서 매복사냥을 하기 때문에 바닥에서 움직이는 록시피류도 먹는 것으로 보인다. 사진은 농어 위에서 나온 전어. 이것 외에도 청어, 도루묵, 가자미 등 다양한 어종이 뱃속에서 발견된다.

4. 새끼 오징어 | 4~5월엔 오징어 새끼도 농어의 뱃속에서 많이 발견된다. 한두 마리가 아니라 10~20마리씩 들어있는 것이 보통이다. 이렇게 먹고도 커다란 루어를 삼키기 위해 달려드는 것을 보면 농어가 엄청난 대식가라는 것을 알 수 있다.

5. 갯지렁이 | 지렁이는 농어뿐 아니라 아주 다양한 물고기들이 즐겨먹는 먹잇감이다. 농어는 물속에 떠다니는 지렁이를 바로 흡입하기도 하지만, 지렁이를 노리는 작은 물고기들을 공격하는 경우가 더 많다고 한다.

6. 작은 돌멩이 | 먹이는 아니지만 농어의 뱃속에는 많은 양의 돌멩이가 들어있는 것도 종종 확인할 수 있다. '소화를 시키기 위해 먹는다'거나 '게나 지렁이를 흡입할 때 함께 들어간 것'이라고 추측할 뿐 왜 돌멩이를 먹는지 정확한 이유는 알 수 없다.

농어낚시 장소 Point

1. 파도가 치는 얕은 갯바위. 농어는 경계심이 아주 강하기 때문에 물색이 맑거나 잔잔한 날엔 연안으로 잘 접근하지 않고 파도가 높게 쳐서 물색이 흐려진 날에 가까이 접근한다.

2. 바다와 민물이 만나는 기수역은 사시사철 농어의 주요 포인트가 된다. 이런 곳엔 항상 물고기가 많이 몰려드는데, 주로 숭어 새끼, 학공치, 멸치, 전갱이, 모래무지, 게 등이 농어의 먹이가 된다.

3. 본류가 가까이 흐르는 대형 방파제. 봄부터 가을까지 농어가 출현한다. 빠른 조류에 몸을 싣고 이동하며 베이트피시를 찾는 농어들을 낚을 수 있다. 방파제 주변에 붙어서 매복하고 있는 농어를 낚아낼 수도 있다.

4. 바다와 이어진 강의 중하류도 여름부터 초겨울까지 좋은 포인트가 된다. 농어는 민물에서 황어나 피라미 등을 잡아먹기도 하는데, 영덕 오십천에서는 하구에서 무려 10km 이상 거슬러 올라간다고 한다. 섬진강에선 40km 상류의 구례까지 농어가 소상했다는 이야기도 있다.

5. 브레이크 라인이 형성되어 있는 해수욕장에서도 농어를 낚을 수 있다. 브레이크 라인이란 갑자기 깊어지는 구간을 뜻하는데, 농어들은 파도가 칠 때 혹은 물때가 바뀔 때 이동하는 베이트피시를 노리고 그 주변에 머물러 있다.

6. 떨어진 수중여와 간출여는 최고의 농어 포인트다. 이런 곳이 있다면 의심할 필요 없이 노려보는 것이 좋다. 농어가 몸을 숨기거나 의지하기 가장 좋고, 여 주변으론 해초가 많이 자라 베이트피시도 많기 때문이다.

7. 가로등 불빛이 비치는 몽돌밭이나 조용한 포구도 베이트피시가 모여들기 때문에 농어를 만날 수 있다. 단, 인기척이 없는 새벽에 농어가 들어올 확률이 높으며, 이런 곳은 파도가 많이 치는 날엔 오히려 좋지 않다.

8. 광어양식장 아래도 농어 포인트가 된다. 광어양식장에서는 사료찌꺼기가 섞인 하수를 계속 방류하는데, 사료 냄새를 맡고 베이트피시가 몰려들어 농어를 불러들인다. 제주, 남해안 곳곳에 있는 광어양식장 주변은 모두 농어 포인트다.

9. 도심이라도 강하구가 있으면 농어를 낚을 수 있다. 바다와 강이 만나는 곳인데다 불빛이 밝아 베이트피시가 많기 때문이다. 부산 수영강, 서울 한강, 목포 영산강에 이런 형태의 포인트가 많다.

10. 해초 군락이나 어초 주변도 1급 농어 포인트다. 어초는 배를 타고 나가 노려야 하지만 해초 군락은 연안에서도 충분히 노릴 수 있는 곳이 많다. 초겨울부터 이듬해 봄까지는 농어들이 해초 주변에 머무는 경우가 많다.

넙치농어
98cm 제주 강윤호

농어
85cm 포항 호미곶
이영수

점농어
100cm 고흥 나로도
최영교

농어 3종 구별법

◆ 농어
흔히 '민농어'라고 부르는 종으로 우리나라 전 연안에 서식하고 있으며 횟집 수족관에서 쉽게 볼 수 있다. 등은 회청색, 배는 은회색이고 어릴 때 등 쪽에 작고 검은 점이 산재해 있지만 자라면서 서서히 사라진다. 그러나 완전히 없어지지 않고 지느러미나 등 주변에 남아 있는 점들이 많아 점농어와 구분이 어렵게 된다. 점농어보다 체고가 낮아서 더 길쭉해보인다.

◆ 점농어
서식 환경은 일반 농어와 크게 다르지 않다. 중상층에서 낚이면 농어, 바닥에서 낚이면 점농어인 경우가 많다. 과거엔 일반 농어와 같은 종으로 취급했다가 90년대 중반 이후에야 다른 종으로 분류가 되었다. 외형은 농어와 거의 비슷하지만, 점이 크고 많다는 것이 큰 특징이다. 서해와 전남 앞바다에 특히 많이 서식한다. 남해와 동해에서 간혹 낚이는 점농어들은 양식산 혹은 자연 교잡종이라는 설이 있다.

◆ 넙치농어
농어 중에서 가장 체고가 높고 무게가 많이 나가는 종으로 우리나라에서는 제주도에서만 낚이는 것으로 알려져 있다. 일본에서는 더 많이 낚이는데 대마도와 규슈 남단이 넙치농어 포인트로 유명하다. 제주도에서도 본섬보다 비양도, 가파도, 형제섬처럼 깊은 본류와 가까운 곳에 얕은 암초지대가 넓게 형성되어 있는 곳이 넙치농어 포인트가 된다. 농어 중에서도 가장 파이팅이 넘치기 때문에 농어루어낚시 마니아들이 가장 선망하는 어종이다.

● 농어와 점농어 구별
점농어는 등과 지느러미에 검은색 점이 농어보다 많다. 그러나 일반 농어도 어릴 땐 등과 지느러미에 점이 많아서 점농어와 구분하기 어렵다. 일반 농어는 성장하면서 점이 없어지는데, 완전히 없어지지는 않아 점농어와 혼동을 일으키는 경우가 많다. 즉 전문가가 아니면 구분하기 힘들다. 다 자란 상태에서 (60cm 이상) 검은 점이 상당히 많다면 점농어인 경우가 많다.

● 농어와 넙치농어 구별
꼬리를 보면 가장 쉽게 구별할 수 있다. 일반 농어는 꼬리가 V 형태로 갈라져 있지만 넙치농어는 부채처럼 뭉툭한 것이 특징이다. 그리고 아래턱이 일반 농어보다 넙치농어가 더 돌출되어 있다. 무엇보다 몸통의 체고가 다른데 일반 농어는 몸이 길쭉한 편이지만 넙치농어는 우람하기 때문에 체고만 봐도 금방 구분할 수 있다.

루어의 종류

Seabass Lure
BIG 3

1* Minnow 미노우

미노우 또는 미노우 플러그는 멸치처럼 작고 길쭉한 물고기를 본떠 만든 루어로서 농어낚시에 가장 많이 쓰이는 대표 루어이다. 미노우(minnow)의 사전적 의미는 '작은 물고기'다. 따라서 물고기 형태의 루어는 모두 미노우라고 부를 수 있지만(미국에서는 섀드웜도 미노우라고 부른다) 실제로는 립이 달린 플러그류 중 길쭉한 루어만 미노우라고 부른다. 플러그(plug)란 나무나 플라스틱으로 만든 물고기 모양의 루어를 통칭하는 말인데, 크랭크베이트, 미노우, 바이브레이션('립리스 크랭크베이트' 혹은 '립리스 미노우 플러그'가 정확한 명칭이다)은 모두 플러그에 속한다.
미노우는 다시 잠행수심에 따라 잠행수심이 얕은 '섈로우 러너(섈로우 미노우)'와 깊이 잠수하는 '딥 러너(딥다이빙 미노우)'로 구분한다.

립아이 –잠행수심, 진행방향 결정

립 위에 있는 고리를 립아이라고 하는데 라인을 묶는 곳이다. 그래서 라인 아이라고도 한다. 얼핏 보면 아무런 역할을 하지 않을 것 같지만, 상당히 중요한 역할을 한다.
립아이가 머리 쪽에 가까울수록 미노우의 잠행각도가 커지고 물속으로 파고드는 속도도 빨라진다. 립아이의 각도에 따라서는 미노우의 진행방향이 결정된다. 립아이가 왼쪽으로 치우쳐 있으면 왼쪽으로 쏠려서 끌려오고 오른쪽으로 치우쳐 있으면 오른쪽으로 치우쳐 끌려온다. 이 원리를 이용해 립아이의 각도를 일부러 변형시켜 미노우의 진행방향에 변화를 줄 수도 있는데, 립이 크고 립아이의 위치에 영향을 많이 받는 크랭크베이트는 사용자들이 립아이를 일부러 비틀어서 독특한 액션을 내기도 한다. 만약 원하는 방향으로 미노우가 움직이지 않을 경우 립아이가 휘어지지는 않았는지 확인해 본다.

미노우의 비중별 3가지 타입
플로팅 vs 싱킹 vs 서스펜딩

모든 미노우는 릴링을 시작하면 립이 물의 저항을 받아 가라앉지만 릴링을 멈추었을 때 뜨느냐 가라앉느냐에 따라 3가지 타입으로 나눈다.
릴링을 멈추었을 때 떠오르는 것은 플로팅, 가라앉는 것은 싱킹, 제자리에 머무는 것을 서스펜딩이라고 한다. 농어는 물속으로 가라앉은 미노우의 움직임에 변화가 있을 때 덮치는데, 미노우의 이런 성질이 농어의 입질을 유도하는 데 중요한 역할을 한다. 농어루어낚시 고수들이 '릴링을 하다가 문득 문득 멈추어주라'는 이유도 이 때문이다.

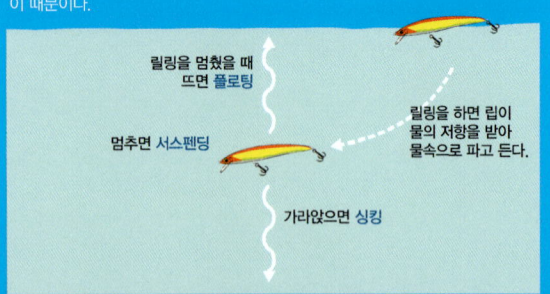

▶다양한 크기의 립. 길이, 각도, 너비에 따라 잠행수심과 액션의 강도가 결정된다.

립 –길이 1cm당 약 1m 잠수

미노우의 주둥이에 달린 주걱을 립(lip)이라고 부른다. 립은 잠수판 역할을 하는데 립의 길이에 따라 잠행수심이 달라지며 립의 너비에 따라 액션이 달라진다. 립이 길면 물의 저항을 많이 받기 때문에 물속으로 빨리 파고들고 더 깊이 내려간다. 립이 긴 형태의 미노우를 롱빌 미노우 혹은 딥 다이빙 미노우라고 부르며 주로 바닥 근처를 노릴 때 쓴다. 반대로 립이 짧으면 물속으로 깊이 파고들지 않고 파고드는 속도도 줄어든다. 이런 형태를 숏빌 미노우라고 부르며 얕은 곳, 장애물이 많은 곳에서 사용한다. 농어루어낚시용 미노우는 대부분 숏빌 미노우에 해당한다.
립의 길이를 보면 잠행수심을 예측할 수 있다. 립의 길이가 1cm라면 1m 잠수하고 1.5cm라면 1.5m 잠수한다고 생각하면 거의 틀리지 않는다. 3cm라면 약 3m를 잠수하는 셈이다. 만약 립이 물의 저항을 많이 받도록 넓게 만든 것이라면 같은 길이라도 조금 더 깊이 파고든다고 생각하면 된다.
립의 너비에 따라서는 몸을 좌우로 뒤뚱거리는(좌우로 뒤집히는) 롤링 액션이 차이 난다. 립이 넓으면 롤링 액션이 강하게 나며 저킹 시 몸을 더 많이 뒤틀게 된다. 반대로 립이 좁은 것은 액션이 약한 반면 자잘한 액션을 주기 좋고 유연하게 헤엄치며 장애물에도 잘 걸리지 않는다.
미노우를 보면 립이 아주 작고 몸이 가느다란 것들이 있는데, 잠행수심이 얕은 루어다. 이런 형태를 섈로우 미노우라고 한다. 수심 30cm 내외의 아주 얕은 곳, 수초나 장애물이 많은 지형에서 효과적이다.

컬러와 무늬 –저킹 시 반짝이는 플래싱 효과 발휘

미노우의 컬러는 농어를 유인하는 데 아주 중요한 역할을 한다. 미노우들은 대부분 보디(몸통)에 반짝이는 홀로그램 스티커로 코팅이 되어 있는데, 이것이 빛을 받아 반짝여서 멀리 있는 농어를 유인하기도 한다. 그런데 미노우가 반짝이기 위해서는 물색이 맑고 얕은 곳이어서 햇빛이 투과되어야 한다. 물색이 탁한 곳에서는 플래싱 효과가 나타나지 않고 멀리 떨어진 농어들이 보지 못한다. '미노우가 물색이 맑은 얕은 곳에서 잘 먹히고 깊고 물색이 탁한 곳에서는 다른 루어에 비해 잘 먹히지 않는다'는 말은 그래서 일리가 있다.

컬러 선택 요령은 웜 컬러를 선택할 때와 크게 다르지 않다. 농어가 저활성일 때는 베이트피시와 같은 내추럴한 색상이나 플래싱 효과가 없는 루어가 좋다. 반대로 고활성인 경우에는 물속에서 잘 보이는 빨강, 검정, 녹색을 고르고 플래싱 효과가 강한 것을 쓰면 멀리 있는 농어도 유혹할 수 있다. 물색이 탁하면 강한 색을, 물색이 맑으면 베이트피시에 가까운 색을 쓴다. 물색이 아주 탁한 곳에서는 보디가 통통한 것을 써서 컬러보다는 강한 진동을 내어 농어를 유인하도록 한다.

◀홀로그램 스티커를 입혀 반짝이는 효과를 내는 미노우의 보디.

훅(트레블 훅) –강한 것으로 교체할 것

미노우는 대물 농어를 타깃으로 하기 때문에 훅은 휘어지지 않는 튼튼한 것을 써야 한다. 기존의 훅이 약하거나 녹이 슨 경우 반드시 교체해야 한다. 훅이 두 개인 것과 세 개인 것의 차이는 입질할 때 걸릴 확률의 차이로 나타난다. 훅이 두 개인 것보다는 세 개인 것이 히트 확률이 높은데, 훅이 많으면 여분의 바늘이 어시스트훅처럼 농어의 몸통에 박혀 쉽게 빠지지 않는 효과도 있다. 그러나 바늘이 많은 미노우는 액션 시 자연스러운 밸런스를 유지하기 어렵고 액션 후 제자리를 잡는 복원력이 떨어진다. 바늘이 많기 때문에 장애물에 잘 걸린다는 것도 단점이다.

보디 –길고 똥똥하면 워블링 액션이 강하다

보디의 형태에 따라서도 액션이 차이 난다. 보디가 똥똥하고 긴 미노우는 물고기가 헤엄치듯 꼬리 쪽을 빠르게 흔드는 워블링 액션이 강하다. 워블링 액션이 강한 미노우는 움직일 때 물을 많이 밀어내기 때문에 주변으로 강한 파장을 보낼 수 있는 것이 장점이다. 반대로 보디가 납작하고 짧을수록 워블링 액션은 약해진다. 보디가 작은 미노우 중에서 워블링이 강한 것도 더러 있지만 어차피 보디가 작기 때문에 물을 밀어내는 양이 적으므로 강한 액션은 내기 힘들다. 워블링으로 인한 파장이 클수록 물색이 탁한 곳에서 멀리 있는 배스를 유혹하기 쉽다. 또 파도가 높거나 조류가 빠른 곳에서도 액션을 유지할 수 있다. 하지만 활성이 낮은 배스에게는 오히려 부담이 되므로 상황에 맞는 선택이 필요하겠다.

한편 뒤뚱거리는 롤링(몸통이 좌우로 휙휙 뒤집는 동작) 액션을 내는 미노우는 주걱이 길고 보디가 똥똥한 것이 많다. 롤링 액션이 가장 잘 나타나는 형태의 루어는 크랭크베이트로 크고 넓은 주걱이 조류를 받아 빠르게 잠수하며 보디가 뒤뚱거리는 액션이 강하게 일어난다. 롤링 액션이 좋은 미노우로 강한 저킹을 하면 순간적으로 보디가 뒤집히는 롤링 액션을 구사하기 좋다.

래틀 –무게중심 바꿔 액션·캐스팅 능력 높여

최근에는 거의 모든 미노우에 래틀(rattle:딸랑이 구슬, 소재는 주로 텅스텐)이 들어있다. 래틀이 있는 미노우는 기본적으로 워블링이 강하며 저킹을 하면 아주 강한 액션이 나오는 것이 특징이다. 래틀이 들어있는 것 중에 무게중심이 앞으로 쏠린 것은 뒤뚱거리는 롤링 액션이 강하며 비거리와 복원력이 뛰어나다. 무게중심이 가운데 있는 것은 상대적으로 워블링이 강하며 아주 강한 저킹 액션이 가능하다.

▶미노우 보디의 검은 부분이 래틀(웨이트)이다. 소리를 내기도 하며 무게중심 역할도 함께 한다.

루어 상식
하드베이트의 계보

루어는 재질에 따라 웜 같은 소프트베이트와 미노우 같은 하드베이트로 나뉜다. 그리고 하드베이트는 다시 그 형태에 따라 플러그, 스푼, 지그, 콤비네이션으로 구분할 수 있다. 19세기 말에 고무로 만든 웜이 등장하기 전에는 하드베이트밖에 없었다.

플러그(plug)는 플라스틱이나 나무, 금속으로 만든 물고기 모양의 루어를 말하며 종류가 가장 많다. 미노우, 바이브레이션, 크랭크베이트, 톱워터 등으로 구분할 수 있다. 스푼(spoon)은 숟가락 모양의 금속 루어로서 가장 초기 단계의 루어에 속하는데 오늘날도 단품으로 즐겨 쓴다. 지그(jig)는 무거운 금속으로 만든 루어를 말한다. 메탈지그, 러버지그, 지그스피너 등이 있다. 콤비네이션(combination)은 스피너베이트, 버즈베이트처럼 두 가지 루어를 합한 형태의 루어를 말한다.

루어의 분류

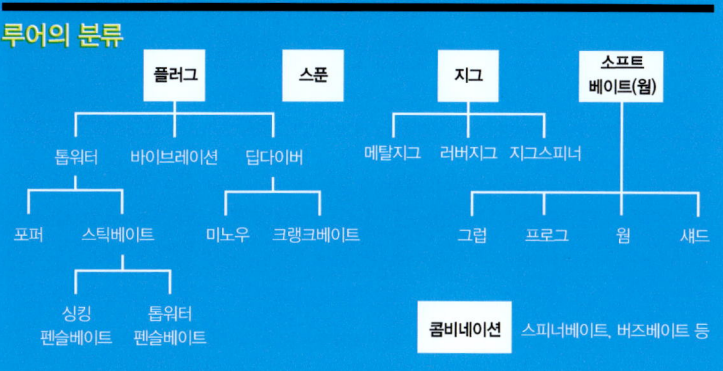

35

2* Vibration 바이브레이션

● 라인아이
바이브레이션 플러그는 등에 라인을 연결할 수 있는 고리가 달려 있다. 릴링을 하면 바이브레이션은 조류를 받으며 45도 정도로 숙인 상태로 몸을 강하게 떨기 시작하는데, 그런 동작이 가능한 이유가 바로 등에 라인을 연결하기 때문이다.

● 래틀
몸에 래틀이 들어 있는 바이브레이션도 출시되어 있다. 강한 진동과 함께 소음까지 내어 농어를 자극하기 위해서다. 캐스팅 시 루어가 빙글빙글 도는 일이 적으며 착수 후 무게중심이 앞으로 쏠려 아주 빠른 입수가 가능하다.

● 훅
바늘 크기가 작고 두 개뿐이라 농어 주둥이에 설 걸렸을 경우 바늘털이에 취약한 편이다.

미노우가 할 수 없는 역할 수행한다

바이브레이션 플러그는 흔히 줄여서 '바이브'라고 부르는데 무겁고 빨리 가라앉는 것이 특징이다. 그래서 얕은 곳보다 깊은 갯바위나 선상루어낚시에서 많이 쓰인다. 선상낚시 위주인 서해 농어 배낚시와 남해의 수심 깊은 곳에서는 필수 루어로 사용되고 있다. 그러나 너무 빨리 가라앉아서 제주도나 동해처럼 얕은 갯바위만 있는 곳에서는 잘 쓰지 않는다. 크기는 70~90mm로 작은 편이지만 무게가 24g 이상으로 상당히 무거워서 원투성능은 메탈지그와 더불어 최고로 꼽힌다.

사용법은 아주 간단하다. 던지고 감기만 하면 되는데, 바이브레이션은 립이 없는 대신 헤드부의 납작한 등판이 물의 저항을 받아 아주 빠르게 떨며 강한 진동을 내는 것이 특징이다.(그림1) 미노우가 유연한 동작과 플래싱 효과로 농어를 유인한다면, 바이브레이션은 그것과는 정반대로 짧고 강한 액션을 아주 빠르게 내어 파장으로 쉴 새 없이 어필하는 타입이다.

바이브레이션의 가장 큰 장점은 빠른 탐색능력에 있다. 원투가 가능하기 때문에 먼 거리도 노릴 수 있고 빨리 가라앉기 때문에 다양한 수심을 빠르게 훑고 지나가기 좋다. 또 강한 조류에도 액션이 깨지지 않아 급류 아래를 탐색하기도 좋다. 미노우가 할 수 없는 일을 바이브레이션이 할 수 있기 때문에 농어루어낚시에 있어서는 없어서는 안될 아이템이다.

그러나 단점도 있다. 액션이 강하다보니 저활성 농어에게 지긋이 어필하는 것은 무리다. 금속제 바이브레이션은 후킹 후 많이 흔들려서 바늘털이에도 취약하다.

〈그림1〉 바이브레이션의 작동 원리
등 가운데 라인을 연결해 좌우로 움직여 강한 진동을 낼 수 있게 한다
조류
바이브레이션은 조류를 받아 몸을 좌우로 흔들어 강한 진동을 낸다

블레이드가 달린 '스핀 바이브'도 인기

바이브레이션을 보면 뒤에 블레이드가 달린 제품들을 종종 볼 수 있다. 흔히 '스핀 바이브'라고 하는데, 이런 제품들은 바이브레이션 본연의 액션을 조금 줄이고, 그 대신 뒤에 달린 블레이드가 회전하며 강한 진동과 미노우의 플래싱 효과와 같은 반짝이는 기능을 함께 낼 수 있다. 서해와 남해에서 인기를 누리고 있는데, 꼬리에 달린 블레이드로 인해 조금 더 천천히 릴링할 수 있어서 다소 얕은 곳에서도 사용할 수 있는 것이 장점이다. 사진은 야마리아의 스핀 샤이너.

● 래틀
보디 내부에는 비거리를 증가시키고, 싱킹 속도를 조절하는 웨이트(래틀)가 들어있다. 바이브와 달리 소리는 나지 않는다.

3* Pencilbait
펜슬베이트(싱킹)

립이 없고 보디가 아주 슬림하다. 조류의 영향을 적게 받는다.

농어용 루어 중 가장 멀리 날아간다

싱킹 펜슬베이트는 '연필'이라는 이름처럼 가느다란 모양의 루어로 착수하면 천천히 가라앉고 릴링을 해서 감아보면 아주 느긋하게 헤엄치는 물고기와 같은 액션을 낸다.(그림2) 물위를 헤엄쳐 가는 뱀처럼 유연하게 움직이는데 그것 외에 특별한 액션은 없다.

싱킹 펜슬베이트를 쓰는 이유는 엄청난 비거리에 있다. 미노우 중에 아무리 멀리 날아가는 것이 있다고 해도 맞바람이나 옆바람이 불면 그 성능을 제대로 발휘하지 못하지만, 싱킹 펜슬베이트는 바람의 저항을 거의 받지 않고 날아간다. 무게는 28g 내외로 미노우에 비해 조금 무겁지만, 비거리는 월등히 길다. 싱킹 펜슬베이트가 멀리 날아갈 수 있는 이유는 캐스팅할 때 저항을 받는 립이 없으며 보디에 내장되어 있는 추를 캐스팅에 가장 적합하게 배치해 놓았기 때문이다.

단점은 물에 가라앉기 때문에 밑걸림이 생길 수 있다는 것이다. 그러나 많은 낚시인들이 수심 1~2m의 아주 얕은 곳에서도 사용하고 있다. 그 이유는 싱킹 타입이긴 하지만 아주 천천히 가라앉고 살짝 릴링해도 급부상하는 덕분에 조금만 요령이 생기면 얕은 곳에서도 충분히 운용할 수 있기 때문이다. 또 한 가지 장점은 바람을 타지 않는 것처럼 물속에서도 조류의 영향을 덜 받기 때문에 급류 속에서도 마치 조류가 없는 곳에서 서서히 유영하는 것과 같은 자연스러운 액션이 가능하다는 것이다.(그림3)

싱킹 펜슬베이트가 효과를 볼 수 있는 곳은 **❶일반 루어로는 닿지 않는 아주 먼 포인트, ❷수심은 얕지만 포말과 조류가 강해 미노우로 제대로 된 액션을 할 수 없는 경우, ❸기수역처럼 아주 넓고 방대한 포인트, ❹바람이 강한 경우, ❺강한 액션에 농어의 반응이 없는 경우** 등이다. 참고로 일반적인 싱킹 펜슬베이트는 물에 가라앉긴 하지만 가라앉는 속도가 워낙 느리고 조금만 릴링하면 떠오르기 때문에 깊은 곳을 노리기에는 적합하지 않다. 만약 싱킹 펜슬베이트로 조금 더 깊은 곳을 노리려면 빨리 가라앉는 모델을 사용해야 한다.

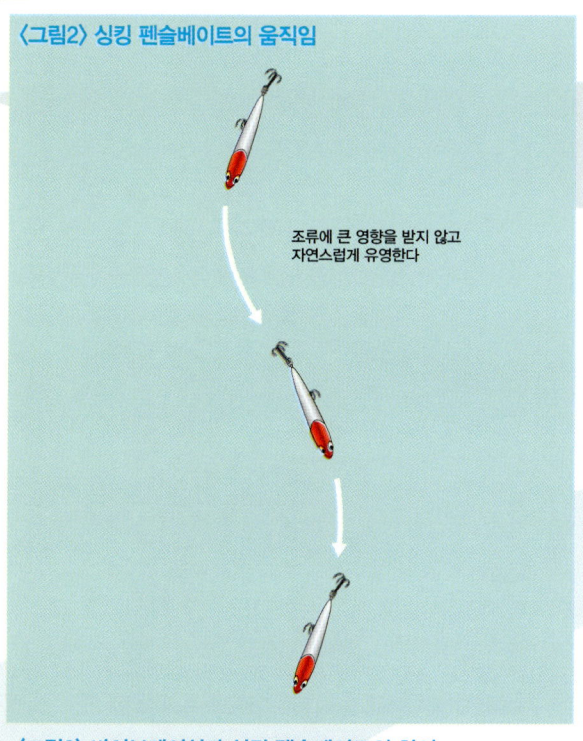

〈그림2〉 싱킹 펜슬베이트의 움직임

조류에 큰 영향을 받지 않고 자연스럽게 유영한다

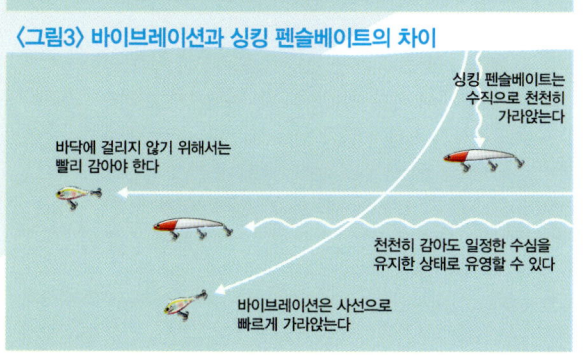

〈그림3〉 바이브레이션과 싱킹 펜슬베이트의 차이

싱킹 펜슬베이트는 수직으로 천천히 가라앉는다

바닥에 걸리지 않기 위해서는 빨리 감아야 한다

천천히 감아도 일정한 수심을 유지한 상태로 유영할 수 있다

바이브레이션은 사선으로 빠르게 가라앉는다

루어 액션 스터디

Rolling, Wobbling, Wiggling

롤링, 워블링, 위글링의 구분

조홍식 이학박사, 〈루어낚시 첫걸음〉 저자

플러그 루어, 특히 미노우나 크랭크베이트를 사용하면서 종종 '이 루어는 워블링이 크다'든가 '위글링이 강하다'든가 하는 용어를 사용하곤 한다. 그렇다면 워블링과 위글링은 어떤 동작을 말하는가? 루어 동작의 표현법을 우리는 제대로 이해하고 있는 것인지 이 자리에서 되새겨보자.

어디에서 파생된 용어인가?

워블링, 위글링, 롤링 …, 미노우 플러그를 사용하면서 움직임에 대해 흔하게 사용하는 용어이지만 과학적으로 이야기를 하자면 썩 알맞은 용어는 아닌 것 같다. 실제로 이러한 움직임을 표현하는 용어는 비행기나 선박과 같이 전후, 좌우, 상하가 정해져 있는 물체의 회전운동을 나타낸다.
〈그림1〉에서 보는 바와 같이 전후를 축(X축)으로 하여 회전운동 또는 기울어짐을 일으키는 것을 롤링(rolling)이라 부른다. 다음으로 좌우를 축(Y축)으로 하여 회전운동을 일으키는 것을 피칭(pitching)이라 부른다. 마지막으로 상하를 축(Z축)으로 하여 회전운동을 일으키는 것을 요잉(yawing)이라 부른다. 비행기나 배를 탄 승객의 입장에서 이러한 흔들림의 크고 작음은 승객의 쾌적함에 큰 영향을 미치는데 3가지 흔들림이 복합적으로 작용한다.
루어의 움직임도 이와 유사함이 있으므로 이러한 용어를 사용하더라도 나쁘지 않을 것 같지만 롤링을 제외하고는 사용하지 않고 있는데, 여기에 더해서 위글링(wiggling)과 워블링(wobbling)이란 표현을 도입하고 있다.

'위글와트'의 위글링, '브라우니'의 워블링

그렇다면 워블링과 위글링은 어떠한 동작을 말하는가? 사전적으로 의미를 말하자면 워블링이나 위글링 모두가 '흔들흔들', '뒤뚱뒤뚱', '씰룩씰룩' 등 흔들리고 휘청거리며 떠는 모습을 표현하는 단어이다. 더구나 두 말은 유사어로 기록되어 있다.
두 단어는 불규칙한 움직임을 보이는 물체의 모습을 표현하는 비슷한 단어로 미노우나 크랭크베이트가 릴링을 하면 몸통을 흔들며 끌려오는 모습을 표현한 것으로 이것이 시간이 흐름에 따라 움직

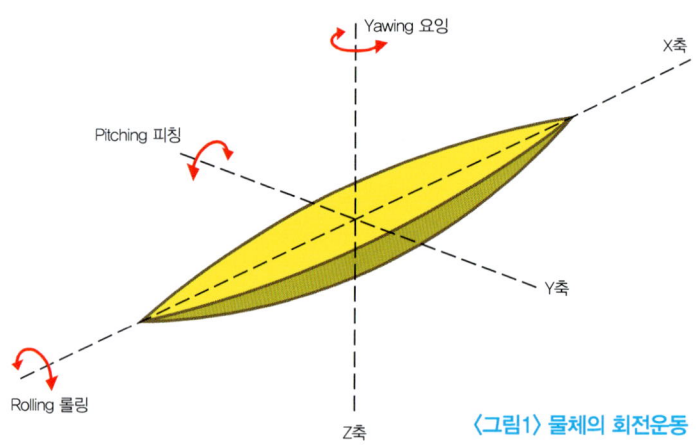

〈그림1〉 물체의 회전운동

임을 나타내는 전문용어가 된 것 같다. 그런데 왜 어떤 플러그는 액션을 위글링이라고 말하고 또 어떤 플러그의 액션은 워블링이라고 표현할까? 여기에는 마치 낚시계의 뒷담화와 같은 이야기가 있다.
미국제 배스낚시용 플러그 명품 중 하나로 스톰(Storm)사의 위글와트(Wiggle wart)라는 크랭크베이트가 있었다. 이 루어는 지금도 만들어지고 있지만 옛 명성은 퇴색해서 이 루어가 어떤 반향을 일으켰는지를 아는 사람은 경력이 아주 오래지 않고서는 잘 모른다. 스톰이라는 회사가 1990년대 말에 라팔라에 흡수되면서 그 정통성은 사라져 지금은 과거 오리지널 제품에 프리미엄이 붙고 수집가의 수집대상이 되어 있을 정도이다. 1970~80년대 당시 위글와트는 크랭크베이트 소형화의 선두주자로 플라스틱제이면서 소형, 고부력, 일체화된 립에 의한 고강도를 실현하여, 배스가 너무 많이 낚여버린다는 평을 듣기도 했다. 립에 고정된 라인아이를 중심으로 현란한 좌우 액션을 일으키던 위글와트! 위글링이라는 표현은 여기에서부터 시작된 것은 아닐까?

또 하나의 이야기. 일본에는 '스포츠사우루스'라는 루어와 낚싯대를 만드는 준종합 메이커가 있었다. 그 회사의 대표는 일본 배스낚시계의 한 축이었던 노리 히로스케(則 弘祐)씨. 그가 만든 Balsa50이라는 루어 브랜드에 브라우니(Brownny)라는 이름의 발사목(balsa木)으로 만든 아주 고급스러운 미노우가 있었다. 약 30년 전에 등장해 강낚시와 계류낚시에 센세이션을 일으킨 모델이다. 물론 이 루어 역시 개발자는 이미 이 세상 사람이 아니고 메이커마저 없어졌을망정 오늘날도 발매되고 있는 그런 루어이다. 그런데 이 브라우니라는 루어의 액션을 설명할 때 처음으로 워블링이라는 말을 사용한 것으로 알려져 있다. 당시 왜 워블링이라는 단어를 사용하였는지는 알 수 없지만 그 이후로 미노우의 액션을 표현할 때 일본에서는 워블링이라는 말이 사용되었고 그 움직임이 어떤 것인지도 구체화되었다.

사실이 이러하다면 위글링과 워블링의 의미적인 차이는 없지만, 굳이 구분하자면 이렇게 된다. 미국의 영향이 강하면 위글링, 일본의 영향이 강하면 워블링, 크랭크베이트의 현란한 움직임이라면 위글링, 미노우의 현란한 움직임이라면 워블링. 이렇게 말해도 될까?

〈그림2〉워블링과 롤링의 차이

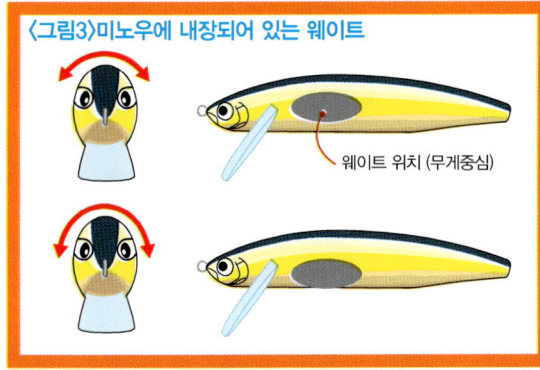

〈그림3〉미노우에 내장되어 있는 웨이트

〈그림4〉바늘 개수에 따른 미노우의 액션 변화

플러그의 동작을 결정하는 4가지 요소

미노우 플러그의 액션을 말할 때 그 움직임을 표시하는 것으로 워블링과 롤링이 있다. 일본제 루어가 많이 수입되고 있는 국내에서는 워블링이라는 표현이 제품 포장에도 등장하고 있어서 구체화되어 가고 있다고 생각한다. 한편으로 위글링이라는 표현은 낚시인들 사이에서 사용하고 있는 용어임에도 구체적으로는 그 동작이 어떤 것이라는 해설을 찾아보기 어렵다. (그림2)는 일본의 낚시잡지에서 도해로 보여주고 있는 미노우의 워블링 액션과 롤링 액션이다. 워블링은 몸통의 무게중심을 축으로 양옆으로 진동하는 것이고, 롤링은 루어의 배를 축으로 진동하는 것이다.

기본적으로 미노우나 크랭크베이트의 동작은 이 2가지가 복합된다. 그리고 이 기본동작은 다른 요소에 의해 그 정도가 많이 달라지는데 그 요소는 다음과 같다.

❶ 웨이트 포지션(무게중심의 위치)

롤링 액션은 미노우의 배를 축으로 몸통이 흔들리는 것을 말한다. 이때 몸통 속에 들어있는 봉돌의 위치에 의해 진폭이 달라진다. 위치가 낮아 배 쪽에 가까울수록 진폭이 커지고 그 위치가 높아 등 쪽으로 올라가면 진폭은 줄어든다. (그림3)

그밖에도 무게중심이 미노우의 앞쪽에 올수록 진폭이 커지고 꼬리 쪽에 위치시킬수록 진폭이 작아진다. 루어 디자이너는 웨이트의 미묘한 위치설정으로 롤링의 정도를 예측한다.

❷ 바늘에 의한 변화

바늘의 개수를 바꾸거나 무게(크기)가 다른 바늘을 장착했을 때 루어의 액션이 달라지는 경험을 한 낚시인이 많을 것이다. 어느 정도 달라지는가를 확인해 보고자 한다면 시험 삼아 바늘이 3개 달린 미노우에서 바늘 하나를 떼어내고 던져보면 그 정도를 알 수 있다.

바늘의 무게는 워블링 액션에 크게 관계하고 있다. 약간의 차이가 워블링 진폭에 영향을 미치므로 반대로 조금 무거운 바늘을 일부러 세팅해서 루어의 움직임을 줄이는 테크닉도 가능하다. (그림4)

❸ 소재에 의한 차이

속이 비어 있어서 전체의 무게가 겉에만 분포하는 플라스틱제 루어와 속이 꽉 차있어서 무게가 몸통 전체에 분산된 목제 루어는 액션이 다르다. 이는 관성에 의해 생기는 차이로 속이 빈 플라스틱제 루어의 진폭이 당연히 크다. 그러나 목제 루어는 진폭이 작은 만큼 기민하고 빠르게 움직인다. (그림5) 루어 디자이너에게 들은 바로는 플라스틱제 루어로 목제 루어의 움직임을 표현하자면 몸통의 체고와 전장을 늘려야 한다고 한다.

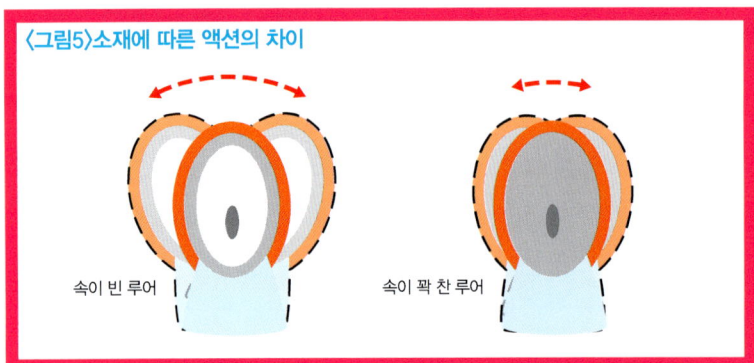

스톰사의 위글와트 크랭크베이트.
위글링이란 단어가 비롯된 전설적 루어다.

❹ 립 디자인, 라인아이와 립의 관계

립(lip)은 물의 저항을 받는 정도와 흘려 보내는 정도에 따라 루어의 액션에 관여한다. 립의 각도나 폭(크기)을 바꾸면 당연히 루어의 액션은 변한다. 여기에는 루어의 움직임만큼이나 중요한 요소가 하나 더 있는데 바로 캐스팅 성능이다. 립이 크고 부착 각도도 크면 아무리 움직임이 좋은 루어라 할지라도 캐스팅할 때 공기저항이 커 멀리 던져지지 않는다. 공기저항을 줄이려면 립을 부착하는 각도를 몸통과 수평에 가깝도록 해야 한다. 그러면서도 물의 저항을 잘 받아야 하므로 립의 형태는 단순한 평면이 아닌 기하학적 형태를 취하기도 한다. 반대로 립의 에지 부분을 갈아내 물이 잘 흘러나가도록 하기도 한다. 이러한 작은 변화가 루어의 액션에 영향을 준다.

한 가지 더 보자면 라인아이와 립과의 거리도 액션에 관여하고 있다. 기본적으로 라인아이가 립과 가까울수록 동작은 강해지고 멀수록 약해진다.

립의 길이와 너비, 각도에 따라
비거리, 잠행수심, 액션이 달라진다.

루어 모양 보고 액션 예측하기는 어렵다

위에 소개한 미노우의 액션에 영향을 미치는 요소는 매우 복잡하고 단정적으로 이렇다하고 말할 수 있는 것이 아니다.

실제 루어 디자이너의 말을 들어보아도 그렇다는 것을 알 수 있다. 그들은 원하는 동작이 잘 표현되는 루어를 개발하기 위해 이론과 실제를 적절히 혼합해 새로운 디자인의 미노우와 크랭크베이트를 만들어 내고 있다. 이론적으로는 몇몇 요소가 충족되면 분명 기대하던 동작이 나타나야 함에도 불구하고 실제로 만들어 테스트를 해보면, 원하는 동작을 충실하게 표현하지 못하는 경우가 더 많다고 한다. 그렇기 때문에 조금씩 다른 디자인의 루어 샘플을 여러 개 만들어 실제로 현장에서 테스트를 하며 몸통을 조금씩 갈아내거나 립의 폭이나 두께, 각도 수정 등을 행한다. 바늘의 크기도 교환해 보면서 최종적으로 상품화할 모델을 만들어 나가는 것이다.

몸통 모양이 이렇고, 립의 폭과 길이 각도가 이러하므로 이 루어는 이런 동작을 한다고는 감히 말할 수 없다는 말이다. 오히려 완성된 루어를 실제로 던져보고 움직여 본 후, 이 루어는 롤링이 타이트하다든가 워블링 폭이 크다든가 하는 특성을 확인하고 기록하는 것이다.

일본제품 중 최근의 계류용 미노우 제품에는 타이트 롤링, 와이드 워블링 등 액션이 어떻다는 표기를 하는 제품도 눈에 뜨인다. 비슷한 디자인 임에도 액션은 제각각이다.

첨단 테크닉

Seabass Jigging
20~30m 수심의 농어를 메탈지그로 공략한다!

농어는 일반적으로 갯바위의 얕은 수심에서 캐스팅으로 낚지만, 연안을 벗어나 20~30m의 깊은 수심에 있을 때는 캐스팅으로 낚기 어렵다. 이때 효과적인 방법이 메탈지그를 사용한 농어 지깅이다.

메탈지그에 걸려 나온 농어. 메탈지그는 농어들이 수심 깊은 곳에 자리잡고 있을 때 유용하게 쓸 수 있는 아이템이다.

농어 지깅은 대중화된 기법은 아니다. 서해안의 몇몇 선장만 시도하고 있는 기법으로 주로 바닥층에 스쿨링 돼 있는 농어를 발견했을 때 시도하고 있는데 탁월한 효과가 확인되고 있다.
농어 스쿨링은 어탐기로 찾는다. 포인트에 도착해 연안을 향해 캐스팅하다가 입질이 없으면 그 주위를 어탐기로 탐색한다. 아예 포인트로 진입하면서 어탐기로 농어 무리를 찾기도 한다. 특히 연안 캐스팅에 잘 낚이던 농어가 갑자기 입질이 끊길 때 어탐기를 살피면 농어 떼가 배 밑에 뭉쳐있을 때가 있다. 계속되는 루어 캐스팅에 경계심을 느낀 농어들이 깊은 수심으로 이동하는 과정인데 이때 바로 배 밑으로 메탈지그를 내리면 입질을 받을 수 있다.

8월 이후 수온 높아지면 깊은 곳으로 이동

특히 봄보다 8월 중순 이후 수온이 올라가는 시점부터 농어 지깅이 잘 먹힌다. 충남 태안 신진도의 바위섬호 김동군 선장은 "흔히 농어를 여름고기라고 부르지만 실제로 여름에는 조황이 급격히 떨어진다. 그 이유는 8월 중순 이후 연안 수온이 너무 높아지면 농어들이 시원한 깊은 수심으로 이동하기 때문이다. 그래서 이때부터는 연안 캐스팅을 포기하고 연안에서 수십 미터 떨어진 깊은 수심으로 배를 옮겨 어탐기로 물밑을 살펴가며 농어를 낚는다"고 말한다.

김동군 선장은 "반드시 계절이나 수온 같은 변수만 작용하는 것은 아니며 아직 제 물때가 안 돼 농어가 포인트로 진입하기 전 또는 먹이고기 떼가 갯바위에서 떨어진 깊은 수심에 머물 때에도 농어 지깅을 시도하면 잘 낚인다"고 말했다.

바닥에서 5~6m 쳐올리는 숏피치 저킹 잘 먹혀

어탐기에 찍히는 어군이 농어인지 다른 고기인지 어떻게 알까? 어군의 모양에 약간의 차이가 있다고 한다. 예를 들어 멸치나 학공치 같은 먹이고기들은 큰 덩어리로 표현되지만 농어는 쌀알들이 모여 있는 것처럼 표현된다. 또 먹이고기들은 연두색으로, 농어 무리는 빨강색으로 찍히는데 어탐기에 따라 컬러가 다르므로 모두 동일하게 나타난다고는 볼 수 없다.
8월 중순 이후 깊은 수심으로 가라앉은 농어들은 스쿨링 규모가 커 한 번 떼를 만나면 단숨에 20마리 이상 뽑아내는 경우도 많다고 한다. 농어 지깅용 장비와 채비는 캐스팅용을 그대로 사용한다. 미노우나 바이브레이션 대신 메탈지그만 연결하면 끝이다. 메탈지그로 바닥을 찍은 후 5~6m 위쪽으로 짧고 빠르게 쳐올리는 숏피치 저킹이 농어 지깅에는 잘 먹히며 메탈지그의 무게는 80g이면 적당하다. 색상은 은색 바탕에 핑크나 붉은색이 칠해진 메탈지그에 입질이 잦다.

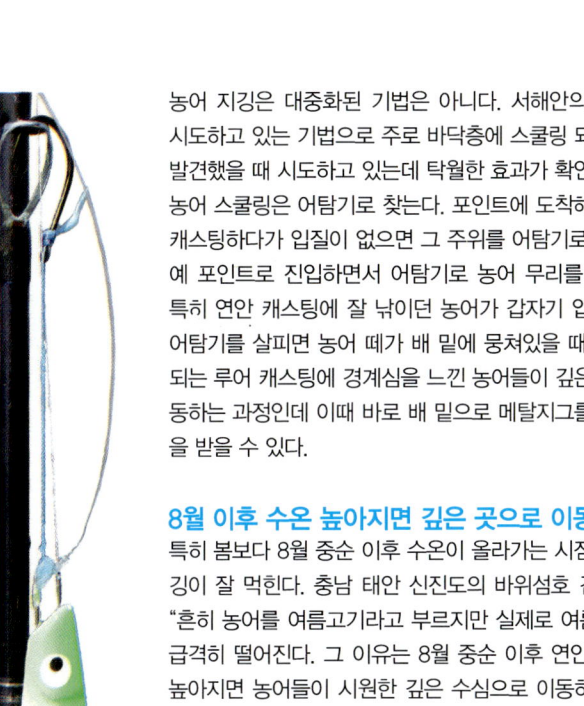

로드에 걸려 있는 메탈지그. 머리에 어시스트훅을 달아주며 꼬리의 트레블훅은 제거해야 밑걸림이 덜 생긴다.

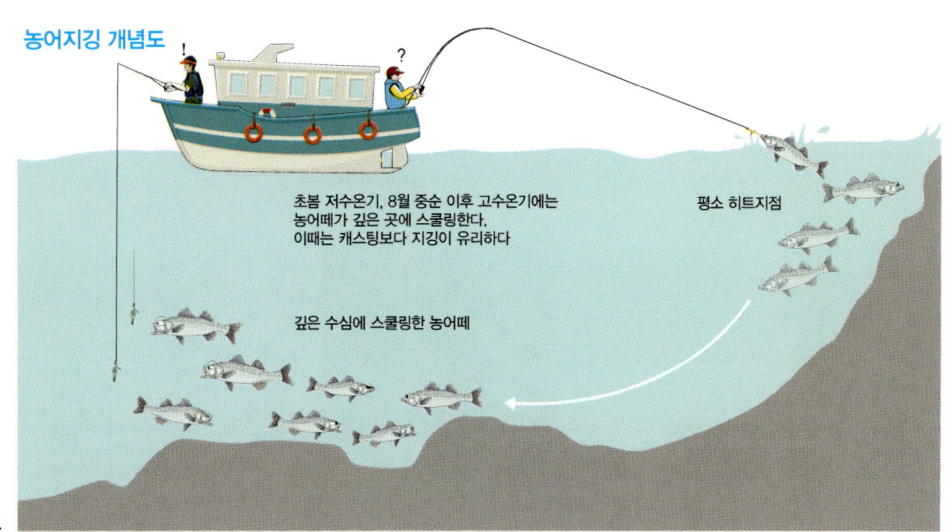

농어지깅 개념도

초봄 저수온기, 8월 중순 이후 고수온기에는 농어떼가 깊은 곳에 스쿨링한다. 이때는 캐스팅보다 지깅이 유리하다

깊은 수심에 스쿨링한 농어떼

평소 히트지점

루어 제작 A to Z

미노우는 어떻게 만들어지나?

④컴퓨터 설계

모형이 완성되면 버니어캘리퍼스로 모형의 길이, 둘레 등을 측정해 그 값을 컴퓨터에 입력한 후 3D 설계를 시작한다. 정밀한 설계를 위해 자동차, 비행기, 휴대폰 설계에 사용하는 프로그램을 사용한다. 손으로 깎은 모형에서 얻은 수치를 컴퓨터에 입력한 후 오차를 수정해 1mm의 차이도 나지 않는 도면을 만들어 낸다.

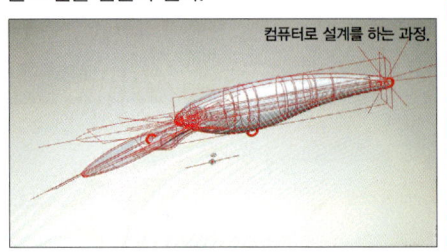

컴퓨터로 설계를 하는 과정.

1단계 제품 기획과 설계

①제품 기획

루어 제작은 기획으로 시작한다. 전문 낚시인들이 현장에서 쌓은 노하우를 바탕으로 해당 시즌에 필요한 루어가 어떤 것인지 고민한 후 시즌에 맞는 패턴을 찾아 그에 맞는 제품을 기획해 낸다. 유행이나 시장성을 고려해 계절별 모델을 선정하는데, 기존의 제품을 업그레이드할 수도 있고 새로운 형태의 루어가 탄생할 수도 있다.

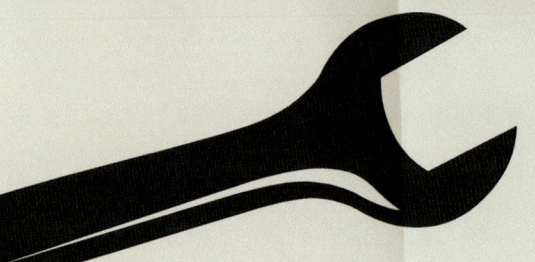

설계도와 모형을 살피며 제품을 구상하고 있다.

⑤샘플 제작

컴퓨터 설계가 끝나면 CNC(컴퓨터 수치제어) 기계에 설계한 프로그램을 입력해 1차 샘플을 제작한다. 샘플은 기획 단계에서 구상한 제품이 실제로 얼마만큼 완벽하게 구현되었는지 확인한다. 샘플을 뽑고도 본격적인 테스트에 들어가기 전에 수차례 수정을 거친다.

CNC 기계로 샘플을 제작하고 있다.

②제품 스케치

구상한 제품을 그림으로 그려낸다. 이 과정은 루어 전문 제작자가 맡는다. 그 이유는 루어의 작동원리를 정확히 이해하지 못하면 제대로 된 형태를 그려낼 수 없기 때문이다. 루어의 크기·형태·무게 등에 따라 유영속도·액션·잠행수심 등이 달라지므로 모양에 따라 어떤 액션이 나올지 예측이 가능해야 제대로 그려낼 수 있다.

⑥내부 설계

외형이 완성되면 내부 설계에 들어간다. 내부 설계는 무게중심, 래틀의 위치 등을 결정하는 것으로, 그것에 따라 비거리, 워블링, 롤링, 잠행수심 등이 결정된다. 아주 정밀한 작업이다. 컴퓨터 설계로 출력한 도면에 부속품을 삽입할 위치를 정확하게 잡은 후 원하는 액션이 구현 가능한지 검토해서 설계에 들어간다. 루어 제작의 비밀은 대부분 내부 설계에 숨어 있다. 정확한 제작 의도는 루어 제작자만이 알고 있으며 그 노하우들이 축적되어 업체의 재산이 된다.

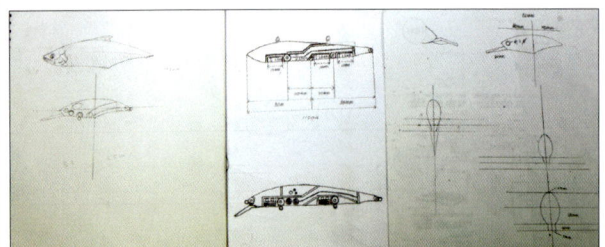

제작할 루어의 설계도.

③모형 만들기

스케치를 마친 후엔 나무로 모형을 만든다. 역시 루어 전문가의 손길이 필요하다. 원하는 형태의 외형이 갖춰지면 바늘과 눈, 립의 위치를 잡고 무늬가 들어갈 자리를 잡은 후 컴퓨터 설계에 들어간다.

나무로 만든 모형.

내부 설계까지 마친 샘플.

2단계 테스트

①액션 테스트
샘플이 완성되면 가장 먼저 루어의 액션을 테스트한다. 액션 테스트기는 파도와 물의 흐름을 만들어내어 루어의 움직임을 사방에서 살펴볼 수 있도록 만든 기계다. 루어가 움직이는 모습과 유영각도 등을 관찰한 후 이상이 있으면 래틀의 위치나 몸통 크기, 립의 크기와 각도를 조절한다.

②서스펜딩 테스트
서스펜딩 테스트는 일정 수온을 유지한 상태에서 루어가 물에 뜨는지 가라앉는지 정확히 측정하는 것이다. 대상어의 활동이 시작될 수온을 설정, 그에 맞는 최적의 액션을 구한다. 이 테스트를 거쳐 패스트 플로팅, 슬로우 플로팅, 패스트 싱킹, 슬로우 싱킹으로 구분해서 제작한다.

③파장 · 음역 테스트
대상어를 자극하는 것은 루어의 모양이나 액션만이 아니다. 소음과 루어가 움직이면서 생기는 파장으로 대상어를 유인할 수도 있다. 물고기들은 측선으로 베이트피시의 파장을 감지해 먹잇감인지 아닌지 구분한다고 하는데, 이 테스트에서 파장과 소음의 강도를 조절한다.

④금형 제작
액션, 서스펜딩, 파장 · 음역 테스트를 마치면 루어를 찍어 낼 금형(틀) 제작에 들어간다. 금형은 수천만원의 제작비가 들어가는 작업이므로 매우 신중히 해야 한다. 금형이 만들어지면 제품을 찍어낸 뒤 부속품을 넣고 조립 후 현장테스트를 거치고 마지막 단계인 내구성 테스트를 실시한다.

⑤항온항습 테스트
금형으로 찍어낸 제품은 색을 입힌 후 항온항습 테스트를 거친다. 루어가 일정 온도에서 얼마나 견디는지 칠은 벗겨지지 않는지를 테스트

 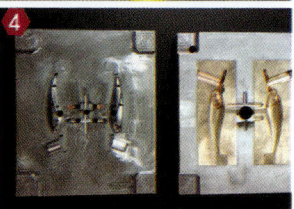

하는 것이다. 테스트 온도는 영하 40℃~영상 80℃며 1시간에 걸쳐 온도에 변화를 주어 제품에 이상이 생기지 않는지 관찰한다. 여름에 햇빛에 노출된 태클박스는 내부온도가 60℃ 이상으로 올라가는데, 접합방식에 문제가 있는 루어의 경우 갈라지거나 심하면 터질 수도 있다. 항습 테스트는 상온에서 70~80% 습도를 유지한 상태로 루어 내부에 물이 스며드는지 접합 방식에 문제가 없는지를 알아본다.

⑥내구성 테스트
완제품을 만들기 전 마지막 테스트. 바늘의 강도, 루어가 견딜 수 있는 하중과 충격 등을 측정한다.

3단계 도장과 현장테스트

①도장
마지막 단계인 도장(칠)은 홀로그램 테이프를 씌우는 것과 표면에 도료를 직접 뿌리는 것이 있다. 홀로그램 테이프는 주로 얕은 수심에서 사용해 햇빛을 받아 반짝일 수 있는 미노우에 씌운다. 플래싱 효과는 베이트피시가 뒤집어지면서 비늘이 빛을 반사해 반짝이는 것을 표현한 것이다. 베이스 컬러를 정한 후 다양한 컬러의 테이프를 덧씌우는 방법으로 이뤄진다.

도료는 주로 깊은 곳을 노리는 바이브레이션 같은 루어에 사용한다. 깊은 곳은 햇빛이 닿지 않기 때문에 플래싱 효과가 무의미한 경우가 많다. 그래서 빨강이나 파랑, 초록 같은 명암이 짙은 색을 사용해 잘 보이게 해준다.

②부품 붙이기
도장이 끝나면 마지막으로 바늘, 립아이, 눈을 붙여 루어를 완성한다. 라인을 묶는 립아이 위치가 올발라야 제대로 된 액션이 나온다. 립아이가 한쪽으로 치우치면 루어도 휘어진 방향으로 움직인다. 루어에 붙이는 눈은 빛이 잘 투과되지 않는 깊은 수심이나 탁한 물속에서도 빛을 내는 것이라야 제품의 완성도를 높일 수 있다.

루어에 도료를 뿌려 색을 입히고 있다.

루어에 부착하는 부품들. 싱커, 립아이, 링 등이 있다.

③현장테스트
이 모든 과정이 끝나면 현장으로 나가 테스트 때와 같은 액션이 나오는지 필드테스트를 실시한다. 직접 현장에서 사용해 보고 대상어의 입질을 받을 수 있는지 낚시해본 후 문제점이 없는지 관찰한다.

루어 제작자의 의도를 알아야 루어 100% 이해

일본이나 미국의 경우 신제품 루어를 출시하면 제작자나 해당 업체의 필드테스터가 나와서 그 제품의 사용 노하우를 잡지나 인터넷에 공개한다. 기본적으로 '왜 만들어졌는가'를 설명하고 현장에서 적용할 수 있는 활용법을 공개함으로써 사용자가 제품에 대해 더 만족할 수 있도록 한다. 낚시인들은 신제품을 제대로 사용하기 위해 제작자가 공개하는 루어의 작동원리에 귀를 기울이고 올바른 사용법을 익히기 위해 노력한다. 그런 식으로 루어를 활용해 나가면서 자신만의 새로운 패턴을 개발하기도 하고 남들과는 다른 자신만의 노하우를 축적해 나갈 수도 있다.

낚시로 올린 농어 기록

한국 농어 최대어 TOP 3

넙치농어 100cm
2010/ 1/ 22

양성욱/제주 서귀포 남원 태흥리 갯바위

넙치농어 최대어는 2010년 1월 22일 제주 낚시인 양성욱씨가 제주 서귀포 남원읍 태흥리 갯바위(태흥양식장 아래)에서 낚은 100cm이다. 태흥리 갯바위는 겨울이 되면 광어 양식장에서 나오는 배출수에 섞여 상처 난 치어들을 함께 배출하는데, 이것을 노린 부시리와 농어가 자주 접근하는 곳이다.

양성욱씨는 농어보다 부시리를 노리고 새벽 2시에 출조해 새벽 3시경부터 낚시를 시작했다. 그러나 아침 6시가 되도록 전혀 입질을 받을 수 없었다. 썰물이 거의 끝나갈 무렵에 딱 한 번 입질 받은 것이 바로 1m 넙치농어였다. 엄청난 저항에 부시리라고 생각했으나 멀리서부터 엄청난 바늘털이를 해댔기에 농어임을 눈치챌 수 있었다. 운 좋게도 부시리 장비를 사용한 덕분에 엄청난 사이즈의 넙치농어를 무리 없이 끌어낼 수 있었다.

▶▶ 3가지 농어 어종별 2위 기록은?

농어 부문 2위는 109cm인데 3명의 낚시인이 공동으로 기록에 올라있다. 최흥선씨가 충남 보령 교정리 화력발전소에서, 한재국씨가 보령 소화사도에서, 고창민씨가 제주 우도에서 모두 109cm 농어를 낚은 기록이 있다.

점농어 2위는 임신우씨가 고흥 나로도 갯바위에서 낚은 108cm 기록이며, 넙치농어 2위는 제주 낚시인 강윤홍씨가 서귀포 안덕면 갯바위에서 낚은 97cm이다.

이런 기록들을 통해 대물 농어는 의외로 배낚시보다 갯바위에서 많이 낚인다는 것을 알 수 있다. 낚은 시간대는 배낚시를 제외하면 전부 이른 새벽이나 늦은 밤이다.

김용선/제주 서귀포 돔배낭골

우리나라 농어 최대어는 2012년 12월 2일 제주 낚시인 김용선씨가 제주 서귀포 돔배낭골(법환공동묘지 아래)에서 낚은 112cm다. 바람이 불지 않는 잔잔한 날이어서 대물을 노리기에 좋은 날씨는 아니었지만, 한적한 새벽 3시에 포인트로 나간 것이 적중했다.

김용선씨는 미노우로 수중여와 간출여가 산재한 얕은 연안을 집중적으로 노렸다. 여러 번 캐스팅을 반복한 결과 마치 볼락의 입질과 같은 토독거리는 입질을 받을 수 있었는데, 섣불리 챔질하지 않고 낚싯대를 슬며시 들어주자 곧바로 본신으로 이어졌다. 대물 농어가 수심 1m에서 내뿜는 파워는 상당했다고 한다. 낚은 농어의 무게는 11.4kg이었다.

※1972년 제주항방파제에서 김광철씨가 낚은 122cm 농어 기록이 있지만, 이는 심사위원들이 입회한 최대어 심사를 통해 공인된 기록이 아니며 조행기나 관련 기사도 게재되어 있지 않아 공식기록으로 인정하기 어렵다.

점농어
109cm

김정우/인천 영흥도 농어바위 해상

점농어 부문 최대어는 인천 낚시인 김정우씨가 2012년 8월 11일 인천 영흥도 농어바위 주변에서 외수질 선상낚시로 낚은 109cm이다. 외수질 낚시란 산 새우를 미끼로 한 외줄낚시와 같은 형태의 전통 농어낚시 기법인데, 여름~겨울에 주로 서해에서 많이 이뤄지며 마릿수 조과도 좋고 바닥에서 큰 농어가 무는 것이 장점이다.

109cm 점농어를 낚은 김정우씨는 외수질 낚시에 큰 농어와 광어, 우럭이 잘 낚인다는 말을 듣고 출조해 행운을 얻었다. 계측했을 당시 1m 줄자를 넘는 크기였고, 115cm를 예상했으나 낚시춘추 최대어 심사 결과 109cm로 공인되었다.

2012/ 8/ 11

농어
112cm 2012/ 12/ 2

chapter 2

東海

연안 농어루어낚시의 메카

동해는 오늘날 농어루어낚시, 특히 연안 농어루어낚시의 메카로 대접받고 있지만, 농어낚시터로서 개발은 가장 늦었다. 옛날부터 대형 농어가 많다는 소문이 돌았지만 그 실체가 뚜렷하게 드러난 것은 최근의 일이다. 예전에는 극소수의 낚시인들만 동해에서 루어낚시를 즐겼고 그래서 동해의 농어자원이 널리 알려지지 않았다. 2000년대 후반부터 부산, 울산, 포항, 대구의 낚시인들이 농어루어낚시에 눈을 뜨면서 동해는 삽시간에 최고의 농어루어낚시터로 떠올랐다. 그중 노른자위 구간이랄 수 있는 경북 울진과 포항 사이의 갯바위는 제주도와 포인트 여건이 흡사하며 연안 농어루어낚시의 진수를 느낄 수 있다. 동해의 거친 파도밭에서 대물 농어와 파이팅을 펼쳐보자.

거친 파도에도 아랑곳없이 루어를 날리고 있는 이영수(라팔라 크로스탭)씨. 장소는 포항 구만리 갯바위로 이런 파도에 큰 대물이 접근한다.

동해 농어루어낚시 현장

포인트는 파도밭,
승부수는 비거리!

이영수(라팔라 프로스탭·바다루어클럽 회원)씨가
히트한 농어를 파도에 태워 연안으로 끌어올리고 있다.
장소는 포항 호미곶방파제(대보방파제) 옆의 갯바위다.

히트한 농어를 보여주고 있는 이영수씨.

■ 시즌과 특징
5~6월과 11~1월이 피크

동해는 북부, 중부, 남부 세 구간으로 나뉘는데, 동해북부는 강원도에 해당하고 중부는 경북의 울진, 영덕, 포항, 경주 지역이며, 동해남부는 울산과 부산 기장 지역이다. 한편 동해북부와 동해남부로 양분하기도 하는데, 동해북부는 강원도, 동해남부는 울진 이남의 경상도를 말한다.

동해북부인 강원도에서는 초여름과 가을에 농어가 낚이기는 하지만 농어루어낚시가 활발하게 이뤄지지 않는다. 그 이유는 농어 자원과 루어낚시 인구가 동해남부에 비해 적기 때문이며 야간통제구역이 많다는 것도 하나의 원인이 되겠다.

동해에서 농어루어낚시의 핵심구간은 동해중부. 이곳은 야간에도 출입이 가능한 갯바위가 많고, 특히 농어가 잘 붙는 얕은 여밭이 넓게 형성되어 있는 곳이 많다. 울진, 영덕, 포항의 경우 곳곳에 농어 포인트가 즐비하다. 시즌도 동해북부에 비해 길다. 이르면 4월 중순부터 낚이기 시작해 5~6월에 마릿수 조과를 보이며, 한창 더울 때인 7~8월엔 조황이 잠시 주춤해졌다가 9월 이후 다시 낚이기 시작해 11월부터 이듬해 1월까지 호황을 보인다. 2~3월에도 농어를 낚을 수 있지만, 그때가 되면 볼락루어낚시로 전향하는 낚시인들이 늘어나며 상대적으로 낚기 힘든 농어의 인기는 시들해진다.

한편 동해남부는 동해중부와 시즌이 비슷한데 차이점이 있다면 갯바위보다 백사장에서 농어가 잘 낚인다는 것이다. 방파제나 기수역(민물이 바다로 유입되는 지역)에 포인트가 형성되는 경우도 많으며 연안낚시보다는 보트를 타고 보팅을 하면 더 많은 농어를 낚을 수 있다.

동해에서 낚을 수 있는 농어의 씨알은 아주 다양하다. 장마철에 마릿수 조황이 이어질 때는 평균 사이즈가 50~60cm이며, 시즌 초반인 5월과 시즌 막바지인 12~1월에는 미터급 농어가 출현해 화끈한 손맛을 안겨준다. 40cm 이하의 잔챙이 농어는 찾아보기 어렵고 걸었다 하면 최소 50cm는 넘기 때문에 동해가 농어루어낚시터로 인기가 높다. 농어낚시의 역사가 짧은 만큼 아직 개발할 포인트도 많이 남아 있다.

동해안에도 넙치농어가 산다?
2011년 5월 29일, 송선교씨가 호미곶 해안에서 60cm 한 마리 포획

넙치농어는 우리나라에선 제주도에만 살고 있다고 알려져 있지만, 2011년 5월 29일 포항 호미곶 해안에서도 60cm 넙치농어가 낚인 적이 있다. 낚은 이는 바다루어클럽의 송선교(낚네임 카마)씨로 포항 남구 호미곶면 호미곶펜션 아래에서 미노우로 넙치농어를 낚았다. 예전에도 포항에서 넙치농어를 낚았다는 낚시인들이 더러 있었지만, 미확인된 소문일 뿐이었는데, 이것으로 동해 넙치농어의 존재가 확인되었다. 그러나 그 후 동해에서 또 넙치농어가 낚인 사례는 없다.

지난 2011년 5월 29일 바다루어클럽 송선교씨가 포항 호미곶면펜션 아래의 갯바위에서 낚은 60cm 넙치농어

낚시인들이 포말이 이는 얕은 연안에서 농어를 노리고 있다. 이런 곳에서 낚시하기 위해서는 안전장비와 바지장화를 필수로 착용해야 한다.

■ 출조 패턴
연안낚시 위주, 현지인들과 동행을 꾀하라

동해의 농어루어낚시는 대부분 연안낚시이다. 개인보트로 선상낚시를 즐기는 낚시인들도 있지만 그 수가 아주 적고 서해처럼 전문적으로 선상낚시를 나가는 출조점도 드물다. 그 이유는 연안 수심이 2~3m로 아주 얕아 낚싯배를 운항하기에 위험한 곳이 많은 데다, 연안에서도 농어가 잘 낚이다보니 굳이 선상낚시를 나가지 않기 때문이다.

연안낚시는 포인트 진출입이 자유로운 반면 정확한 포인트 안내자를 만나지 못하면 엉뚱한 곳에서 헤매기 쉽다. 혼자서 무작정 농어 포인트를 찾아 나서는 것은 무모하다. 정확한 포인트를 찾기가 어렵고 포인트에 들어선다고 해도 물때가 언제인지, 어디를 노릴지 난감한 경우가 많다. 농어의 입질을 받기 위해서는 물때에 맞춰 포인트에 진입해야 하고 입질 지점을 잘 찾아서 노려야 하는데, 포인트에 익숙하지 않은 경우라면 고수들도 애를 먹을 정도로 패턴을 찾아내기가 쉽지 않다. 그래서 농어루어낚시를 배우는 단계에서는 동호회 회원들과 동행출조를 하거나 루어낚시 전문점의 가이드를 받아야 한다. 특히 파도가 높은 동해에서는 안전을 위해서라도 반드시 현지 포인트에 익숙한 낚시인의 도움을 받는 것이 좋다.

동해 현지에서 활동하는 회원이 많은 동호회에 가입하여 정기출조나 번개출조에 동행해서 어디서 어떻게 낚시하는지 배우는 것이 지름길이다. 동해에서 활동하는 대표적인 루어낚시 동호회는 '다음카페 바다루어클럽 cafe.daum.net/sealureclub'과 '네이버카페 VIP루어클럽 cafe.naver.com/vipluretclub'이다.

바지장화(웨이더)의 종류

동해의 경우 얕은 웅덩이를 건너가 간출여 위에 올라가 낚시하는 경우도 많고, 연안에서 낚시하더라도 파도를 뒤집어쓰는 일이 많기 때문에 바지장화(웨이더)는 필수품이다. 특히 겨울에 바지장화를 입지 않은 상태에서 파도를 맞으면 추워서 낚시를 못하게 된다.
바지장화는 신발과 바지가 하나로 붙은 일체형이 있고 분리형이 있다.
일체형은 신축성이 있는 네오플란 소재의 바지에 갯바위장화를 붙여 만든 형태가 많은데, 착용하면 몸에 붙기 때문에 물속에서 조류의 영향을 덜 받고 겨울에 입으면 따뜻한 것이 장점이다. 하지만 여름엔 땀이 차서 입기가 불편한 것이 단점.
분리형은 대부분 계류낚시용으로 출시된 웨이더로 바지는 고어텍스 등의 원단을 내부에 덧대어 제작하므로 신축성이 없어서 몸에 붙지 않는다. 그래서 외부와의 통풍이 원활해 땀이 덜 차고 몸에 밀착되는 제품보다는 입고 벗기가 편한 것이 장점이다. 그러나 물속에 있으면 조류를 많이 받고 신발을 따로 구매해야 하기 때문에 조금 비싼 것이 단점이다.

■ 장비와 채비
8.6~10ft 로드에 플로팅 미노우 필수

동해는 농어 입질지점이 아주 먼 곳에 형성되는 경우가 많다. 연안에서 멀리 떨어져 있는 수중여나 간출여, 해초군락, 본류대 등이 입질지점이 되는데, 그런 곳을 노리기 위해서는 조금이라도 더 튀어나간 곶부리에 자리 잡고 루어를 최대한 멀리 던져야 한다.

루어를 멀리 던지기 위해서는 로드, 릴, 라인의 밸런스가 잘 맞아야 한다. 예전에는 루어를 멀리 던지기 위해 10~13ft의 긴 낚싯대를 즐겨 썼다. 그때는 합사보다 굵은 나일론 원줄을 사용했고 루어의 성능이 지금처럼 좋지 못했기 때문에 오로지 로드의 길이로 비거리를 늘릴 수밖에 없는 상황이었다. 그러나 그런 투박한 로드로는 가벼운 미노우를 캐스팅하기가 어려웠다.

최근에는 예전처럼 긴 낚싯대를 쓰지 않고 동해안의 경우 8.6ft부터 10ft까지를 즐겨 사용한다. 가는 합사를 사용하고 루어에 웨이트를 삽입해 루어 자체만으로도 비거리가 비약적으로 증가한 결과 이 정도 낚싯대로 60m 이상 거뜬히 날릴 수 있다. 남해안이나 서해 보팅에서는 8ft 내외의 짧은 로드를 선호하는데, 로드가 짧을수록 섬세한 액션을 반복해서 하기 좋다는 장점이 있다. 로드가 길면 원투력이 향상되는 반면 무겁고 루어에 액션을 주기가 불편하다. 로드의 길이가 10ft가 넘으면 선상이나 발판이 낮은 갯바위에서는 대 끝이 수면에 닿는다.

그렇다면 8.6ft와 10ft 중 어떤 것을 선택해야 할까? 키가 큰 사람은 10ft, 작은 사람은 8.6ft가 좋다. 키가 작아도 오로지 원투를 원한다면 10ft 내외의 로드를 선택해도 좋겠지만, 짧은 로드를 사용할 때보다 빨리 피로해지고 낚시하는 것이 불편한 것은 감수해야 한다.

한편 무조건 긴 낚싯대에 무거운 루어를 쓰면 멀리 날아간다는 것은 잘못된 생각이다. 로드마다 사용할 수 있는 루어의 무게가 표시되어 있는데, 한계치보다 3~4g 가볍게 쓰는 것이 가장 이상적인 비거리를 유지하는 방법이다. 8~9ft의 로드라면 23~25g의 루어가 알맞고 그보다 무거운 루어를 달면 오히려 캐스팅 거리가 줄어들 수 있다.

릴은 샐로우 스풀이 달린 스피닝릴을 사용한다. 1~1.5호 합사가 150m 감기는 2500번이나 3000번 스피닝릴이 맞다. 동해에서는 주로 파도가 치는 날에 농어가 낚이므로 릴이 바닷물과 접촉하는 것을 피할 수 없다. 따라서 방수가 되는 릴이 좋다. 요즘 출시되는 고급 스피닝릴 중엔 100% 방수는 아니지만 방수성능이 뛰어난 릴들이 있다.

쇼크리더는 카본줄이나 나일론줄 4~6호를 사용한다. 50~60cm 농어가 낚일 때는 4호가 적합하고, 80cm가 넘는 큰 농어가 낚일 때는 최소 5호 이상, 굵게는 8호까지 사용해준다. 쇼크리더는 가늘게 쓸수록 루어의 액션이 좋아지지만, 여쓸림에는 약하므로 낚이는 씨알을 고려해서 선택하도록 한다.

파도가 낮아도 이따금 무릎 위까지 들이치는 곳은 위험하다

동해안 포인트 선정 시 주의점

▶얕은 곳을 공략할 수 있는 샐로우용 바이브레이션으로 80cm 농어를 히트한 조성민(야마리아 필드스탭)씨. 장소는 포항 호미곶면 구만리 갯바위.

동해안 조과 퍼레이드

조계양 99cm, 포항 하얀사랑연수원 아래 갯바위.

정한영 1m, 포항 호미곶면.

권희성 90cm, 포항 호미곶면.

이영수 80cm 외, 영덕 노물갯바위.

남영규, 박태곤 모두 1m, 포항 칠포해수욕장.

박상수, 이영수 70cm 외 다수, 영덕 강구항 일대.

●동해안 추천 릴

다이와
세르테이트 2508PE

내구성과 방수성을 실현해 바닷물과 접촉이 많은 농어루어낚시인들에게 큰 인기를 끈 모델이다. 옛 모델을 업그레이드한 2013년형도 출시되었는데, 기존의 내구성을 그대로 유지하고 매그실드 라인롤러와 자이온 에어로터를 탑재해 최고급 감도와 내구성을 동시에 구현해낸 제품이다. 농어루어용으로는 2508PE나 2510PE-H를 가장 선호한다. 권사량은 2508PE의 경우 1호 120m, 1.5호 100m, 2510PE-H는 1호 200m, 1.5호 150m이다.
가격은 두 모델 모두 3만9000엔.

다이와
엑셀러 2500

다이와 엑셀러는 미국 판매용 제품으로 농어루어낚시에 사용할 수 있는 중저가 스피닝릴이다. 내구성이 강한 합금으로 제작한 하드 보디와 내부식성이 강한 CRBB 베어링이 탑재되어 있다. 권사량은 2500번 기준으로 3호 나일론줄이 150m 감기는데, 합사 전용 스풀로 교체해서 사용하거나 밑줄을 조금 감은 후 원하는 합사를 감아서 사용하면 큰 불편 없이 사용할 수 있다. 가격은 13만원.

●동해안 추천 로드

라팔라
XLT SECRET 90M2

최강의 원투력을 자랑하는 농어루어낚시 전용대로 팁은 부드럽고, 허리는 고탄성인 모델이다. 일본의 후지 K가이드를 탑재해 줄 꼬임이 없고 원투가 수월하다. 버트(손잡이 앞) 부분의 허리힘이 좋아 대물과의 파이팅에도 잘 대응한다. 루어는 32g까지 사용 가능하다. 가격 23만원.

엔에스
씨배스 파이널 S-952ML

9.5ft의 길이로 원투가 수월하며 대물과의 파이팅에도 유리한 포지션을 잡기 편하다. 2절 분리. 액션은 미디엄라이트로 대형 농어의 예민한 입질을 잘 잡아내며 대물의 저항도 빠르게 제압할 수 있다. 후지 K가이드를 장착해 가볍고 경쾌한 캐스팅 가능. 가격 28만8천원.

다이와
모어댄 AGS 93ML

농어의 숏바이트를 캐치해내는 다이와의 '데몬계 팁'을 탑재, 한번 걸려든 농어는 확실히 랜딩한다는 콘셉트로 제작한 모델이다. 유연성과 강력함을 함께 갖추어 원투력과 대물을 빠르게 제압하는 능력을 함께 가지고 있다. 백사장, 하천, 하구, 높은 방파제 등에서의 빅게임에 최적. 가격 5만8천엔.

피싱코리아
씨호크 레이피어 832MRS

바다에서 수많은 필드테스트를 거쳐 가볍고 질기게 설계된 보급형 바다루어낚싯대로 농어의 예민한 입질을 놓치지 않고 신속하게 전달하며 허리힘이 뛰어나 빠르게 대상어를 제압할 수 있다. 라인트러블을 방지하기 위해 대구경 가이드를 장착, 캐스팅 비거리가 뛰어나다. 가격 6만원.

뜰채에 담긴 농어.
해초가 밀생한 곳에서 보팅 중에 걸려든 녀석이다.

포항 칠포해수욕장에서 농어루어낚시를 즐기고 있다.
파도가 치는 백사장도 좋은 농어 포인트가 된다.

동해 낚시용 릴은 방수기능 필수

대부분의 릴은 핸들을 제거하면 바로 오일이 묻어 있는 결합부위가 보이지만, 다이와 세르테이트 릴의 경우 내부로 물이 스며들지 못하도록 핸들이 결합된 주변을 고무로 막아 놓았다. 이것 외에도 '매그실드'라는 제작방식을 적용, 자성을 가진 오일로 물이 스며들 수 있는 부위에 벽(막)을 형성해 높은 방수 성능을 자랑한다. 바닷물과의 접촉을 피할 수 없는 농어루어낚시에선 이런 방수기능이 갖춰진 릴을 구입하면 염분에 의한 부식을 막을 수 있어 오래 쓸 수 있다.

방수를 위해 핸들 결합부가 밀폐된 제품.

포항 구만리 갯바위의 야경.

바이브레이션에 올라온 쥐노래미.
겨울에 바이브레이션으로 바닥을 공략하면
가끔 큰 쥐노래미가 걸려든다.

라팔라 맥스랩 미노우에 걸려든 농어.

9피트 농어루어 로드를 사용해 낚은 농어.

최고 포인트

동해안에서 농어루어낚시를 잘 하려면 파도밭 낚시에 익숙해져야 한다. 바람이 불어 파도가 치는 포인트는 잔잔한 곳보다 농어를 낚을 확률이 높지만 낚시하기가 힘들다. 출조하는 타이밍도 중요하다. 바람이 점점 강해질 때는 피하고 강한 바람이 서서히 약해지는 타임에 나가야 낚시하기가 훨씬 수월하고 조황도 좋다. 동해는 북동풍이 강하게 불었다가 멈추는 시기가 최고 찬스이다. 그러나 밤이라면 파도가 없어도 농어가 연안으로 접근하므로 언제든지 출조할 수 있다. 다만 낚시인이 드나들지 않은 조용한 곳을 찾아야 한다.

포인트에 진입했다면 세 군데를 꼭 노려야 한다. 첫째 연안에서 멀리 떨어져 있는 해초군락, 둘째 간출여, 셋째 본류대이다. 낚시인들은 농어들이 조류를 타고 빠르게 이동하며 지나다니는 베이트피시를 사냥할 것이라 생각하지만, 사실은 해초나 간출여 주변에 숨어 있다가 지나가는 먹잇감이 있으면 튀어나와 덮치는 매복사냥을 즐겨한다. 밤에도 어슬렁거리며 배회하지, 마구 헤엄쳐 다니지는 않는다. 따라서 농어가 붙어 있을 만한 스팟을 공략하는 것이 중요한데, 그곳이 바로 해초군락, 간출여, 본류대이다.

해초 주변을 노릴 때는 미노우가 해초에 걸릴 것을 감안하고 낚시해야 한다. 강한 액션은 금물. 해초 너머로 미노우를 날린 후 천천히 미노우를 감아 들여 해초 주변을 스치듯 지나도록 해야 한다. 만약 미노우가 해초에 걸리면 살살 당겨서 빼내도록 한다. 목줄이 4호 정도 되면 해초에 걸려 라인이 터지는 경우는 드물기 때문에 크게 걱정하지 않아도 된다. 오히려 해초에 걸린 미노우가 툭하고 빠져나오는 순간 해초 속에 숨은 농어가 미노우를 덮치기도 하므로 해초에 걸린 루어가 빠지면 2~3초 후에 릴링을 시작하는 것도 하나의 테크닉이 된다.

수중여나 간출여를 노릴 때도 마찬가지로 미노우가 그 주변을 천천히 훑고 지날 수 있도록 해준다. 특별한 테크닉이 필요하기보다는 반복해서 부지런히 훑어주는 것이 좋다. 본류는 주로 피딩타임에 노린다.

해돋이 명소로 잘 알려진 포항 호미곶 해돋이광장. 상생의 손 일대가 유명한 농어 포인트다.

연안으로 끌어온 농어를 가프로 찍어 올리고 있다.

섈로우 바이브레이션과 싱킹 펜슬베이트의 활용

섈로우 바이브레이션이란 천천히 릴링하면 일정 수심을 유지할 수 있게 만든 바이브레이션이다. 무게와 생긴 모습은 일반 바이브레이션과 흡사하지만, 조류를 받는 형태와 무게중심의 구조가 달라 빨리 가라앉지 않도록 제작해 얕은 곳에서도 사용할 수 있다. 일반적인 바이브레이션 루어는 머리 위쪽으로 조류를 받아 물속으로 급하강하게 만들어졌지만, 섈로우 바이브레이션은 그 반대로 아래쪽으로 조류를 받게 만들어져서 천천히 릴링하면 가라앉지 않기 때문에 일정 수심을 유지할 수 있다. 그 대신 바이브레이션의 장점 중 하나인 급격한 액션 변화와 강한 진동은 약한 편이다. 섈로우 바이브레이션은 멀리 캐스팅한 후 로드를 45도 정도로 들고 천천히 릴링하면 수심 1~2m의 얕은 곳도 일정한 수심을 유지한 상태로 탐색이 가능하다. 멀리 떨어져 있는 간출여 주변이나 복잡한 여밭을 탐색하는 데 활용할 수 있다.

싱킹 펜슬베이트 역시 무게가 30g 내외로 무겁지만, 섈로우 바이브레이션과 같은 원리로 천천히 가라앉게 제작되어 있다. 오히려 빨리 릴링하면 수면으로 뜰 정도로 부상력이 강하다. 멀리 떨어져 있는 간출여나 수심이 얕은 해변, 강폭이 넓은 기수역에서 활용하기 좋다. 싱킹 펜슬베이트는 원투가 가능하고 얕은 곳을 노릴 수는 있지만, 립이 없어 액션이 단조로워 강한 파장을 내지는 못하는 것이 단점이다.

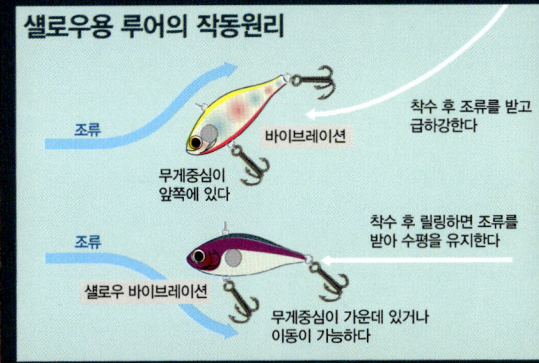

섈로우용 루어의 작동원리

동해 HIT 루어 컬렉션

립 짧고 슬림한
플로팅 미노우 선호

동해안에서 가장 많이 쓰이는 농어낚시용 루어는 플로팅 미노우다. 그 중에서도 립이 짧고 보디가 슬림한 것을 선호한다. 동해안은 얕은 곳이 많아 잠행수심이 얕은 미노우를 써야 하는데 립이 짧을수록 잠행수심이 얕다. 또 파도가 높은 곳에서 립이 길고 크면 액션이 깨질 확률이 높다. 아예 립이 없고 머리에 홈이 파인 헤드컷 미노우도 인기 있다.

보디가 슬림해야 하는 이유는 보디가 뚱뚱할수록 파도의 영향을 많이 받아 액션이 깨지기 쉽기 때문이다. 보디가 슬림해야 파도와 조류에 덜 밀리고 파도를 잘 헤집고 나올 수 있다. 이런 형태의 미노우들은 몸속에 묵직한 웨이트가 내장되어 있어 파도에 뒤집어지더라도 빨리 제자리로 복구하는 능력이 뛰어나며, 특별히 조작을 하지 않아도 몸속에 내장되어 있는 웨이트로 인해 강한 액션을 내는 것이 특징이다. 그러나 파도가 치지 않는 잔잔한 날에 밤낚시를 한다면 루어의 선택은 달라진다. 그때는 보디가 크고 굵은 것을 사용해 강한 액션을 내어 멀리 있는 농어에게도 어필하는 것이 좋다.

야간이라면 뚱뚱한 몸통 유리

미노우 외에 사용할 수 있는 루어는 섈로우용 바이브레이션과 싱킹 펜슬베이트다. 섈로우용 바이브레이션은 일반 바이브레이션과 달리 수류저항을 루어 밑부분이 받아서 감으면 일정수심을 유지하며 끌려오는 것이 특징이다. 펜슬베이트는 무겁지만 가만히 놔두면 천천히 하강하고 감으면 일정한 수심을 유지한 상태로 끌려오기 때문에 멀리 있는 얕은 여밭 공략에 적합한 루어다. 특히 조류가 빨라 미노우가 쉽게 떠내려가는 곳이라면 미노우보다 묵직한 섈로우용 바이브레이션과 싱킹 펜슬베이트가 유리하다. 둘 다 물에 가라앉기 때문에 밑걸림에 주의해서 사용해야 하지만, 미노우보다 먼 곳을 안정적으로 공략할 수 있는 장점이 있으므로 한두 개쯤 구비해서 다니는 것이 좋다.

다이와
모어댄 X-ROLL 128F · 148F

저중심 설계로 강한 물살에 유연하게 대응하는 플로팅 타입의 미노우이다. 슬림한 보디로 타이트한 롤 액션을 연출할 수 있으며, 강한 조류를 만나도 빠르게 리트리브할 수 있는 것이 장점. 화려한 홀로그램 테이핑으로 플래싱 효과가 뛰어나다. 길이 128mm/148mm, 무게 14.8g/22.8g, 잠행수심 1m 내외, 가격 2000~2100엔.

JS컴퍼니
티엠코 잘로우 113

길이 113mm, 무게 17g으로 거친 필드에 대응하기 위해 개발된 잠행수심 40~50cm의 미들레인지 미노우다. 바늘은 '티바51-46 #5'을 채용해 예상치 못한 런커의 저항에도 휘어지지 않는다. 텅스텐 싱커가 내장되어 있어 만족스러운 비거리를 얻을 수 있다. 가격 2만4천원.

다이와
쇼어라인 샤이나 SL 14F-G · 14LDS-G

압도적인 비거리를 자랑하는 플로팅 타입의 슬림 롱 미노우로 원투력과 부드러운 액션으로 연안에서 멀리 떨어져 있는 예민한 농어의 입질을 잡아내는 데 탁월한 능력을 발휘한다. 슬림한 보디에 훅 3개 달려 있지만, 안정적인 액션을 잘 유지하고 리트리브 중에도 조용한 것이 장점. 잠행수심 15~80cm, 길이 145mm, 무게 19.5g/22.5g, 가격 2천엔.

야마리아
스쿼시 F125

립 대신 헤드의 아래가 튀어나온 헤드컷 형태의 플로팅 미노우로 넓은 해변이나 기수역, 수중여가 있는 연안에서 폭넓게 활용할 수 있는 아이템이다. 지금껏 구현해내지 못한 발군의 비거리를 자랑하며 대물이 숨어 있는 스팟까지 신속하게 도달한다. 내구성이 강한 도장으로 플래싱 효과를 오래 유지할 수 있다. 길이 125mm, 무게 20g, 가격 2만2천원.

야마리아
페이크베이츠 NL

립이 없는 타입으로 NL은 NonLip을 의미한다. 아주 미약한 움직임에도 롤링 액션이 가능하며 얕은 섈로우 구간도 문제없이 공략할 수 있다. 다양한 내추럴 컬러로 구성되어 있어 선택의 폭이 넓다. 뛰어난 비거리와 안정적인 액션은 기본, 잔잔한 수면에서도 아주 자연스러운 액션을 연출할 수 있다. 잠행수심 40cm. 플로팅.
가격 1만8천원.

피싱코리아
썬더 미노우

립이 작고 보디가 슬림한 타입으로 길이는 145mm, 무게 20g인 플로팅 미노우다. 잠행수심은 15cm 내외로 상층과 수면 바로 아래를 유영한다. 저킹 액션이 좋고, 리트리브 시에는 강한 파장을 내어 물속의 농어를 자극한다. 가격 8천원.

피싱코리아
토마호크 미노우

길이 145mm, 무게 22g으로 비거리가 길고 높은 파도에서도 보다 안정적인 액션을 연출하는 모델이다. 웨이트를 내장해 더 멀리 날아가게 설계했으며, 불규칙한 액션으로 농어의 리액션 바이트를 유도할 수 있다. 잠행수심 17cm 내외. 가격 8천원.

엔에스
칼립소 130F · 145F

길이 130/145mm의 중대형 미노우로 보디 내부에 웨이트가 내장되어 있어 초원투가 가능하며 안정된 액션을 보이는 모델이다. 길고 슬림한 보디에서 나오는 유연한 액션으로 예민한 농어를 지나치게 자극하지 않고 자연스러운 입질을 유도한다. 잠행수심 50~80cm. 가격 1만9500원.

야마리아
엔젤키스

길이 140mm, 무게 27g의 플로팅 타입 미노우로 넓은 섈로우 구간에서 대형 농어를 타깃으로 슬로우 액션을 구사하기 좋게 설계되어 있다. 강력한 워블링으로 폭넓게 어필할 수 있으며, 비거리가 길어 멀리 떨어진 타깃에도 도달할 수 있다. 야마리아의 베스트셀러로 오랫동안 인기를 끌고 있는 제품. 가격 1만9천원.

라팔라
엑스랩 솔트워터 SXR10 · SXR12

세계적으로 농어낚시에 위력이 검증된 제품으로 기본 액션을 잘 살린 것이 강점이다. 완벽한 밸런스와 강한 저크 액션 그리고 내장된 웨이트의 이동으로 비거리가 뛰어나며 안정감 있는 액션이 가능하다. 보디의 길이가 10~12cm로 짧아 농어가 한 번에 바이트할 수 있게 설계했다. 잠행수심 1.2~2.4m, 무게 13~22g. 슬로우 싱킹. 가격 1만6천원~1만7천원.

라팔라
맥스랩 11 · 13 · 15

길이 110~150mm, 무게 13~23g으로 다양한 제품군을 형성하고 있는 맥스랩은 대형 미노우 중에서도 아주 슬림한 모델이다. 보디에 내장된 웨이트로 발군의 비거리를 자랑하며 잔잔한 수면에서 안정감 있고 유연하게 헤엄치는 것이 장점. 공기역학을 적용한 디자인으로 캐스팅에 실패할 위험을 줄였으며 VMC 훅을 사용해 대형 농어를 걸어도 바늘이 휘어질 염려가 없다. 잠행수심 30~90cm. 플로팅.
가격 1만9천원~2만3천원.

57

동해 농어 고수 테크닉 1

이영수 라팔라 프로스탭·바다루어클럽 회원

포항 구만리 갯바위에 오른 낚시인이 농어를 히트해 손맛을 즐기고 있다.

파도밭 진입 시 웨이더는 필수품

동해는 물이 맑고 수심이 얕아서 잔잔한 상황이라면 농어들이 가까이 접근하지 않는다. 강한 바람이 불어 바다가 뒤집어지고 물색이 흐려졌을 때라야 농어가 연안으로 접근하는데, 그때를 놓치지 말아야 한다.

먼저 동해의 특성을 알아두자. 동해는 조수간만의 차가 미미하기 때문에 물때는 낚시하는 데 큰 상관이 없다. 그보다 하루 중의 피딩타임, 즉 일출과 일몰시각을 놓치지 말아야 한다. 하루 종일 낚시하는 것은 미련한 행동이며, 피딩타임에 맞춰 집중적으로 낚시를 하도록 한다.

새벽타임을 노린다면 반드시 해가 뜨기 전에 포인트에 도착해야 하며, 해거름을 노린다면 오후 5시 이전에는 포인트에 도착하는 것이 좋다. 대물은 해가 뜨기 직전과 해가 진 직후에 가장 높은 확률로 입질한다. 동해의 루어낚시인들은 아침보다는 오후에 출조를 많이 하는 편이다. 오후낚시는 환한 낮에 진입할 수 있는데다 대물농어가 잘 낚이는 겨울의 경우 아침보다 포근해서 활동하기도 좋기 때문이다. 하지만 포인트 경쟁이 심하거나, 낚시인이 많이 몰릴 시기에는 인적이 드문 오전 피딩을 노리기도 한다. 조류의 흐름은 크게 신경 쓰지 않아도 된다. 서해나 남해는 조류의 세기나 방향에 따라 조과 차이가 확연하게 나는 곳이 많지만, 동해안의 갯바위는 조류가 약해서 조과에 큰 영향을 미치지 않는다. 대신 물색이 큰 영향을 미친다. 파도가 쳐서 허연 포말이 끊임없이 일거나 날씨가 흐려서 물속이 어두울 때 농어가 가까이 붙는다.

현장 테크닉
바지장화 입고 진입 시엔 곶부리를 찾아가라

조금 더 먼 곳을 노리기 위해서 바지장화를 입고 물속으로 들어가는 일이 많다. 가까운 간출여로 이동하기도 하며 백사장의 경우 파도가 높지 않은 날엔 아예 물속에 몸을 반쯤 담그고 낚시하기도 한다. 이때 초보자들은 물이 고인 곳 중 어디로 진입할까 한참 고민하게 된다. 무턱대고 물속으로 들어가다가 깊은 물골에 빠지나 않을까 두려운 것이다.
이럴 땐 주변 지형을 살펴보면 쉽게 문제를 해결할 수 있다. 곶부리 중에서도 가장 톡 튀어나온 곳을 찾아 들어가면 된다. 이런 곳은 주변보다 수심이 완만하게 깊어지며 급심이 없기 때문에 안전하게 진입할 수 있으며 더 멀리 나갈 수 있다.

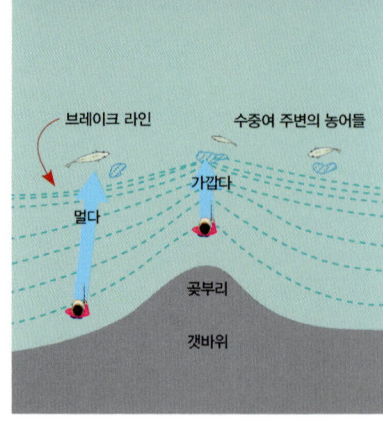

북동풍 불때가 최고 찬스

동해안 농어낚시는 주간낚시와 야간낚시로 나눌 수 있다. 낮과 밤에 따라 포인트를 고르는 방법이 다르다. 주간낚시의 최고 여건은 북동풍이 불어 파도가 쳐서 허연 포말이 일어날 때다. 동해에서 맞바람이 되는 북동풍이 불면 동해 전역에 파도가 일기 때문에 어딜 가나 농어 포인트가 형성된다. 하지만 겨울에는 북동풍보다 북서풍이 더 많이 불기 때문에 언제까지고 북동풍만 기다릴 수는 없다. 그래서 평소에는 확률이 조금이라도 높은 곳을 찾으며 포인트를 좁혀 가는 것이 중요하다.

농어 포인트를 파악하는 방법 중에 하나는 같은 조건이라도 유난히 파도가 높거나 조류가 솟아오르는 현상을 보이는 곳을 찾는 것이다. 그런 곳 주변에는 대개 큰 호박돌이 있거나 수심차가 심한 여밭으로 이루어져 있다. 특별히 파도가 치지 않아도 수면에 포말이 이는 이런 곳들은 1차 포인트가 된다. 물색이 맑고 수심이 얕은 곳이라도 이런 곳은 항상 농어가 붙어 있을 확률이 높다.

그 다음으로 따져봐야 할 곳은 같은 자리라도 물색이 더 탁한 곳이다. 어느 한 곳이 다른 곳보다 물색이 탁하다면 망설이지 말고 물색이 탁한 곳으로 이동한다. 하지만 전체적으로 물색이 탁할 때는 반대로 물색이 맑은 곳을 찾아가는 센스도 필요하겠다. 그 이유는 농어가 물색이 탁한 곳에선 미노우엔 반응하지 않다가 물색이 맑은 곳의 미노우를 발견하고 덮칠 수 있기 때문이다. 이런 경우는 야간에 그림자가 드리워지는 지역이나 포말이 끊임없이 일어나는 곳에서 겪을 수 있는 상황으로, 농어들은 어둡고 물색이 탁한 곳에 숨어 있다가 밝은 곳을 지나가는 베이트피시를 노리는 것이다.

야간에는 슬로우 리트리브

야간낚시는 주간낚시에 비해 물색과 파도의 영향을 덜 받기 때문에 포인트를 고르기 쉽다. 또 농어들이 야간에는 베이트피시를 찾아 회유하며 늘 먹이를 사냥할 준비태세를 갖추고 다니기 때문에 미노우를 발견할 확률이 높다. 따라서 어디로 갈 것인지 고민하기보다는 안전을 우선으로 낮에 봐둔 자리를 여러 곳 돌아보는 것이 좋은 방법이다. 특히 낮에 봤을 때와 상황이 달라진 곳이거나 낮에 사람이 드나들지 않았을 법한 물색이 맑았던 자리, 파도가 치지 않았던 자리로 들어가면 농어를 만날 확률이 높다. 그러나 밤에 무턱대고 혼자서 생자리를 찾아가는 것은 매우 위험한 일이므로 삼가야 한다.

야간에 농어루어낚시를 할 때 명심할 것은 미노우를 감아 들일 때 반드시 슬로우 리트리브(느리게 감기)를 해야 한다는 것이다. 농어는 동체시력(움직이는 물체에 대한 시력)이 별로 좋지 못하고 밤에 물체를 식별하는 능력도 떨어지기 때문에 빨리 움직이는 물체는 놓칠 확률이 높다. 그러므로 미노우를 천천히 감아 들여야 한다. 천천히 감는 것을 기본으로 가끔 감는 동작을 멈추는 것이 효과적이다. 릴링을 멈추는 이유는 농어에게 미노우를 덮칠 기회를 주기 위함이다. 또 미노우의 파장과 소음(래틀)을 이용해 호기심을 유발하고 동시에 최대한 어필하는 시간을 길게 늘리는 것도 효과적이며 챔질도 한 박자 더 늦게 해야 잘 빠지지 않는다.

체력 유지 위해 장비 무게는 최소화

동해에서 한 가지 더 염두에 둘 팁이 있다면 장비 무게를 최소화하라는 것이다. 부지런히 발품을 팔아야 소득이 있는 워킹낚시는 장비의 무게만으로도 금방 피로가 쌓일 수 있기 때문에 꼭 필요한 것만 챙겨가야 한다. 꼭 필요한 장비들은 낚싯대를 포함해 웨이더, 핸드가프, 핸드그립, 롱노우즈 플라이어, 꿰미, 미노우 정도다.

웨이더는 동해의 지형적인 특성상 갯바위를 건너거나 물이 찰랑거리는 간출여로 들어가야 하므로 필수품이다. 가슴까지 방수가 되는 웨이더에 루어용 구명복을 착용하길 권한다. 웨이더가 불편하기는 해도 일단 입으면 따뜻하고 포인트도 마음대로 드나들 수 있다는 장점 때문에 바다루어낚시인들로부터 큰 인기를 누리고 있다. 만약 웨이더를 입지 않고 장화나 옷이 물에 젖으면 겨울에는 추워서 낚시하기가 힘들다.

낚싯대도 너무 무거운 것은 피하는 것이 좋다. 최근에는 길이가 9ft 내외라도 무게가 150g 내외로 아주 가벼운 낚싯대를 선호하며 릴도 200g 내외인 것을 쓴다. 장비가 가벼워야 잦은 캐스팅에도 쉽게 피로해지지 않는다. 미노우는 꼭 필요한 것만 챙기며 쓸데없이 많은 양을 들고 다녀 짐이 되는 일이 없도록 한다.

포항 해변의 간출여에 올라 농어를 히트한 낚시인. 파도가 치는 간출여에 오를 때에는 웨이더, 구명조끼, 갯바위장화 같은 안전장비를 꼭 갖추어야 한다.

수중여 포인트 찾기
수면의 파고가 높게 형성되거나, 잔잔한 날에도 항상 불규칙적인 파문이 생긴다
조류가 큰 수중여에 받혀 상승한다
조류　　조류
수중여

물색 차이에 따른 공략 방법
물색이 맑은 외곽
물색이 맑은 곳의 미노우를 쉽게 발견해 입질을 받는다
HIT!
탁한 물색이나 포말 속에 몸을 숨긴 농어들
물색이 탁한 연안
파도가 높고 물색이 탁한 곳의 미노우를 놓칠 수도 있다

동해 농어 고수 테크닉 2

이승호 야마리아 필드스탭

3대 명당은 곶부리 본류대 먼 여밭

모든 낚시가 그렇지만 특히 루어낚시에 있어서 시간과 장소의 선택은 매우 중요하다. 언제 어떤 곳으로 대상어가 들어올지를 어느 정도 예측해야 좋은 조과를 거둘 수 있으며 막무가내로 출조해서는 꽝을 치기 십상이다. 필자가 주로 활동하는 동해남부권의 농어루어낚시는 대부분 수심 얕은 갯바위에서 이뤄진다. 포인트 중에는 백사장과 연안 방파제들도 있지만, 갯바위보다는 농어를 만날 확률이 다소 낮다고 할 수 있다. 농어를 만나려면 우선 동해 갯바위 포인트의 특성을 알아야 한다.

필자가 갯바위 곶부리에서 본류를 노려서 낚은 농어. 회유하는 농어떼를 만나면 이처럼 마릿수 조과를 거둘 수 있다.

필자가 즐겨 쓰는 펜슬베이트들. 아주 멀리 떨어진 수중여를 공략하기 좋다.

회유하는 농어 노려야 마릿수 가능

포인트를 선정할 때는 농어가 회유하는 자리인지 먹이사냥이나 휴식을 위해 들어오는 자리인지를 먼저 구분해야 한다. 낚시하는 패턴도 그에 따라 달라진다.

농어들이 회유하는 자리는 큰 만의 곶부리나 본류대 근처의 조류 소통이 좋은 갯바위 그리고 연안에서 멀리 형성되어 있는 여밭 등이다(그림1). 이런 곳에서는 자신이 가지고 있는 루어들을 골고루 교체해가며 캐스팅을 반복하고 농어가 들어오는 타임을 기다리는 낚시를 해야 한다. 언제 농어가 들어올지 모르므로 입질이 없어도 성급하게 자리를 뜨지 말고 한 곳을 지긋이 노릴 필요가 있다.

농어가 회유하는 자리에서 입질이 시작되면 장시간 입질이 이어질 가능성이 높다. 그 이유는 회유하는 농어들은 떼로 다니기 때문에 양도 많고, 한 곳에서 먹이사냥을 시작하면 무리가 쉽게 흩어지지 않고 그 주변을 배회하기 때문이다. 이때 집중력을 발휘하면 두 자릿수 조과(10마리 이상의 조과)를 기록할 수도 있다.

이런 상황을 여러 번 겪으면 회유하는 농어의 움직임을 대충 파악할 수 있게 되는데, 그런 단계가 되면 조류의 방향이나 세기를 보고 농어의 이동 경로를 유추해 함께 이동하며 더 많은 농어를 낚아낼 수도 있다. 예를 들면 곶부리에서 한창 계속되던 입질이 갑자기 끊어진 경우 농어는 조류를 따라 홈통 안이나 곶부리 반대쪽으로 이동했을 가능성이 크므로, 이동한 농어를 쫓아 낚시를 계속할 수도 있다. 농어는 삼치나 부시리처럼 빠른 속도로 이동하지 않고 연안의 스트럭처를 끼고 천천히 이동하기 때문에 운이 좋다면 충분히 2차, 3차 입질을 받아내는 것이 가능하다.

가까운 곳으로 붙은 농어는 속전속결

위와는 반대로 농어들이 먹이사냥이나 휴식을 하기 위해 들어온 자리는 대부분 본류에서 벗어난 조류가 약한 홈통이나 연안에서 가까운 여밭에 해당한다. 이런 곳은 오후 피딩타임에 노려도 좋지만, 인적이 드문 조용한 이른 새벽이 더 유리하다.

포인트는 미리 머릿속에 그려져 있어야 한다. 즉, 처음 가는 포인트가 아닌 여러 번 다녀본 포인트에서 농어가 붙을 만한 지점이 명확한 곳을 노리는 것이 좋다. 포인트에 진입하기 전에 미리 캐스팅할 자리를 계산해두고, 입질이 없을 시 차선책으로 노려볼 주변의 포인트까지 생각하고 난 후 낚시를 시작해야 한다. 그 이유는 새벽엔 해가 뜨면 상황이 금방 끝나버려 낚시할 시간이 아주 짧기 때문이다. 따라서 이미 포인트에 들어와 있는 농어를 노리는 경우에는 몇 번 캐스팅해보고 입질이 없으면 신속히 자리를 이동하며 다른 곳을 노리는 식으로 낚시해야 한다. 이런 포인트에선 마릿수 조과보다는 큰 씨알의 농어를 만날 확률이 높다.

루어 역시 이것저것 여유 있게 교체할 틈이 없으므로, 평소에 가장 즐겨 사용하는 것으로 한두 가지만 선택해서 낚시한다. 포인트에 농어가 들어와 있다면 대부분 사냥을 하기 위해 들어온 것이므로 루어에 미세한 반응이라도 나타나기 마련이다. 입질을 느낀다면 릴링 속도를 조절하거나, 루어의 컬러와 크기를 교체해서 히트시키도록 한다.

방파제는 조용한 새벽에 노리는 것이 좋다

방파제는 갯바위보다 낚시하는 시간대가 더 중요하다. 방파제 주변에는 정박하는 배가 많아 오전, 오후 피딩타임에는 어김없이 낚싯배들이 방파제를 드나들기 때문에 낚시 자체가 어려운 것이 단점이다. 따라서 밤이나 이른 새벽에 조용한 틈을 타서 낚시해야 한다.

방파제의 장점은 포인트 진입이 간단하며 웨이더나 갯바위 신발을 착용하지 않아도 낚시를 할 수 있다는 것이다. 또 주변 수심이 갯바위보다 깊어 다양한 루어를 사용할 수 있고, 랜딩하는 과정에서 가프나 그립 대신 뜰채로 간단하게 떠올릴 수 있다.

농어가 잘 들어오는 방파제의 여건을 살펴보면, 주변에 하천과 바다가 만나는 기수역을 끼고 있거나 방파제 주변으로 얕은 여밭이 형성된 곳, 주변 갯바위의 곶부리에 방파제가 연결된 곳 등이다. 기수역은 산란을 위해 강으로 이동하는 은어와 빙어, 웅어 등이 이동하는 경로로 은어와 빙어, 웅어들이 기수역에 머무는 봄과 가을에 꼭 짚어 봐야 하는 자리다. 기수역에 있는 대표적인 방파제는 울산 회야강 하류의 명선교 아래 방파제, 울산 태화강 하류의 용연화력발전소 옆 방파제, 부산 기장의 임랑해수욕장과 좌광천이 만나는 곳의 방파제 등이다. 기수역 방파제에서 노려야 할 곳은 농어의 은신처가 되는 간출여나 유실된 테트라포드 같은 스트럭처이며, 특별히 눈에 띄는 스트럭처가 없다면 하천이 흘러내려오는 곳 주변의 연안과 하천의 가장자리를 노리는 것이 좋다.

기수역이 아니더라도 방파제 주변에 여밭이 형성된 곳에는 농어가 많은데, 방파제 외항으로 간출여가 산재해 있다면 갯바위 못지않은 조과를 노릴 수 있다. 이런 형태의 포인트로는 울산 방어진의 동진방파제와 슬도방파제, 경주의 대본방파제와 척사방파제 등이 있다. 방파제는 갯바위보다 수심이 다소 깊으므로 플로팅 미노우뿐 아니라 서스펜드 미노우, 싱킹 미노우, 바이브레이션을 사용해보는 것이 좋다.

마지막으로 갯바위의 곶부리와 이어진 방파제는 농어들의 회유 경로이므로 중요한 포인트가 된다. 비거리가 좋은 싱킹 펜슬베이트나 미노우를 사용해 부채꼴 모양으로 꾸준히 훑어주는 것이 좋다. 포항 구만리방파제와 신창리방파제, 울산 나사리방파제 등이 대표적으로 곶부리와 이어진 방파제이다.

포항 호미곶면 구만리 일대의 해변. 본류가 아주 가까이 흐르며 여밭이 멀리까지 형성되어 있는 대표적인 농어 명당이다.

〈그림1〉 회유하는 농어들의 위치

- 본류대
- 연안에서 멀리 떨어져 있는 여밭
- 큰 만의 곶부리
- 큰 홈통 지역

〈그림2〉 방파제 주변 농어 포인트

- 하천
- 강 주변 연안
- 민물과 바다가 만나는 곳
- 갯바위 곶부리
- 방파제
- 수중여
- 본류대

바람을 등지는 포인트 선택법

주의보 상황처럼 매서운 바람이 아니라면 포인트의 지형 요소를 이용해 어느 정도 피할 수 있다. 예를 들어 곶부리 지형인 경우 바람을 등지는 포인트를 선택한다면 오히려 적당한 파도와 뒷바람으로 좀 더 수월하게 낚시를 할 수도 있다. 대표적인 장소로는 구룡포 대보면에 위치한 호미곶과 울산 서생의 간절곶 등이 있다. 간절곶의 경우 북풍계열의 바람이 불면 나사리 쪽이, 남풍계열의 바람이 불면 갯골 쪽이 낚시하기가 유리하다. 이처럼 강한 바람이 부는 날이라도 어디에서 낚시하느냐에 따라 전혀 다른 상황을 맞을 수 있으므로 농어루어낚시 고수가 되기 위해서는 주변 지형도 잘 파악해 두어야겠다.

〈그림3〉 지형을 이용한 바람 피하기

- 바람
- 높은 파도와 강한 맞바람으로 낚시 불가능
- 높은 곳을 끼고 돌아가면 바람의 영향을 덜 받는다
- 적당한 파도와 바람으로 낚시하기 수월하다

동해 농어 핫 포인트

삼척~울진 9 to 영덕~울산 9

삼척~울산 구간 유명 농어포인트

동해시
① 한섬해수욕장
② 하평백사장
③ 추암 촛대바위
삼척시
④ 후진백사장
⑤ 근덕갯바위
강원도
⑥ 월천방파제
⑦ 석호방파제
울진
⑧ 현내방파제
⑨ 망양정해변 해안도로
평해
⑩ 노물갯바위
영덕
⑪ 강구항 일대
경북
⑫ 칠포해수욕장
⑬ 구만리갯바위
⑭ 호미곶 해돋이광장
구룡포
⑮ 동양축양장 아래
포항
⑯ 소봉대백사장
울산광역시
⑰ 진하해수욕장
부산 해운대
⑱ 나사리방파제
기장

삼척~울진
김승권 동해 낚시가좋아 대표

동해북부와 중부에 해당하는 삼척~울진은 6월 중순부터 본격적인 농어낚시 시즌을 시작해 11월경이면 마무리된다. 시즌 초반과 막바지에 큰 씨알이 낚이며, 여름에는 밤에 40~50cm 농어가 마릿수로 낚여 잔재미를 느낄 수 있다. 이곳의 농어 포인트들은 물속에 수중여가 많은 곳, 민물이 들어오는 해변이나 방파제 주변이며, 파도가 쳐서 물색이 흐린 날에 좋은 조황을 보인다. 삼척~울진권은 파도가 매우 높게 치므로 안전에 항상 유의해야 한다.

❶ 동해 한섬해수욕장
주소:강원도 동해시 천곡동
진입여건 ★★★★ 조황 ★★★

동해시 천곡항에 있는 한섬방파제 우측으로 이어진 해수욕장으로 백사장 전체가 농어 포인트이다. 백사장에서 낚시할 수 있으며 백사장 입구부터 테트라포드가 놓인 지점 사이가 주요 포인트로 꼽힌다. 해수욕장 입구 좌측에 있는 갯바위가 시작되는 곳도 농어 포인트다. 해수욕장 입구에 있는 작은 하천으로 민물이 흘러들기 때문에 항상 베이트피시와 농어가 함께 회유한다. 루어는 원투력이 좋은 미노우나 싱킹 펜슬베이트, 샬로우용 바이브레이션이 잘 먹힌다.

❷ 동해 하평백사장
주소:강원도 동해시 평릉동
진입여건 ★★★★ 조황 ★★★

포인트가 백사장이라 진입하기 편하고 수심이 충분히 나와 다양한 루어를 사용할 수 있다. 미노우는 기본이며, 스푼, 웜, 메탈지그, 싱킹 펜슬베이트, 바이브레이션 등 취향에 맞는 루어를 써볼 수 있다. 씨알보다는 마릿수 조황이 좋은 곳으로 백사장 입구부터 테트라포드가 놓인 입구까지가 주요 포인트이다. 민물이 유입되는 작은 하천 주변은 꼭 노려봐야 할 곳으로 오전, 오후 피딩타임과 자정 무렵에 큰 씨알의 농어가 낚인다. 잔잔한 날보다는 파도가 조금 높은 날에 조황이 좋다.

❸ 동해 추암 촛대바위 일대
주소:강원도 동해시 추암동 진입여건 ★★★ 조황 ★★★

주변에 있는 화력발전소 주변으로 배수구가 형성되어 있어 꾸준히 민물이 흘러들고 그 주변으로 베이트피시가 모인다. 갯바위뿐 아니라 주변 방파제와 해수욕장, 발전소 일대의 테트라포드가 놓인 곳 모두 포인트가 된다. 추암 촛대바위 일대는 인적이 드문 새벽 타임을 노리면 대물농어를 만날 수 있다. 단점이라면 파도가 높은 날은 낚시하기 위험하며, 가끔 군인들이 낚시인들의 출입을 제재하는 경우도 있다는 것이다. 파도가 죽는 타임이 찬스.

❺ 삼척 근덕갯바위
주소:강원도 삼척시 근덕면　　진입여건 ★★☆　　조황 ★★★

삼척시 근덕면 일대의 해안도로 아래로 얕은 여밭이 아주 길게 형성되어 있다. 갯바위 지형이 불규칙해 진입하고 이동하는 것이 다른 곳보다 불편하지만, 계속 이어지는 갯바위를 따라가면 다양한 형태의 포인트를 만날 수 있다. 잠행수심이 얕은 미노우로 멀리 떨어져 있는 간출여와 수중여를 노리면 농어와 큰 우럭이 입질한다. 파도가 높은 날엔 위험하므로 진입을 삼가야 한다.

❹ 삼척 후진백사장 농어자리
주소:강원도 삼척시 교동(삼척새천년도로)　　진입여건 ★★★　　조황 ★★★★

삼척 교동의 후진백사장에 있는 포인트로 백사장 앞에 있는 큰 바위가 바로 '농어자리'이다. 아주 쉽게 찾을 수 있으며 연안에서 멀리 떨어져 있지 않기 때문에 바위에 쉽게 접근할 수 있다. 낚시는 해변 입구에 있는 바위에서 한다. 많은 양의 농어가 낚이지는 않지만, 큰 씨알이 낚여 낚시인들을 놀라게 하는데, 매년 7~8월에 미터급 농어가 출현해 낚시인의 발길이 끊이지 않는 곳이다. 단점이라면 낚시인의 진입이 잦고 해안도로의 차량 통행이 많아 자정을 넘겨 조용해질 때라야 입질이 들어온다는 것이다. 농어자리 주변의 간출여에도 잔 씨알의 농어가 붙으므로 노려보도록 한다.

❻ 삼척 월천방파제 일대
주소:강원도 삼척시 원덕읍 월천리　　진입여건 ★★★★　　조황 ★★★★

월천해수욕장과 가곡천이 만나는 구간으로 방파제와 해변이 모두 포인트다. 해안에 테트라포드가 놓인 자리 어디에서나 낚시를 할 수 있으며, 멀리 떨어져 있는 간출여 주변이 특급 포인트다. 파도가 높은 날엔 농어들이 발밑까지 접근해 입질하며 낚이는 씨알도 큰 편. 진입하기 수월하고 낚시하기에도 편해 많은 낚시인들이 찾는 곳이다. 바이브레이션이나 싱킹 바이브레이션 같은 묵직한 루어로 넓은 구간을 탐색해 주면 좋다.

❼ 울진 석호방파제
주소:경북 울진군 북면 나곡리　　진입여건 ★★★　　조황 ★★★

방파제 주변으로 얕은 여밭이 골고루 형성되어 있어 농어 조황이 꾸준한 곳에 속한다. 방파제 외항과 방파제 뒤로 이어진 갯바위가 주요 포인트로 잠행수심 1m 내외의 플로팅 미노우로 천천히 탐색하면 입질을 받을 수 있다. 진입하기 쉽고 낚시하기 편한 것이 장점이며, 특정 포인트보다는 넓은 구간을 부지런히 노려볼 필요가 있다.

❽ 울진 현내방파제 좌측 갯바위
주소:경북 울진군 울진읍 연지리
진입여건 ★★★　　조황 ★★★

연지1리 마을 앞 현내방파제 좌측으로 이어진 갯바위로 갯바위 포인트치고는 진입하기 좋고 조황도 무난하다. 갯바위 주변으로는 복잡한 여밭이 넓게 형성되어 있는데, 농어 뿐 아니라 우럭과 볼락도 잘 낚인다. 잠행수심이 얕은 플로팅 타입의 미노우로 최대한 멀리 노려준다. 해수욕장과 갯바위가 이어지는 구간이 가장 좋다. 단점이라면 여름에 피서객이 몰리면 낚시하기가 어렵다는 것이다.

❾ 울진 망양정해변 해안도로
주소:경북 울진군 근남면 산포리　　진입여건 ★★★★　　조황 ★★★

망양정 일대의 해안도로는 밤에 가로등이 켜지고 해안도로 앞은 민물과 바다가 만나는 얕은 여밭이 형성되어 있어 여름이면 많은 양의 농어가 들어온다. 주로 낚이는 씨알은 40cm 내외로 작지만 마릿수 하나는 일품으로 4~5인치 웜이나 작은 미노우를 사용하면 오후 피딩타임에만 낚시해도 4~5마리의 조과를 거둘 수 있다. 포인트가 아주 길게 형성되므로 여러 곳을 노려보는 것이 좋다.

영덕~울산

최무석 다음카페 바다루어클럽 회장

동해중부와 남부에 해당하는 영덕~기장은 5월 중순부터 이듬해 1월까지 농어가 낚인다. 6~7월 장마철에 마릿수 조황을 보이며, 11월 이후 초겨울에 미터급 농어가 낚여 매년 화제가 되고 있다. 얕은 여밭이 넓게 형성된 곳과 바다 쪽으로 툭 불거져 나온 곶부리를 최고의 포인트로 친다. 그 외 백사장, 양식장, 기수역 등 다양한 포인트가 있다. 아래 소개하는 포인트 외에 주변 포인트들도 함께 노려보길 바란다.

⑩ 영덕 노물갯바위
주소 : 경북 영덕군 영덕읍 노물리
진입여건 ★★★ 조황 ★★★

영덕군엔 방파제 주변으로 얕은 여밭이 이어진 곳이 아주 많다. 경정리, 축산리, 노물리 일대에서는 어렵지 않게 이런 형태의 포인트를 찾을 수 있는데, 봄과 겨울엔 감성돔 포인트로 유명한 곳들이다. 5월 이후 파도가 높게 치면 농어들이 붙기 시작하는데, 낚이는 씨알도 크고 마릿수도 좋다. 해안도로 아래나 방파제 옆으로 진입할 수 있기 때문에 접근성도 좋으며 낚시하기도 편하다.

⑪ 영덕 강구항 일대
주소 : 경북 영덕군 영덕읍 강구리
진입여건 ★★★ 조황 ★★★☆

강구항은 오십천과 바다가 만나는 큰 만으로 이뤄져 있다. 강구항 일대의 농어들이 오십천을 오르내리기 때문에 이 주변에서 농어낚시가 잘 된다. 6~7월 장마철과 10~11월에는 강 하류에서 농어가 잘 낚이며 그 외 시즌에는 강구항 일대와 강구해수욕장의 조황이 좋다. 강 중심은 수심이 아주 얕기 때문에 루어낚시를 하려면 수량이 풍부한 곳을 찾아야 한다.

⑫ 포항 칠포해수욕장
주소 : 경북 포항시 북구 흥해읍 칠포리
진입여건 ★★★★ 조황 ★★★★☆

아주 오래전부터 농어낚시 명소로 알려진 곳으로 민물과 바다가 만나는 기수역 해변이라 연중 많은 농어가 낚인다. 해변에서 최대한 먼 곳을 노리면 되는데, 미노우보다는 바이브레이션이나 싱킹 펜슬베이트, 스푼 등을 즐겨 사용한다. 파도가 치지 않는 날엔 바지장화를 입고 물속으로 들어가서 낚시를 하는 게 좋다. 파도가 치는 날에 조과가 좋으며 미터급 농어도 기대할 수 있는 곳이다.

⑬ 포항 구만리갯바위
주소 : 경북 포항시 남구 호미곶면 구만리
진입여건 ★★☆ 조황 ★★★★★

동해안에서 가장 유명한 농어 포인트다. 일명 호미곶펜션(하얀연수원) 아래 갯바위로 불리는데, 얕은 여밭이 수 킬로미터 이어져 있으며 포인트 바로 앞으로 본류가 지나가는 천혜의 조건을 가지고 있다. 포항에서 가장 시즌이 길고 미터급 농어가 마릿수로 낚이는 곳. 단점이라면 낚시자리까지 진입하기 위해 바지장화를 입고 얕은 웅덩이를 건너야 한다는 것이다. 파도가 높은 날엔 파도를 뒤집어 쓸 각오를 해야 한다. 플로팅 미노우, 싱킹 펜슬베이트, 샐로우 바이브레이션을 주로 사용한다.

⑭ 포항 호미곶 해돋이광장
주소 : 경북 포항시 남구 호미곶면 대보리
진입여건 ★★★★ 조황 ★★★

유명한 관광지인 호미곶 해돋이광장은 농어 포인트로도 유명하다. 포항을 상징하는 상생의 손 주변으로 민물이 흘러드는 배수관이 아주 많이 놓여 있는데, 그 주변으로 농어가 붙는다. 현지인들은 '다른 곳은 안 낚여도 이곳에서는 농어 얼굴을 볼 수 있다'고 한다.

⓯ 포항 동양축양장 아래
주소:경북 포항시 남구 호미곶면 강사리　진입여건 ★★　조황 ★★★★

포항 연안에는 광어와 우럭을 키우는 축양장이 많다. 축양장에서는 정기적으로 사료찌꺼기가 섞인 물을 배수하는데, 그때 베이트피시와 농어가 달려들어 좋은 포인트를 형성한다. 특히 동양축양 앞에는 바지장화를 입고 들어갈 수 있는 떨어진 여가 하나 있는데 명당이다. 바지장화를 입고 건너가면 아주 높은 확률로 농어를 만날 수 있다. 오히려 포인트가 비는 날이 잘 없는 것이 문제라면 문제다.

⓰ 포항 소봉대백사장
주소:경북 포항시 남구 장기면 계원리　진입여건 ★★★★　조황 ★★★☆

겉보기엔 단순한 백사장이지만 연안에서 멀리 떨어진 곳 수중에 가로로 150m 정도 길게 여가 뻗어 있다. 수심은 1~3m로, 수중여엔 해초가 조밀하게 자라나 거의 연중 농어가 붙어 있다. 포인트를 공략할 때는 잠행 수심 20cm를 넘지 않는 플로팅 미노우를 써야 한다. 강제집행할 생각이라면 바이브레이션이나 싱킹 펜슬베이트를 사용해도 좋지만, 던질 때 마다 루어가 걸려 낚시하기 성가시다. 해초가 자라 있는 봄과 겨울에는 해초를 넘겨 액션을 시작하고, 해초가 없는 시기에는 파도가 치는 날에 나가 수중여 주변을 노린다.

⓱ 울산 진하해수욕장
주소:울산 울주군 서생면 진하리
진입여건 ★★★★　조황 ★★★

울산 회야강과 바다가 만나는 진하해수욕장 일대는 해수욕장 옆으로 갯바위가 이어져 있고 그 주변으로 수중여가 많아 꾸준한 조황을 보인다. 피서객이 몰리는 7~8월엔 출조를 삼가고 5~6월과 9~12월에 집중적으로 낚시한다. 봄에는 회야강으로 베이트피시를 쫓아 거슬러 오르는 농어를 낚을 수 있는데, 미터급 씨알도 종종 만날 수 있다. 해수욕장은 물론 바로 앞 갯바위도 특급 포인트이므로 여러 곳을 노려보는 것이 좋다.

⓲ 울산 나사리방파제
주소:울산 울주군 서생면 나사리　진입여건 ★★★★　조황 ★★★

방파제 외항으로 여밭이 아주 넓게 형성되어 있고 멀리 떨어진 곳도 일정한 수심을 이루고 있는 전형적인 농어 포인트다. 수심이 2~3m로 얕기 때문에 조금만 파도가 쳐도 포말이 사납게 일어서 경계심을 늦춘 농어가 가까이 접근한다. 비거리가 좋은 플로팅 미노우가 잘 먹히며, 싱킹 펜슬베이트나 샬로우용 바이브레이션도 적합하다. 농어뿐 아니라 볼락, 무늬오징어도 아주 유명한 곳이므로 방파제와 주변 해안도로의 간출여를 두루 탐색해보는 것이 좋다.

위성지도로 파악하는
좋은 농어 포인트의 요건

● **민물이 유입되는 기수역**
영덕 강구항 일대로 전형적인 기수지역이다. 이런 곳은 조고차에 따라 베이트피시의 위치가 달라지는 특징이 있는데, 썰물에는 강 하류까지 베이트피시들이 내려왔다 들물에 다시 강 중류로 올라간다. 농어는 썰물에 하류로 내려온 베이트피시를 공격한다. 베이트피시들이 위험을 감수하고 하류로 내려오는 까닭은 민물과 바다가 만나는 구역에 지렁이와 새우 등 다양한 먹이가 살고 있기 때문이다. 동해안의 경우 민물과 바다가 만나는 곳은 대부분 농어 포인트인데, 특히 해수욕장 주변으로 민물이 들어오는 곳에선 십중팔구 농어를 낚을 수 있다.

● **넓은 여밭**
포항 남구의 구만리갯바위로 동해에서 가장 유명한 농어 포인트다. 얕은 여밭이 오른쪽에 있는 방파제만큼이나 멀리 뻗어 나가 있음이 눈에 띈다. 놀랍게도 구만리 앞바다로 배를 타고 나가보면 꽤 멀리 나가도 수심이 5~6m를 넘지 않으며 엄청난 양의 해초군락이 밀생하고 있다. 농어는 몸을 숨길 수 있는 장애물이 있는 곳으로 접근하는데, 해초는 농어에게 더없이 좋은 은신처가 된다. 위성사진으로는 볼 수 없지만, 구만리갯바위엔 본류가 아주 가까이 흐르고 있다. 그래서 큰 농어들이 한꺼번에 들어왔다 나갈 수 있는데, 그 타이밍을 맞추면 대박 조황을 만끽할 수 있는 것이다.

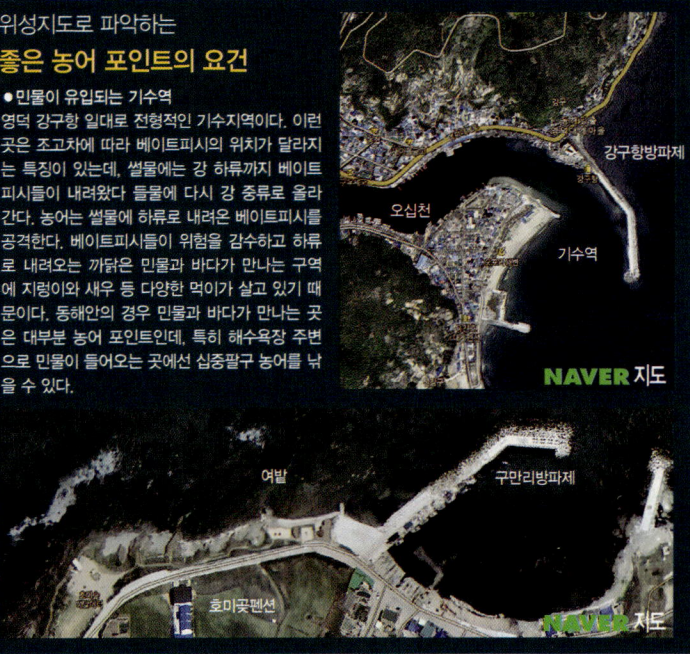

입문자 페이지 ① ▶▶
농어루어 낚싯대 고르기

내 단골낚시터에 맞는 '스펙' 찾아라

초리(팁·톱·초릿대 등으로 다양하게 불린다)

가이드

낚싯대의 가이드. 좋은 낚싯대일수록 가볍고 견고한 가이드가 사용된다. 캐스팅, 줄꼬임 방지, 감도 등을 개선시켜주는 부품이다.

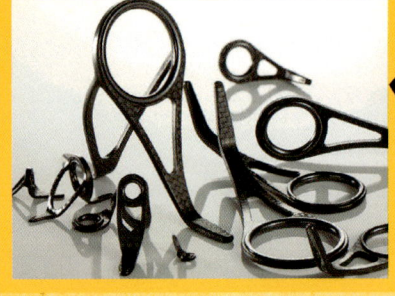

블랭크
(낚싯대의 몸통)

버트
(손잡이)

릴시트
(릴을 연결한다)

그립(손잡이)

최고의 장비가 나에게도 최적은 아니다

비싸고 유명한 장비가 좋다는 것은 누구나 알지만, 그 장비가 자신에게 맞는다는 보장은 누구도 할 수 없다. 농어루어 마니아들이 권하는 최고의 장비는 낚시실력이 어느 정도 갖춰진 실력자들에게 최적화된 것들이다. 예를 들면 농어루어 마니아들은 10.7ft의 낚싯대로 물속에 반쯤 들어가 초장타를 날리기를 밥 먹듯이 하지만, 초보자들에겐 엄두도 없는 일이다. 초보자라면 캐스팅하기 쉬운 8~9ft 낚싯대로 낚시하기 쉬운 장소에서 즐기는 것이 바람직하다.

'시간이 지나면 나에게도 최고의 장비가 필요하지 않을까' 고민이 될 것이다. 그러나 그런 걱정은 당장엔 하지 않는 것이 좋다. 처음 구매한 장비로 2~3년 낚시하다보면 자연스럽게 장비를 업그레이드하고 싶은 시기가 오게 마련인데, 그때에도 2~3년 전의 장비가 최고인지는 두고 볼 일이며, 낚시하는 스타일에 따라 당시와는 전혀 다른 스타일의 장비를 원할 수도 있기 때문이다.

처음 낚싯대를 구매하는 초보자들은 흔히 말하는 '가성비'(가격 대비 성능)를 꼼꼼히 따져보고 구입하길 원하는데, 릴이나 소품은 가성비를 고려해도 좋겠지만 낚싯대라면 우선 어디서 어떻게 사용할지 그 용도부터 제대로 알고 그에 맞는 스펙을 가진 낚싯대를 고르는 것이 순서이다.

❶ 어디로 출조할 것인가?

낚싯대를 선택할 때는 이 점을 가장 먼저 고려해야 한다. 우리나라는 지역마다 낚시터 환경이 다른데, 동해의 경우 원투를 많이 하고 얕은 곳에서 큰 농어들이 입질을 하기 때문에 낚싯대의 길이는 9ft 내외를 즐겨 쓰고 낚싯대의 강도(낚싯대의 파워로 라이트(L)→미디엄라이트(ML)→미디엄(M)→미디엄헤비(MH)→헤비(H) 순으로 강하다)는 미디엄(M)이나 미디엄라이트(ML)를 선호하지만, 서해에서는 주로 배낚시를 하기 때문에 좁은 공간에서도 캐스팅하기 좋은 8ft 내외의 낚싯대를 선호하며 강도는 사용자의 취향에 따라 라이트(L)부터 미디엄(M)까지 다양한 것을 즐겨 쓴다. 이처럼 상황에 따라 사용하는 낚싯대의 스펙이 다르므로 우선 어디에서 낚시할지가 낚싯대를 선택하는 데 중요한 요소가 되는 것이다.

각 지역별로 선호하는 낚싯대의 길이는 아래와 같다.

- 동해 8.6ft~10ft. 원투와 대물 제압이 수월한 스펙 선호. 강도는 M~ML.
- 서해 8ft~9ft. 좁은 배에서 다루기 좋은 짧고 탄성 좋은 낚싯대 선호. 강도는 ML~M.
- 남해 8ft~10ft. 갯바위, 선상, 해변, 방파제 등 다양한 포인트 많아 낚싯대 선택도 다양. 강도는 L~ML.
- 제주 9ft 이상. 원투는 기본, 넙치농어 같은 몬스터급 사냥을 위해 9ft 이상 선호. 강도는 M~H.

❷ 낚싯대 길이와 강도에 의한 차이점은?

낚싯대가 길면 루어를 더 멀리 캐스팅할 수 있고 먼 곳에서 대물의 입질을 받았을 때에도 빠르게 대응할 수 있는 것이 장점이다. 그러나 낚싯대가 길면 액션을 주기가 불편하고 캐스팅 실력이 부족하다면 오히려 긴 낚싯대가 캐스팅하기에 더 불편할 수도 있다. 짧은 낚싯대는 좁은 공간에서도 섬세한 액션과 랜딩을 하기 편하고 감도도 더 뛰어나다. 강도는 강할수록 대물에 대해 버티는 능력이 뛰어나지만, 뻣뻣해서 짧은 피칭 같은 유연한 캐스팅이나 액션을 하기 불편하고 작고 가벼운 루어를 다루기 어렵다. 그리고 농어의 바늘털이에 능숙하게 대처하지 못하는 것이 단점이다. 낚싯대가 무르면(쉽게 휘어지면) 대물농어를 빨리 제압하기 어렵고 무거운 루어를 원투하기도 어렵다. 하지만 작은 농어를 낚을 때는 손맛을 충분히 느낄 수 있고 농어의 바늘털이에 유연하게 대응하며 작고 가벼운 루어도 마음대로 다룰 수 있는 것이 장점이다.

❸ 낚싯대의 스펙이란?

낚싯대를 구입할 때 스펙(제품의 제원)이란 것을 마주하게 된다. 앞서 말한 길이와 강도도 낚싯대의 스펙에 속하는데, 한 회사에서 출시한 농어루어 낚싯대라도 설계의도에 따라 길이, 무게, 강도(액션) 등이 다르게 만들어진 다양한 스펙의 낚싯대가 나온다. 브랜드에 따라 적게는 두세 가지 많게는 열 가지 이상의 스펙으로 구분해 출시하는 전용대들도 있는데, 좋게 말하면 선택의 폭이 넓다고 할 수 있지만 농어루어낚시를 접해보지 않은 초보자에게는 선택하기 난감한 문제이기도 하다.

❹ 스펙 보는 법

〈표〉

품명	전장 (m)	마디수 (개)	접은길이 (cm)	무게 (g)	선경/원경 (mm)	루어중량 (g)	적정라인 (호)	카본함유율 (%)
80L	2.44	2	127	135	1.6/10.9	5~28	1~2	90
90M	2.74	2	142	160	1.8/12.9	7~35	1.2~2.5	99

〈표〉는 농어루어 낚싯대의 스펙을 나타낸 것이다. 낚싯대 손잡이에 간단하게 적혀 있으며, 설명서에 보다 자세히 적혀 있다. 맨 좌측의 품명부터 살펴보면 품명은 그냥 적어 놓은 것이 아니라 숫자는 피트로 표기한 길이이며 영어는 낚싯대의 강도를 적어 한눈에 어떤 제품인지 구분할 수 있도록 한 것이다. '80L'이란 길이 8ft에 라이트 액션을 가진 것을 말한다. 전장은 길이를 미터로 표기한 것이다. 마디수는 낚싯대가 몇 절(마디)로 나눠지는지를 나타낸 것으로, 요즘은 대개 2절로 된 것을 많이 쓴다. 3~4절로 나뉘는 것은 10ft 이상의 긴 낚싯대들인데, 접어서 포인트를 이동할 때 불편한 것이 단점이다. 접은 길이는 낚싯대를 분리했을 때의 길이를 말한다. 접은 길이가 너무 길면 차나 가방에 넣기가 불편하다. 무게는 가벼운 것이 낚시하기 편한데, 비싼 낚싯대일수록 가벼운 것이 많다. 선경은 초리의 굵기, 원경은 손잡이 뒷부분의 굵기를 말한다. 낚싯대가 얼마나 굵은지를 보고 감도나 액션을 짐작할 수 있다. 가는 것이 감도가 좋고 굵은 것은 감도가 떨어지지만 파워가 좋다. 루어중량은 사용가능한 루어의 무게를 표기한 것이다. 로드의 성능을 100% 발휘하기 위해서는 루어중량을 지켜서 사용해야 한다. 루어중량을 벗어나 너무 가볍거나 무거운 루어를 사용하면 캐스팅과 액션이 부자연스러워진다. 적정라인은 낚싯대에 알맞은 라인의 강도를 나타낸 것이다. 적정라인을 벗어나 너무 약한 줄을 쓰면 낚싯대의 강도에 라인이 이기지 못해 끊어질 수 있으며, 반대로 너무 강한 줄을 쓰면 낚싯대가 부러질 수도 있다. 낚싯대가 부러지기 전에 줄이 먼저 끊어져야 정상이다.

마지막으로 카본함유율은 낚싯대 제작에 사용한 소재를 나타낸 것이다. 카본함유율이 높으면 낚싯대가 고탄성이며 가볍지만, 충격에 약하다. 참고할 것은 같은 99%의 카본이라도 카본의 재질에 따라 성능의 차이가 많이 난다는 것이다. 고급 카본은 아주 조밀한 조직구조를 가지고 있어서 카본의 장점을 잘 발휘하지만, 저급 카본은 함유율만 99%일 뿐 탄성이나 내구성에서는 고급 카본에 비해 성능이 많이 떨어진다. 그러므로 카본함유율은 그저 참고만 하면 되겠다.

로드의 휨새

*패스트 테이퍼(fast taper)-로드 앞부분(2:8)만 조금 휨.
*미디엄/모데라토 테이퍼(medium/moderato taper)-로드 중간(4:6)까지 휨.
*슬로우 테이퍼(slow taper)-손잡이 부분(5:5~6:4)까지 휨.

농어를 히트해 파이팅 하고 있는 낚시인.
농어루어용 로드는 농어의 저항을 받아 자연스럽게 휘어져야 바늘털이를 쉽게 당하지 않는다.

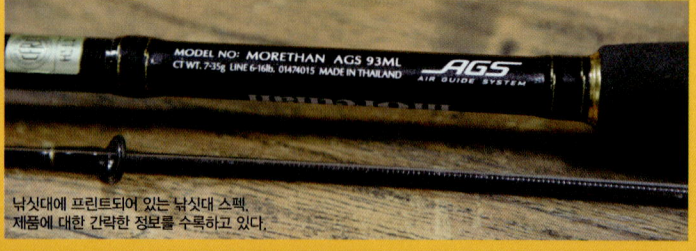
낚싯대에 프린트되어 있는 낚싯대 스펙.
제품에 대한 간략한 정보를 수록하고 있다.

❺ 휨새란?

낚싯대의 강도는 휨새(curve action)와 파워액션(power action)으로 구분한다. 그 중 휨새는 낚싯대의 휘어지는 정도를 나타난 것이다. 루어낚싯대는 얇은 천 모양의 카본 시트를 여러 겹 겹쳐서 만들며 시트가 겹쳐지는 정도에 따라 휨새가 결정되는데, 시트가 많이 겹쳐진 곳이 강하며 뻣뻣하고 덜 휘어진다. 휨새는 크게 3가지 타입으로 구분한다.

중대형 농어를 노리거나 루어의 액션보다는 캐스팅이나 제압력을 중요시한다면 낚싯대가 전체적으로 뻣뻣한 패트스 테이퍼가 좋다. 주로 동해, 제주에서 패스트 테이퍼를 선호한다. 반면 손맛을 중요시하고 루어에 섬세한 액션을 주길 원한다면 적당히 낭창거리는 미디엄 테이퍼가 좋다. 남해와 서해에서 미디엄 테이퍼를 선호한다.

최근에는 대부분의 루어낚싯대가 패스트 테이퍼 타입을 추구하고 있는데, 농어루어대 만큼은 패스트 테이퍼와 미디엄 테이퍼의 중간 정도에 맞춰 제작되는 것이 많다. 농어루어 낚싯대는 큰 농어가 뛰어오르며 바늘털이를 하는 것을 염두에 두고 제작해야 하는데, 너무 뻣뻣하면 바늘털이를 당하기 쉽고 너무 무르면 큰 농어를 제압하기 힘들기 때문에 그 중간을 선택하는 것이다. 농어루어 전용대라면 대부분 이런 기준에 맞춰 제작하고 있다. 하지만 저마다 휨새가 차이 나기 때문에 낚싯대를 구입할 땐 직접 낚싯대를 휘어보고 그 강도를 체크한 후에 선택하면 되겠다.

❻ 액션이란?

액션이란 정확하게 말하면 파워액션으로 흔히 울트라라이트(UL), 라이트(L), 미디엄(M) 같은 단어들로 표기된 강도를 말한다. 파워액션은 사용할 수 있는 루어의 무게, 낚싯줄의 굵기에 따라 결정되는데, 일반적으로 15~25g의 루어와 0.8~1.5호 합사를 사용하는 로드는 미디엄라이트(ML)나 미디엄(M) 파워액션을 지니며, 그보다 더 가벼운 루어에 맞게 제작된 경우 라이트(L)나 울트라라이트(UL)가 되며 더 무거운 루어를 쓸 수 있다면 미디엄헤비(MH)나 헤비(H)가 된다.

미노우를 기준으로 전국적으로 가장 많이 사용하는 루어의 무게는 15~25g이다. 바이브레이션을 쓴다면 좀 더 무거운 것도 있겠지만, 미노우라면 15~25g에서 크게 벗어나지는 않는다. 따라서 파워액션의 강도는 M이나 ML이 대중적이라고 할 수 있겠다. 만약 작고 가벼운 루어를 쓰고 싶다면 라이트 액션의 낚싯대를 사용해야 하며, 아주 무거운 루어를 쓴다면 헤비를 선택해야 한다.

가벼운 낚싯대를 선호하는 이유는?

낚싯대 제조사들은 경쟁적으로 '경량화'를 외치고 있다. 가벼운 낚싯대를 최고라고 선전하는 데는 다 이유가 있는데, 우선 낚싯대가 가벼워야 낚시하기가 편하고 예민한 입질도 잘 감지할 수 있으며 경쾌한 손맛을 즐기기도 좋기 때문이다. 그러나 이런 이유들은 일차적인 것에 불과하며, 낚싯대가 가벼워야 하는 진짜 이유는 보이지 않는 곳에 숨어 있다.

낚싯대 제조업체들은 소재를 개량해 낚싯대 자체의 무게를 줄이는 것은 물론, 최근에는 가이드나 릴시트 등의 부품 무게도 줄여가고 있다. 스테인리스 가이드는 현재 중저가의 제품에만 사용하고 있으며, 고급 농어루어 낚싯대에는 고가의 티타늄 가이드나 신소재를 이용해 자체 개발한 가이드를 사용하고 있다. '가이드 무게를 줄인다고 낚싯대가 몇 그램이나 줄어들까?'라고 생각하는 낚시인들이 있을 것이다. 사실 무게는 별반 차이가 없을지도 모른다. 하지만 그 안에 과학이 숨겨져 있다. 가이드가 가벼워지면 캐스팅 시 발생하는 원줄의 진동폭을 줄일 수 있기 때문에 비거리를 늘리는 효과가 있다. 또 캐스팅의 정확도도 높일 수 있으며 낚싯대의 감도도 더 올라간다. 가이드에 원줄이 꼬일 확률도 줄일 수 있으며, 고급 소재인 만큼 내구성도 비약적으로 증가한다. 작은 차이가 명품을 만든다는 말처럼 이런 변화 하나하나가 응집되어 비로소 명품낚싯대가 탄생하는 것이다.

가이드에 꼬인 원줄.

❼ 잘 모르는 낚싯대 용어들

낚싯대의 스펙을 보면 이것 외에도 알지 못할 단어들이 아주 많은데, 간단하게 정리하면 다음과 같다.

* **후지** – 정식 명칭은 후지공업사이며 일본의 가이드 제작사이다.
* **가이드** – 낚싯대에 달려 있어 낚싯줄이 통과하는 원형의 고리를 가이드라고 한다.
* **SiC** – 규소(Si)와 탄소(C)가 결합한 화학식으로 후지공업사가 1981년에 개발한 가이드에 부착하는 검은색 링을 말한다. 링의 역할은 원줄과의 마찰을 줄여 원활한 캐스팅을 하게 해주며 파이팅 시에도 원줄을 보호하는 역할을 한다. SiC, sic, Sic 등 올바르게 표기되지 않은 것들이 있는데, 그것은 SiC의 '짝퉁'인 셈이다. 정품 SiC 가이드를 장착한 제품들은 후지공업사의 라벨이 붙어 있다.
* **외발가이드·양발가이드** – 가이드의 다리가 하나인 것은 외발, 두 개인 것은 양발가이드라고 부른다. 그 외에 가이드 발의 형태에 따라 M, N, L등을 사용해 다양하게 표기하고 있다.
* **K가이드** – 후지공업사가 개발한 새로운 개념의 가이드로 합사를 사용하면 발생할 수 있는 라인트러블을 미연에 방지하는 기능을 가지고 있다. 가이드에 줄이 꼬여도 부드럽게 흘러내릴 수 있도록 제작했는데, 중고급 농어전용대에는 대부분 K가이드가 장착되어 있다.
* **티탄가이드** – 티타늄은 스테인리스보다 가볍고 강도가 높은 소재로 티탄으로 만든 가이드를 말한다. 티탄은 백금(Platinum), 순금과 거의 동일한 내식성을 갖고 있어 바닷물에도 부식이 거의 일어나지 않는다. 국내외 고급 제품들이 티타늄 가이드를 사용하고 있다.
* **AGS가이드** – 일본 다이와가 개발한 탄소 소재의 가이드이다. 낚싯대의 무게를 줄여 캐스팅 때 발생하는 라인 트러블을 줄이기 위한 장치로 고가의 제품에만 적용하고 있다.
* **버트** – 낚싯대 손잡이.
* **릴시트** – 릴을 꽂는 부위. 나사식으로 돌리는 것과 클립으로 고정하는 형태가 있는데, 루어낚싯대는 100% 나사식이다.
* **톱** – 톰, 팁, 초리가 모두 낚싯대의 끝부분을 지칭하는 같은 말이다.

❽ 얼마짜리 낚싯대가 적당할까?

주요 출조지를 정하고 필요한 낚싯대의 스펙을 찾았다면 이제 구입만 남았다. 농어루어 전용대는 10만원대부터 100만원대까지 다양하게 가격이 형성되어 있는데, 위에 설명한 스펙들을 어느 정도 갖추고 있는 제품이라면 가격이 보통 20만원은 넘는다. 10만원대 상품은 품질이 떨어진다기보다는 다양한 스펙을 갖추지 못한 것이 많다. 예를 들면 10만원대 낚싯대 중에는 8ft짜리 미디엄 로드는 있지만 그 외 스펙은 없는 식이다. 비쌀수록 다양한 스펙을 갖추고 있고 고급 소재로 만들어진 제품들이다.

국내에서 제작한 낚싯대들은 30만~40만원이면 상당히 고급에 속하며, 보급형은 10만~20만원이 많다. 수입품들도 최고급이 아닌 이상 대부분 10만~40만원에 구입이 가능하다. 저렴한 제품 중 원하는 스펙이 있다면 그걸 사용해도 충분하다.

서해 격렬비열도로 선상낚시를 나간 낚시인들이 동격렬비도 삼여 일대에서 농어를 노리고 있다.

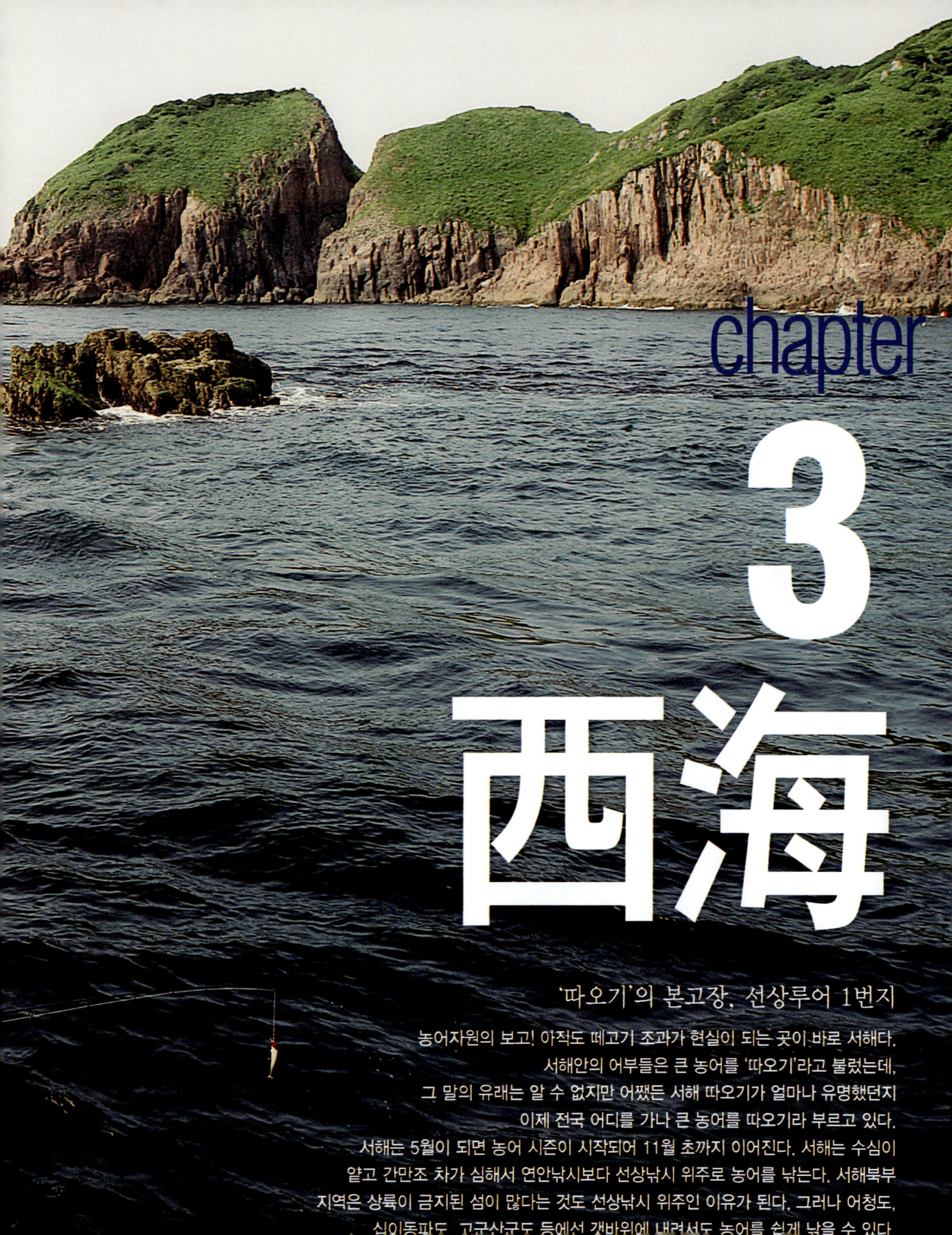

chapter 3
西海

'따오기'의 본고장, 선상루어 1번지

농어자원의 보고! 아직도 떼고기 조과가 현실이 되는 곳이 바로 서해다. 서해안의 어부들은 큰 농어를 '따오기'라고 불렀는데, 그 말의 유래는 알 수 없지만 어쨌든 서해 따오기가 얼마나 유명했던지 이제 전국 어디를 가나 큰 농어를 따오기라 부르고 있다. 서해는 5월이 되면 농어 시즌이 시작되어 11월 초까지 이어진다. 서해는 수심이 얕고 간만조 차가 심해서 연안낚시보다 선상낚시 위주로 농어를 낚는다. 서해북부 지역은 상륙이 금지된 섬이 많다는 것도 선상낚시 위주인 이유가 된다. 그러나 어청도, 십이동파도, 고군산군도 등에서 갯바위에 내려서도 농어를 쉽게 낚을 수 있다.

서해 농어루어낚시 현장

동해, 제주와 달리
파도가 없어도
잘 낚인다

"바로 이 맛에 농어루어낚시를 하는 것 아니겠습니까." 오렌지호를 타고 군산 어청도로 출조한 서군산낚시프라자 회원들이 농어떼를 만나 엄청난 조과를 거두고 돌아왔다. 농어꼬리에 형형색색으로 묶은 줄은 자신이 낚은 농어를 구별한 것이다.

돌채를 대자 마지막 저항을 하는 농어. 선상에서 큰 농어를 올릴 때는 뜰채질이 필수다.

■ 시즌과 특징
"아카시아 만개할 6월 무렵부터 호황"

동서남해 중 농어가 가장 많은 바다는 서해. 물이 탁하고 얕은 수심에 조류가 빨라서 농어가 서식하기 좋으며 게, 새우, 광어 치어, 멸치, 정어리, 학공치 등 농어의 먹잇고기(베이트피시) 어군도 풍성하다. 특히 군산 앞바다와 태안 앞바다에는 봄부터 가을까지 농어의 베이트피시들이 엄청나게 번식하는데, 농어는 그것을 먹기 위해 서해 연안을 떠나지 않는다고 한다.

서해의 농어루어낚시 시즌은 5월부터 11월까지다. 5월 전에는 수온이 너무 낮아 농어들이 연안으로 잘 붙지 않으며 12월 이후엔 북서풍이 강해져서 출조가 어려워진다. 서해의 수온이 15도를 넘어서는 6월경부터 농어들이 곳곳에 모습을 나타내기 시작하는데, 어부들이나 농어루어낚시 마니아들은 "아카시아꽃이 만개할 무렵부터 농어가 호황을 보인다"고 말한다. 시즌 막바지인 11월에는 큰 농어가 낚이며 마릿수 조과가 점점 줄어들다가 11월 말이면 막을 내린다. 12월에도 가끔 농어가 낚이기는 하지만 그 수가 극히 적기 때문에 통상 11월 말이면 서해의 농어시즌은 끝난다고 판단한다.

서해 농어루어낚시에 사용하는 패턴으로 웜, 바이브레이션, 메탈지그 등 다양한 루어를 사용한다.

포말이 이는 갯바위의 경우
농어는 포말 아래 갯바위에 바짝 붙어있다. 멀리 있는 루어에는 반응하지 않는다

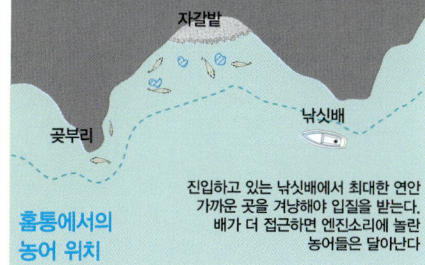
홈통에서의 농어 위치
진입하고 있는 낚싯배에서 최대한 연안 가까운 곳을 겨냥해야 입질을 받는다. 배가 더 접근하면 엔진소리에 놀란 농어들은 달아난다

연안 가까이 루어를 던져야 하는 이유

서해 선상농어낚시에서 가장 중요한 테크닉은 루어를 최대한 연안 가까이 캐스팅하는 것이다. 그러려면 장타와 정타가 모두 가능해야 한다. 갯바위에 바짝 붙여 캐스팅하는 이유는 농어들이 대부분 갯바위 바로 아래에 붙어 있기 때문이다. 캐스팅한 루어가 갯바위 능선을 타고 미끄러지듯 하강하며 갯바위 벽에 붙은 농어를 유인해내야 하는 것이다.

이것은 아주 얕은 홈통에서도 마찬가지다. 농어들은 아주 얕은 30~50cm 수심까지 들어가서 휴식을 취하고 있거나 베이트피시가 지나가기를 기다리고 있는데, 낚싯배가 홈통에 진입하면서 날리는 첫 캐스팅이 홈통의 연안 쪽에 가장 가까이 떨어져야 한다. 낚싯배가 홈통 깊숙이 진입하면 엔진 소음에 놀란 농어들이 달아나기 때문에 낚싯배가 홈통에 진입한 초기에 농어를 걸어야 한다.

뱃전으로 끌고 온 농어를 뜰채로 떠내고 있다. 농어를 히트한 낚시인과 뜰채질하는 낚시인의 호흡이 중요하다.

선상에서 낚은 농어를 맛보고 있다. 물 흐름이 줄어 입질이 뜸한 타임에는 이렇게 선상에서 회파티를 즐길 수 있다.

■ 출조 패턴
출조의 90%가 선상낚시, 연안낚시는 심한 조고차로 인해 힘들어

농어의 양은 전국 최고지만 출조 패턴은 다양하지 못하다. 서해에서 농어루어낚시라고 하면 90% 선상낚시를 의미한다. 배를 타고 섬 외곽을 돌며 갯바위에 바짝 붙여서 루어를 캐스팅하는 낚시를 하게 된다.

워킹 포인트는 거의 찾아보기 힘들다. 서해는 조고차가 심하게 나타나기 때문에 연안에서 낚시하고 있으면 수위가 금세 오르거나 낮아져 한 자리에서 꾸준히 낚시할 수 있는 워킹 포인트는 거의 없다고 봐야 한다. 다만 배를 타고 어청도나 십이동파도까지 나가면 갯바위에 내려서 워킹낚시로도 농어를 낚을 수 있다. 그러나 선상낚시가 워낙 발전한 서해에선 굳이 힘들게 워킹낚시로 농어를 낚으려는 낚시인들이 없다. 따라서 서해에서 농어루어낚시를 한다면 곧 선상낚시를 한다고 생각하면 되겠다.

서해 농어낚시의 특징은 파도가 이는 날보다 잔잔한 날 잘 낚인다는 것이다. 동해나 제주도에선 파도가 농어의 활성을 높여주지만 서해에선 꼭 그럴지는 않다. 그 이유는 정확히 알 수 없다. 서해의 물색이 탁하기 때문이라는 해석이 있다.

농어루어 선상낚시는 우럭이나 광어 선상낚시와는 방법이 전혀 다르다. 우럭이나 광어 루어 선상낚시는 천천히 이동하며 바닥을 꼼꼼히 훑고 다니는 식이지만, 농어루어 선상낚시는 빠른 속도로 포인트를 돌며 낚싯배 위에서 풀캐스팅을 날린다. 낚시가 시원시원하고 바쁘게 움직이기 때문에 지루할 틈이 없다. 조과도 광어 못지않게 좋아서 가끔 농어 떼를 만나면 그야말로 '원 캐스팅 원 히트'가 이뤄지며 폭발적인 조과를 만끽할 수 있다.

출조를 나가려면 현지 낚시점에 연락해 낚싯배를 예약해야 된다. 농어시즌이 되면 낚시점에서 낚시인들을 모집하기 때문에 개인 출조도 가능하며, 대여섯 명이 낚싯배를 통째로 전세내기도 한다.

서해에서 즐겨 쓰는 바이브레이션. 저마다 생긴 모양이 다르다.

서해안 주요 농어루어낚시 출조점

태안 태풍투어랜드 010-9940-9040
태안 코스모스호 011-850-8790
태안 바위섬호 010-8786-3349
안면도 씨헌터 010-4274-0802
서천 어부낚시 010-7112-6506
오천항 블루피싱 010-5329-2905
홍원항 바다사랑 011-9818-1612
서군산낚시마트 (063)445-5504
군산 낚시마을 (063)461-3873
군산 새만금낚시 (063)468-5789
군산 낚시프라자 (063)442-4046

■ 장비와 채비

길이 8ft 내외, 미디엄 액션이면 OK

예전에는 선상낚시용 농어낚싯대가 없었다. 그래서 30g 내외의 무거운 바이브레이션 루어를 멀리 던지기에 알맞은 길고 빳빳한 낚싯대를 많이 사용해왔다. 길이는 10ft가 넘는 것이 많았고 강도도 미디엄(M) 이상이 주종이었다. 그러나 2000년대 중반 이후 농어 전용대들이 만들어지기 시작하면서 서해의 선상루어낚시에 맞는 스펙이 나왔다.

농어루어 선상낚시에서는 길이 8ft 내외의 다소 짧은 낚싯대를 즐겨 쓴다. 비좁은 배 안에서 캐스팅하기 편하고 루어에 다양한 액션을 주기 쉽기 때문이다. 낚싯대 액션(강도)은 미디엄이나 미디엄라이트를 즐겨 쓴다. 큰 농어를 빨리 제압하기에는 강한 낚싯대가 좋지만, 바늘털이를 방지하고 충분한 손맛을 즐기기 위해서는 약간 무른 낚싯대가 낫다. 그래서 미디엄이나 미디엄라이트 액션의 낚싯대가 알맞은 것이다.

원줄은 과거엔 나일론줄을 즐겨 썼지만, 최근에는 대부분 합사(PE라인)를 사용하고 있다. 합사는 가늘기 때문에 루어를 더 멀리 날릴 수 있고 신축성이 전혀 없어 어신 전달이 빠르다. 주로 1.2~2호를 쓴다. 미터급 농어도 1.2호면 대응할 수 있지만, 낚시인들은 바닥이 거친 곳에서 대물과 상대하기 위해 2호 합사를 가장 많이 사용하며 경우에 따라 3호 정도 되는 굵은 합사를 쓰기도 한다. 굵은 원줄을 쓰는 경우는 조류가 아주 빠른 본류를 바이브레이션으로 직공할 때인데 이때는 루어를 멀리 던질 필요가 없어서 가는 원줄을 쓰지 않아도 된다.

릴은 한때 4000번 스피닝릴을 많이 사용했고, 나일론줄 4~5호를 원줄로 쓸 때는 5000번 스피닝릴도 더러 사용했으나 가는 합사를 쓰면서부터는 2500~3000번 스피닝릴이 농어루어용으로 고정되었고 그중에서도 섈로우 스풀을 많이 사용하고 있다. 농어루어낚시는 캐스팅을 계속하기 때문에 가벼운 소형 스피닝릴을 사용해야 피로감을 느끼지 않는다.

우리나라 전통 농어낚시 **방법**으로 알려져 있는 외수질낚시 채비.

루어낚시 부진한 시기에 해볼 만한

산새우 미끼 외수질낚시

'외수질'이란 외줄에 80~100호 봉돌을 달고 산 새우를 미끼로 꿰어 농어를 낚는 정통어업 방식을 말한다. 낚시인들은 이 방법을 개량해 루어대에 30호 내외의 봉돌을 달아 산 새우를 미끼로 농어를 낚는데, 가을철 바닥에 있는 농어를 낚는 데 아주 효과적이다. 9월엔 격렬비열도, 외연도 등 먼 바다에서 하며, 11월경엔 가까운 바다에서 더 잘된다. 물때는 3~7물이 가장 좋은데, 조금 이후에는 잘 안 되는 편이다. 미끼는 자연산 독새우가 가장 좋지만 구하기가 어려워 낚시인들은 양식 대하를 주로 사용한다.

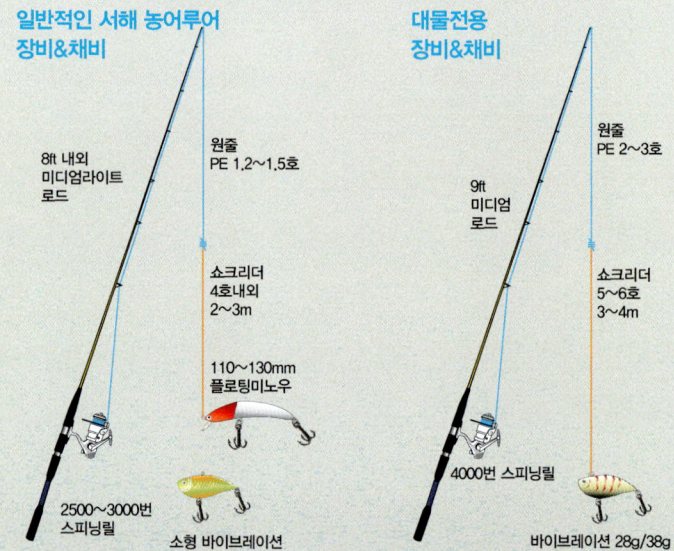

일반적인 서해 농어루어 장비&채비
- 8ft 내외 미디엄라이트 로드
- 원줄 PE 1.2~1.5호
- 쇼크리더 4호내외 2~3m
- 110~130mm 플로팅미노우
- 2500~3000번 스피닝릴
- 소형 바이브레이션

대물전용 장비&채비
- 9ft 미디엄 로드
- 원줄 PE 2~3호
- 쇼크리더 5~6호 3~4m
- 4000번 스피닝릴
- 바이브레이션 28g/38g

낚시인이 포말이 이는 간출여와 멀찍이 거리를 유지한 상태로 농어를 노리고 있다. 묵직한 바이브레이션으로 장타를 날려 간출여 주변에 정확히 떨어뜨리는 기술이 필요하다.

인천 옹진군의 연평도 해역에서 1m가 넘는 대형 농어를 낚은 장명근씨.

일본에서 한국으로 원정 출조를 나선 다카하시(다이와 필드테스터)씨. 바이브레이션만 먹는 서해 농어를 보고 신기해했다.

연평도에서 1m가 넘는 대형 농어를 낚은 김재우(엔에스 필드스탭)씨.

서해 농어 실전 암기사항 6

1. 깊은 물골 노릴 때는 바이브보다 지그헤드가 유리
수심이 15m 이상 되는 빠르고 깊은 물골을 노릴 때는 조류에 덜 밀리는 루어가 유리하다. 이때는 바이브레이션보다 지그헤드 채비가 낫다.

바이브레이션

지그헤드 채비

2. 깊은 골보다 얕은 여울을 노려라
서해 농어 포인트 중에는 얕은 수심이 길게 이어지다가 갑자기 깊어지는 포인트가 있는데 이런 포인트에서는 수심이 깊어지기 직전의 얕은 여울을 노리는 게 훨씬 유리하다.

3. 파도 효과는 근해냐 원도냐에 따라 다르다
군산 개야도와 격포 내만처럼 물빛이 탁한 근해에서는 파도가 없는 날에 입질이 활발하고, 군산 어청도, 보령 외연도, 태안 격렬비열도처럼 물색이 맑은 원도에서는 파도가 다소 치는 상황에서 농어낚시가 잘 된다.

4. 간조 때는 철저히 수중여를 노려라
간조가 돼 조류가 멈춘 상황에서의 농어는 수중여 옆에 바짝 붙어 휴식을 취하고 있으므로 이때는 철저히 수중여 주변을 공략하는 게 키포인트다. 깊은 포인트라면 바이브레이션 같은 무거운 루어로 바닥을 긁듯이 루어를 운용한다.

5. 선상루어낚시는 선두에 서는 게 유리
선상루어낚시는 뱃머리부터 포인트로 들어가므로 선두에 선 낚시인이 가장 먼저 루어를 던지게 된다. 그래서 입질 받을 확률도 선두가 가장 높다.

6. 옆 사람이 히트한 지점으로 재빨리 루어를 던져라
농어는 떼를 지어 유영하는데다가 한 마리가 루어에 히트되면 그 주변으로 다른 녀석들도 우르르 따라붙는다. 그래서 후속 루어가 입질 지점 주변으로 떨어지면 곧바로 히트되는 경우가 많다.

● 서해 추천 로드

[엔에스]
씨피어스 S-872ML
선상낚시와 연안낚시에서 중거리 공략용으로 엔에스의 제품군 중 가장 폭넓은 활용능력을 가진 로드 중 하나다. 아주 다양한 용도로 사용할 수 있으며 어떤 필드에서도 대응 가능한 모델이다. 루어중량은 8g부터 32g까지. 가격 41만5천원.

[JS컴퍼니]
빅쏘드 S4 872L
'3M 파워럭스' 원단을 사용한 JS컴퍼니의 프리미엄 농어전용 로드로 블랭크를 최신 로드 제조 기술인 '헥사크로스 공법'과 '슈퍼 마이크로 고밀도 카본 공법'으로 제작해 더 슬림해지고 가벼워졌다. 가이드는 가벼우면서도 변하지 않는 티타늄 프레임의 후지티타늄 KR가이드 콘셉트를 적용해 파워, 감도, 정투성, 원투성을 극대화했다. 사용 루어는 5~24g. 가격 46만원.

[JS컴퍼니]
빅쏘드 A2 S902ML
JS컴퍼니의 낚싯대 제조방식인 '헬리컬코어' 구조를 적용한 블랭크로 압축강도, 비틀림강도, 굴곡강도를 향상시켜 대상어를 쉽게 제압할 수 있다. 캐스팅 시 순간적인 반발력을 높여 비거리를 향상시키고 복원력이 빠르며 짧은 회전운동으로도 쉽고 간결한 캐스팅을 가능하게 했다. 후지 신형 K가이드를 채용. 사용 루어는 7~28g. 가격 29만5천원.

[다이와]
LABRAX 로드
'슈팅 커맨더'라는 별칭을 가지고 있는 이 모델은 7g부터 40g까지의 루어를 자유자재로 캐스팅할 수 있어, 무거운 바이브레이션을 주로 사용하는 서해안에서 아주 유용하게 사용할 수 있다. 가벼운 미노우는 물론 메탈바이브, 테일스핀지그 등의 무거운 루어로도 부담 없는 캐스팅 게임을 즐길 수 있다. 가격 5만8천엔.

[영규산업]
스탤리온 ST-862M
농어루어낚시 전용대로 다양한 스펙을 보유하고 있는 제품이다. 서해 배낚시에는 8.6~9ft를 추천한다. 낚싯대는 고탄성카본과 평직카본의 조화로 완성도 높은 디자인을 구현했으며, 너트형 후지 릴시트를 채용해 릴과의 일체감이 아주 뛰어나다. 전 가이드에 SiC링을 채용해 캐스팅 시 원줄과의 마찰을 최소화했다. 사용 루어는 10~33g. 가격 16만7천원.

[천류]
씨배스 엑스카리브ix S892ML
일본 '텐류'와의 기술제휴로 제작한 실전형 농어루어낚시 전용 로드로 고탄성·고장력 블랭크로 농어루어낚시에 최적화한 모델이다. 후지SIC K가이드를 채용, 줄꼬임이 없고 롱캐스팅이 한결 수월해졌다. 후지 정품 릴시트, EVA 그립, 코르크 뒷마개 등을 최고급 부품을 적용했다. 사용 루어는 10~28g. 가격 19만원.

■ 서해 농어 포인트 유형

①조류가 느린 만입부나 홈통은 서해 농어루어 선상낚시의 최고 포인트다. 농어들은 먹이를 사냥할 땐 조류가 빠른 곳으로 이동하지만 휴식을 취할 땐 조용한 만입부 안에 머물러 있다. 그래서 만입부 외곽에 보트를 띄우고 만입부 안쪽을 루어로 공략하면 시간대에 큰 상관없이 농어를 낚을 수 있다.

농어가 얕은 만입부 홈통에 많다는 것은 서해 농어루어 선상낚시가 시작된 90년대 후반부터 비로소 발견된 사실이며, 일본의 농어낚시인들도 깜짝 놀랄 정도로 생소한 것이었다. 처음엔 서해 농어들만 만입부에서 낚인다고 생각했으나 완도, 고흥, 진도 등 남해의 농어들도 만입부에서 잘 낚인다는 사실이 확인되었다. 예전에는 이런 홈통을 바이브레이션으로 훑었지만, 최근에는 미노우로 곳곳을 훑어주며 한 자리에서 더 많은 양의 농어를 낚아내고 있다.

조류가 느린 갯바위의 홈통.

②수중여나 어장줄, 장애물 등이 있는 얕은 연안에도 농어가 많다. 이런 곳은 연안에서도 노릴 수 있다.

얕은 연안 중에서도 수중여나 큰 장애물이 있는 곳에 농어가 은신해 있을 가능성이 높다.

③간출여는 선상루어낚시에서 지나칠 수 없는 포인트다. 파도가 찰랑대는 간출여 주변에 농어는 많이 모여 있다. 특히 조류가 부딪치는 간출여의 뒤편에 많이 숨어 있는데, 바이브레이션이나 미노우로 노리면 숨어 있는 농어가 나와서 루어에 입질한다.

조류가 강하게 흐르는 간출여 주변.

④허연 포말이 일어나는 직벽이나 갯바위의 곶부리도 타깃이 되는데, 포말 아래에 농어가 있는 경우가 많다.

파도가 쳐서 포말이 생기는 갯바위.

수심이 깊고 조류가 빠른 직벽.

⑤수심 깊은 직벽에도 농어가 있다. 이런 곳은 농어가 벽을 타고 이동하며 벽 아래에 붙어 있는데, 바이브레이션으로 직벽 가까이 붙여 캐스팅해야 입질을 받을 수 있다. 물색이 맑은 곳이라면 미노우를 사용해도 좋지만, 물색이 탁하고 조류가 강하게 밀고 들어오는 자리라면 바이브레이션이 더 좋다.

⑥섬과 섬 사이의 물골은 좋은 포인트다. 이런 곳에서는 지나가는 농어 떼를 만나 연쇄입질을 받기도 한다.

※인공어초 주변이나 깊은 곳의 수중여나 브레이크라인에도 농어들이 있지만, 그런 곳은 농어루어로 노리기는 어렵고 타이라바나 외수질(활새우를 미끼로 쓰는 전통어업방식)로 낚는다.

섬과 섬 사이의 물골.

서해 HIT 루어 컬렉션

1순위는 바이브레이션, 2순위는 미노우

'서해 농어루어=바이브레이션'으로 통할 정도로 서해에선 바이브레이션 하나면 모든 게 해결된다고 생각하는 낚시인들이 많다. 그 정도로 바이브레이션의 위력이 독보적이기는 하다. 그러나 최근 동해와 제주도에서 미노우와 펜슬베이트 등을 써본 낚시인들이 서해에서도 사용해본 결과 바이브레이션보다 나은 경우가 꽤 많다는 사실을 알아냈다. 결국 포인트에 따라 바이브레이션 외에 미노우나 웜 등 다양한 루어를 사용하는 것이 좋다는 것이다. 수심 얕은 홈통이나 간출여 지대에서는 플로팅 미노우가 잘 먹힌다는 것이 확인되었고, 조류가 빠르게 흐르는 수심 깊은 곳은 바이브레이션 루어나 블레이드가 달린 바이브레이션이 좋다. 농어의 활성이 저조하고 바닥에서 입질이 많을 땐 지그헤드에 섀드웜을 결합한 지그헤드 채비를 많이 쓰며, 장타가 필요한 곳에서는 대형 미노우도 사용한다.

바이브의 장점은 저속릴링에도 강한 진동

서해에서 바이브레이션을 즐겨 쓰는 이유 중 제1은 저속릴링에도 강한 진동을 보인다는 것이며, 제2는 뛰어난 비거리, 제3은 빠른 탐색능력이다. 바이브레이션은 립 대신 등판이 저항을 받아 온몸을 파르르 떠는 강한 액션을 보이는데, 미노우와 달리 아주 천천히 감아도 액션이 살아 있으며 오히려 빨리 감으면 액션이 깨진다. 서해 농어들은 물색이 탁한 곳에 많은데, 시각보다는 이런 진동이 더 잘 먹히는 것이다.

바이브레이션은 무거운 금속으로 만들기 때문에 플라스틱이나 나무로 만드는 미노우보다 멀리 날아간다. 그만큼 캐스팅과 회수를 빠르게 전개할 수 있어서 포인트 탐색을 위한 파일럿 루어(입질탐색용으로 처음 던지는 루어)로 적합하다.

그러나 최근 미노우의 원투력도 많이 높아졌고, 홈통이나 얕은 해변 같은 곳에서는 바이브레이션의 밑걸림이 심하다보니 미노우의 사용이 점차 늘어나고 있는 추세다. 홈통 같이 잔잔한 곳은 바이브레이션의 강한 진동이 오히려 농어에게 부담으로 작용하는 수가 있는데, 바이브레이션엔 입질이 전혀 없다가도 미노우를 살살 감다가 가끔씩 멈춰주면 거짓말 같이 달려드는 경우를 자주 볼 수 있다. 따라서 포인트에 맞는 루어를 잘 활용해야 할 것이다.

웜
WORM

에코기어
파워 섀드 3·4·5인치

최근 일본에서 농어루어낚시와 갈치낚시에 혁신을 몰고 온 물고기 형태의 웜으로 농어낚시에는 5인치를 사용한다. 얕은 수심에서는 노싱커 리그로도 사용할 수 있으며, 1~2온스의 전용 지그헤드나 에코기어의 '파워 다트 헤드'와 결합해 사용하면, 전층을 공략할 수 있다. 특히 입질이 예민한 바닥의 농어를 직공할 때 아주 좋은 효과를 볼 수 있다. 자외선에 반응하는 UV 컬러도 출시되어 있어 야간낚시에도 활용 가능하다. 1봉 7개. 가격 6500원.

다이와
플랫 덕 핀 섀드 R5

길이 5인치의 섀드웜으로 '리얼 베이트피시' 콘셉트로 실제 베이트피시와 아주 흡사하게 만들어졌다. 지그헤드와 결합해서 사용해도 좋고 캐롤라이나 리그로 세팅해도 효과적이다. 1봉 7개입. 가격 700엔.

라팔라
프로 미노우 웜

배스, 우럭, 광어, 농어 등 어떤 어종에도 잘 먹히는 웜으로 페로몬 성분의 첨가물이 들어 있어 대상어의 강한 입질을 유도한다. 지그헤드와 결합해 사용할 수 있으며, 핀테일의 유연한 스위밍으로 예민한 입질을 잡아낸다. 1봉 9개입. 가격 7천원.

파워 다트 헤드에 섀드웜을 결합했다. 활성이 떨어진 농어, 갈치 등에 특효라고 한다.

섀드웜을 결합할 수 있는 파워 다트 헤드 에코기어 제품.

서해 핫 트렌드는 웜!
선상낚시에서 위력 발휘

최근 일본을 비롯한 우리나라 서해의 선상낚시에서는 웜이 핫한 아이템으로 떠오르고 있다. 기존의 지그헤드에 섀드웜을 결합한 방식이 아닌, 독특한 모양의 '파워 다트 헤드'에 섀드웜을 결합한 것으로 농어가 있는 수심층을 찾아 전층을 빠르게 탐색할 수 있다. 농어의 활성이 좋을 때는 바이브나 미노우 게임으로 좋은 조과를 거둘 수 있지만, 농어의 활성이 나쁘다면 웜을 준비하는 것도 좋다. 한편 최근 출시되는 웜은 'UV 컬러'라고 해서 자외선에 반응해 독특한 컬러를 내는 제품들이 있는데, 밤에 볼 수 있는 야광효과를 낮에도 똑같이 볼 수 있다고 한다. 단, 사람 눈에는 보이지 않고 물고기만 반응한다. 낮에 농어의 활성이 낮을 경우 효과적이다.

서해용 미노우는?
120mm 슬로우 플로팅 선호

서해에서 사용하는 미노우는 동해나 제주에서 사용하는 미노우 중 길이 120~130mm, 무게는 20g 내외, 잠행수심 1m 이하의 플로팅 타입이 적합하다. 파도가 없는 조용한 홈통을 공략하기에는 이 정도 사이즈가 딱 적당한데, 미노우가 너무 크면 착수음이 강해 숨어 있던 농어들이 놀라서 달아날 확률이 높고 잔챙이가 많은 경우 큰 미노우에는 자잘한 입질만 이어지고 히트가 잘 되지 않는다.

부력은 슬로우 플로팅 혹은 서스펜드 타입이 인기 있다. 미노우의 급작스러운 액션보다는 릴링을 멈추었을 때 제자리에 멈추는 동작에 농어들이 더 많이 입질하기 때문이다. 주로 얕은 홈통을 노리기 때문에 잠행수심은 1m 이하인 것을 쓴다.

서해에서 미노우를 사용할 때에는 수중여나 간출여 주변을 아주 천천히 훑고 지나갈 수 있도록 릴링도 천천히 하는 것이 좋다. 잔 입질이 들어오면 반드시 릴링을 멈춰 농어가 미노우를 확실히 덮칠 수 있도록 시간을 준다. 물색이 아주 탁하거나 조류가 빠른 곳에서는 강한 저킹도 잘 먹히므로 항상 다양한 시도를 해보는 것이 좋다.

바이브레이션
VIBRATION

엔에스
칼립소 바이브 28G·38G
묵직한 무게로 포인트 깊숙한 곳까지 캐스팅할 수 있는 전통 형태의 바이브레이션이다. 릴링할 때 강한 액션을 내어 활성이 좋은 농어에게 빠르게 입질을 받아낼 수 있다. 직벽, 급류에서도 원활한 액션이 가능하며, 갯바위 같은 수심 깊은 연안에서도 활용할 수 있다. 28g과 38g 두 종류가 있다. 가격 1만1천원.

다이와
T.D.SALT VIB-Si80S
다이와의 원조 바이브레이션인 T.D.SALT VIBRR의 후속 모델로 길이는 80mm, 무게는 22.5g이다. 고밀도 실리콘 보디로 인해 릴링시 전혀 소리가 나지 않는 것이 다른 제품과의 차이다. 슬로우 리트리브시에도 날렵하게 액션의 변화를 줄 수 있으며, 빠른 회수가 가능해 넓은 구간을 타이트하게 공략할 수 있다. 가격 2050엔.

거상코리아
챌리온-피시갓
착수 후 천천히 가라앉는 슬로우 싱킹 타입으로 폴링 시 불규칙적인 유영을 하는 것이 특징이다. 유선형의 보디로 인해 착수 시 소음이 거의 없으며 자연스러운 액션으로 예민한 입질에 대응하기 좋다. 보디의 내구성이 강해 칠이 잘 벗겨지지 않는다. 길이 8cm, 무게 20g. 가격 500엔.

야마리아
마아미고 MA80
솔리드 바이브레이션의 원조로 출시한지 오래되었지만, 여전히 인기를 누리고 있는 모델이다. 공기실을 가지지 않은 속이 꽉찬 솔리드 보디로 발군의 비거리와 발 아래까지 확실하게 유영하는 성능을 가지고 있다. 강한 내구성과 풍부한 컬러가 장점. 길이 80mm, 무게 24g. 가격 1만3500원.

야마리아
스핀 샤이너
꼬리에 블레이드가 달린 타입으로 저중심의 얇은 '플랫 사이드 보디'로 인해 고속 리트리브 시에도 안정된 유영을 한다. 전층을 자유롭게 탐색할 수 있으며 저속 리트리브 시에는 일정한 수심대를 탐색할 수 있어 바닥 공략용으로도 사용할 수 있다. 광어, 양태 등의 플랫 피시에도 강하다. 15g, 25g, 35g 3종 출시. 가격 1만2500원~1만4500원.

라팔라
클래킨 랩
강력한 래틀음으로 대상어를 유혹하는 바이브레이션으로 릴링 시 좌우로 몸체가 강하게 흔들리는 바이브레이션의 특성을 한 단계 더 업그레이드시킨 제품이다. 외부로 돌출된 래틀 디스크가 래틀음의 전달력을 한층 더 높여준다. 가격 1만8천원.

야마리아
마아미고 G725·80
마아미고 MA80의 후속 모델로 기본 설계는 그대로 살리고 보디의 옆면에 플래싱 기능을 추가한 모델이다. 강력한 진동과 함께 홀로그램 테이프가 내는 플래싱 효과는 멀리 있는 농어에게도 쉽게 어필할 수 있다. 길이(무게) 72.5mm(26g)/80mm(24g). 가격 1만3500원.

피싱코리아
크루즈 스핀 바이브
길이 120mm, 무게 42g의 초원투용 스핀 바이브로 넓은 구간을 빠르게 탐색할 때 효과적이다. 블레이드의 현란한 액션으로 강하게 어필하기 때문에 탐색 중 바로 입질로 이어지는 경우도 많다. 가격 5천원.

라팔라
리핀 랩
강력한 BB래틀 시스템을 사용해 기존의 바이브레이션보다 더 많은 소음과 진동을 내어 대상어에게 강하게 어필한다. 롱캐스팅은 물론 다양한 수심층 탐색이 가능하다. 가격 1만원.

야마리아
슬라이스 70
기하학적인 보디와 홀로그램&야광컬러의 조합으로 밤낮 할 것 없이 농어에게 강한 어필을 할 수 있다. 자외선에 반응하는 '케이무라' 컬러를 도입, 자외선이 강한 맑은 날과 오전오후 피딩타임 때 강하게 어필한다. 조류가 탁할 때에도 유용하다. 길이 70mm, 무게 15g. 가격 1만4500원.

피싱코리아
스피어 바이브
전형적인 바이브레이션 타입으로 36g의 묵직한 무게에 길이는 90mm. 착수 후 급다이빙은 물론 거센 조류에서도 액션이 깨지지 않고 유영하는 것이 장점이다. 급류, 직벽 공략에 뛰어나며 일반적인 리트리브 상황에서는 자연스러운 내추럴 컬러로 어필해 자연스럽게 농어를 유인한다. 가격 5천원.

미노우
MINNOW

엔에스
칼립소 130F
길이 130mm의 미노우로 초원투가 가능하며 높은 파도에도 자연스러운 액션이 가능하다. 유연한 액션으로 예민한 농어를 지나치게 자극하지 않고 자연스러운 입질을 유도한다. 잠행수심 50~80cm. 가격 1만9500원.

라팔라
맥스랩 13
130mm의 플로팅 미노우. 아주 강한 플래싱 효과로 탁한 물색에서도 컬러 어필 능력이 뛰어나며 강한 바람이 불어도 원투능력이 떨어지지 않는 것이 장점이다. 공략 수심은 30~90cm로 얕은 지역에서 안정감 있게 액션을 줄 수 있다. 가격 2만1천원.

JS컴퍼니
티엠코 가이나123
길이 123mm, 무게 17g으로 동급 최장 비거리 능력을 가진 플로팅 타입 미노우. 잠행수심은 30cm의 요란한 워블링이 장점. 슬로우 리트리브 운용에 적합하다. 어떤 상황에서도 안정적인 스위밍 액션을 연출한다. 전어, 정어리, 숭어 등 대부분의 베이트피시에 매치할 수 있다. 가격 2만4천원.

야마리아
페이크베이츠 F130
뛰어난 범용성을 자랑하는 스탠더드 미노우로 다양한 포인트에 대응하는 모델. 비거리가 뛰어나고 안정적인 액션을 유지하는 것이 장점이다. 아주 자연스러운 내추럴 컬러와 유연한 스위밍 액션으로 잔잔한 수면에서도 사실적인 액션이 가능하다. 잠행수심 30~80cm. 플로팅. 가격 1만8천원.

물속에서 헤엄치는 미노우. 미노우의 컬러는 물색과 매치가 되어야 하고, 농어가 있는 수심층에 근접해야 입질을 받을 수 있다.

서해 농어 고수 테크닉 1

김재우 ㈜N·S 필드스탭·인천 강화발이루어샵 대표

내 루어에만 입질이 없다면?
크기, 컬러, 액션, 스피드 확인!

신기하게도 이런 일이 종종 있다. 우스개로 '내 루어엔 ×이 묻었나'라고 탄식할 정도로 혼자만 입질 받지 못하는 경우 말이다. 그럴 땐 몇 가지 사항을 체크해보면 어렵지 않게 해결책을 찾을 수 있다.

●너무 큰 루어나 너무 작은 루어를 쓰지 않는가?

먼저 내 루어의 크기가 다른 사람들 것에 비해 너무 크거나 혹은 작지 않은지 살펴볼 필요가 있다. 사냥감을 기다리는 물고기는 먹잇감이 움직이면서 내는 파장을 측선으로 감지해 그것의 크기와 상태, 진행방향을 예측하고 공격할 것인지 말지를 결정한다. 그래서 루어가 너무 크면 큰 파장으로 인해 먹잇감이 아니라고 판단하고 반응하지 않으며, 반대로 너무 작은 것은 재빠르게 도망갈 것으로 예측, 사냥에 실패할 확률이 높고 먹어봤자 사냥에 소모한 에너지를 충당하지 못할 것으로 판단하고 잘 달려들지 않는다.

이런 사실은 물색이 맑을 때보다 탁할 때 잘 들어맞는다. 농어는 원래 시력이 나쁜데다 물색이 탁하면 눈으로 먹잇감을 잘 구분하지 못하기 때문에 매복한 상태에서 측선으로 지나가는 물고기의 움직임을 감지하고 조건에 맞으면 단번에 덮치는 식의 사냥을 한다. 따라서 적당한 루어의 크기를 찾는 것이 입질을 받는 방법이 될 수 있다.

참고로 농어 같은 큰 물고기들이 함부로 모습을 드러내지 못하는 이유는 베이트피시들도 측선으로 적의 움직임을 감지하고 재빨리 도망가기 때문이다. 더구나 큰 물고기는 작은 물고기들에 비해 파장이 크고 더 멀리 전파되기 때문에 작은 물고기들에게 발각될 확률이 높으므로 마구잡이식 사냥은 현실적으로 불가능하다.

●액션을 다양하게 주고 있는가?

루어만 던지면 물어줄 것이라고 기대하는 낚시인들을 종종 볼 수 있다. 단언컨대 루어를 던져서 감기만 하면 히트 확률은 절반도 안 된다. 떨림이 심한 바이브레이션이나 블레이드가 달린 반짝이는 루어들은 그 자체의 액션과 파장으로 입질을 유도할 수 있지만 그것들 역시 얼마나 빨리 혹은 천천히 감는가에 따라 입질 빈도가 현격하게 차이 난다. 연안에서 많이 쓰는 미노우는 단순히 릴링만 해서는 입질을 받기가 어렵고 릴링 속도에 변화를 주거나 로드를 살짝살짝 쳐서(트위칭) 미노우의 액션에 변화를 주어야 입질 받을 확률이 높아진다. 트위칭을 하면 미노우가 뒤집어지면서 반짝이는데, 그것이 죽어가는 물고기처럼 보여 농어의 입질을 유도한다. 현장에서 루어를 던졌다 감는 동작을 몇 번 되풀이해도 입질이 없다면 루어의 액션에 다양한 변화를 주어야 한다.

> **바늘털이 극복 요령**
> #### 농어가 머리를 치켜들면 낚싯대를 밀어줘라
>
> 농어낚시의 최고 쾌감은 강렬한 바늘털이지만 이 순간에 바늘이 털려 농어를 놓치는 경우가 허다하다. 입에 무언가가 달려있다는 이물감을 느낀 농어가 본능적으로 머리를 물 밖으로 내민 뒤 강하게 머리를 흔들며 루어를 떼어내기 때문이다. 따라서 바늘털이를 방지하기 위해서는 너무 과격하게 농어를 끌어당기지 말고 살살 달래면서 발밑까지 끌고 올 필요가 있다. 만약 농어가 바늘털이를 하기 위해 고개를 수면 위로 치켜들려고 한다면? 곧바로 낚싯대를 낮추거나 농어 쪽으로 주욱─ 밀어 원줄을 느슨하게 만드는 방법을 써본다. 원줄이 팽팽할 때는 농어도 힘을 받아 세차게 머리를 흔들어대지만 팽팽한 긴장감이 단절되면 맥없이 몇 차례 머리만 흔들다가 그냥 자빠져 버린다. 특히 바늘이 농어 살점에 얕게 걸렸을 때 유용한 방법이다.

●루어의 착수가 제대로 이뤄졌는가?

루어의 크기가 적당하고 액션을 다양하게 하는데도 불구하고 입질이 없다면 루어의 착수가 제대로 이뤄지지 않았을 가능성이 높다. 루어가 수면에 닿을 때 일어날 수 있는 일은 첫째 목줄이 바늘에 걸려 엉켜 있거나, 둘째 원줄이 바람에 심하게 날려 루어가 제대로 끌려오지 않는 경우, 셋째 파도가 높거나 포말이 심한 곳에 떨어져 루어가 자세를 잡지 못하는 경우가 있다.

따라서 루어가 착수할 때는 목줄이 바늘에 걸리지 않도록 착수와 동시에 원줄을 잡아주거나 착수한 후 강하게 트위칭을 해서 루어에 걸린 줄을 빼주어야 하며 원줄이 바람에 날렸을 경우에는 로드를 원줄이 날린 반대방향으로 젖혀 줄을 바로잡은 후 가급적 루어가 일직선으로 끌려오도록 해야 한다. 또 루어가 높은 파도나 포말에 휩쓸릴 때는 미노우라면 강하게 트위칭해서 빨리 잠수시키고 물에 가라앉지 않는 톱워터 루어라면 파도나 포말지대를 벗어난 후에 액션을 시작하는 것이 바람직하다.

●물색에 맞는 컬러인가?

물색이 탁하면 루어의 크기와 액션으로 승부할 수 있지만 물색이 맑다면 상황이 달라진다. 물색이 탁한 경우에는 앞서 말한 대로 농어들이 매복 사냥을 활발하게 하지만 물색이 맑다면 모습을 드러내지 않거나 반대로 사냥을 포기하고 어슬렁거리며 돌아다닐 수도 있는데, 이때는 튀는 컬러보다는 베이트피시와 흡사한 내추럴 컬러로 일단 농어에게 경계심을 주지 않는 것이 중요하다.

물고기들은 물색이 맑으면 측선보다는 시각으로 사물을 판단하게 되는데 그로 인해 루어가 가짜인 것을 알아차리거나 너무 튀는 컬러에는 경계심을 가지는 것이다. 물색이 맑은 곳에서는 농어가 베이트피시를 발견했다고 해서 무조건 달려들지 않는다. 농어는 본능적으로 베이트피시가 먼저 자신을 발견하고 재빨리 숨는다는 것을 알기 때문이다. 그래서 루어로 죽어가는 것처럼 보이게 하거나 아주 비실비실 움직이게 하거나 혹은 무리에서 이탈하고 갈 곳을 찾지 못해 우왕좌왕하는 물고기로 보이게 해야 입질을 받을 수 있다.

●루어가 농어의 회유층에 들어갔는가?

농어가 입질하는 지점을 알아내려면 전층을 골고루 노리면 되지 않겠느냐 할지도 모르겠다. 틀린 말은 아니지만 그것이 말처럼 쉽지 않고 실제로 해보면 엄청난 체력이 필요하다. 또 마구잡이로 전층을 노린다고 해서 잘 먹히는 것도 아니다. 그 이유는 농어는 여름에는 중상층에 있는 멸치나 정어리 등을 사냥하므로 항상 위쪽을 주시하고 있기 때문에 바닥에 있는 먹이는 잘 찾지 못하고 먹이를 발견해도 그 반응이 느리기 때문이다. 반대로 겨울에는 농어가 바닥에 붙어 있는 게, 모래무지, 쥐노래미 등을 사냥하므로 상층만 노리면 헛수고다. 루어로 농어를 노린다고 하면 농어의 사정거리 안에 루어가 들어가야 입질을 받을 수 있다.

따라서 낚시인은 루어의 사용법도 익혀야겠지만, 농어의 행동 패턴을 파악하고 꾸준히 한 지점을 타깃으로 공략하는 능력도 길러야 한다. 루어낚시 고수들은 이런 점을 숙지하고 농어의 사정거리를 간파하는 데 능하다. 따라서 혼자 입질을 받지 못하거나 유독 입질을 많이 받는 낚시인이 있다면 그 사람에게 노리는 지점과 수심을 물어볼 필요가 있다. 만약 물어볼 상황이 아니라면 어떤 루어를 쓰며 착수 후 몇 초 만에 릴링을 시작하는지를 눈여겨보고 입질지점을 스스로 감지해야 한다.

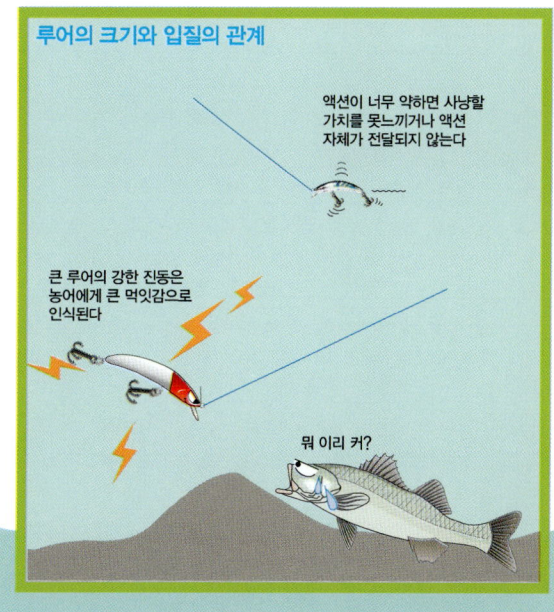

루어의 크기와 입질의 관계

계절에 따른 농어의 사냥 위치 변화

서해 농어 고수 테크닉 2

박용섭 JS컴퍼니 필드스탭

바이브레이션도 다양한 액션 필요

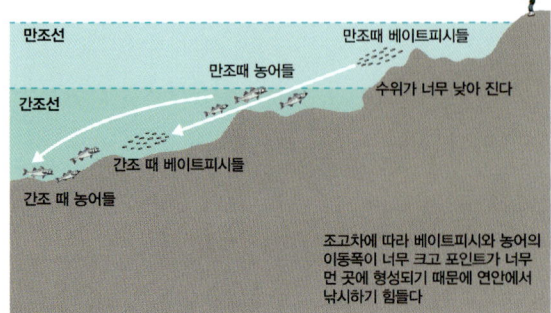

〈그림2〉 서해에서 연안낚시가 잘 안되는 이유

Q 서해에서는 왜 선상낚시만 성행하고 갯바위 농어낚시는 잘 하지 않나?

A 서해는 대다수 해변이 갯벌이고 조수 간만의 차가 크기 때문이다. (그림2)만조 전후에 연안 갯바위로 농어가 접근한다고 해도 그 시간이 아주 짧고, 농어가 가까이 진입할 만큼 수위가 유지되는 곳이 적기 때문에 확률이 높은 선상낚시를 주로 하고 있다. 그렇다고 해서 서해에 연안낚시터가 전혀 없는 것은 아니다. 서해 먼 바다에 있는 외연도나 어청도, 덕적도 등으로 가면 연안 수심이 깊고 조류가 잘 흐르는 갯바위가 있다. 그런 섬에선 연안에서도 농어를 낚을 수 있다. 하지만 먼 섬으로 들어가면 일정상 1박을 해야 하는 경우가 많아 비용이 많이 든다. 그 시간과 비용에 비해 당일 선상루어낚시를 하는 것이 농어를 낚을 확률이 높다. 그래서 선상루어낚시를 선택하는 것이다.

Q 서해에서는 바이브레이션만 있으면 된다던데, 다른 루어는 쓰지 않나?

A 서해에서 농어루어 선상낚시를 나가보면 대부분 조류가 빠른 여밭이나 수심이 깊은 직벽 주변을 노리게 된다. 그런 곳에서 미노우는 맞지 않다. 빠른 조류에서는 미노우가 밀려 액션이 제대로 나오지 않고 깊은 직벽에선 미노우로는 농어가 있는 수심대까지 가라앉히지 못하기 때문에 무용지물이나 다름없다. 이때 묵직한 바이브레이션은 농어가 있는 수심층까지 빨리 도달할 수 있고 거친 조류에서도 액션이 잘 나온다.(그림1) 선장들은 농어가 낚싯배 엔진소리에 놀랄 것을 우려해 낚싯배를 포인트에 바짝 대지 않는데, 바이브레이션처럼 멀리 던질 수 있는 루어가 미노우보다 장타에 유리하다. 하지만 조류가 잘 흐르지 않는 얕은 여밭이나 홈통에서 선상루어낚시를 할 때도 많은데, 이럴 땐 미노우가 필수다. 얕은 곳에서는 바이브레이션이 밑걸림이 심해 쓰기 어렵기 때문이다. 포인트에 따라 아주 깊은 곳에선 웜 채비나 메탈지그를 쓰기도 한다.
그러므로 다양한 루어를 준비해야 한다.

〈그림1〉 미노우와 바이브레이션의 공략층 비교

〈그림3〉 바이브레이션의 액션

Q 바이브레이션은 별도의 액션 없이 던지고 감기만 하면 되는가?

A 바이브레이션은 감기만 해도 액션이 잘 나오기 때문에 리트리브가 기본 액션이다. 하지만 그것이 바이브레이션의 전부는 아니다. 바이브레이션도 다양한 활용법이 있다.(그림3) 우선 착수할 때는 프리폴링을 시키지 말고 커브폴링을 시켜 농어에게 자연스럽게 어필하도록 한다. 바이브레이션이 어느 정도 가라앉으면 릴링을 해도 좋지만 낚싯대를 들었다 내리는 리프트&폴이 더 잘 먹히는 경우도 있다. 주로 바닥에 농어가 붙어 있는 경우에 그렇다. 바이브레이션을 잘 다루는 낚시인들은 바이브레이션으로 바닥을 꼼꼼히 탐색할 정도로 감도 높은 낚시를 구사한다. 이런 액션이 가능한 이유는 바이브레이션은 45도 정도로 기울어져 헤엄치므로 장애물에 부딪힐 때 항상 머리가 먼저 닿아서 바늘이 잘 걸리지 않기 때문이다. 릴링 중 장애물을 감지하면 곧바로 낚싯대를 들어 밑걸림이 생기지 않게 해주면 되는데, 조금만 익숙해지면 누구나 가능한 액션이다. 리트리브를 할 때도 단순히 바이브레이션을 감는 데만 치중하지 말고 릴링 속도를 늦추어 주거나 큰 폭으로 유영층을 바꾸어주는 것이 좋다. 릴링 속도에 변화를 주기만 해도 바이브레이션은 물속에서 다양한 움직임을 보이므로 이런 특성을 잘 활용해야 한다.

바이브레이션 쓸 때 주의점
히트 후 초릿대 털털거리면 천천히 끌어내라

바이브레이션 플러그는 미노우 플러그보다 무거워 장타가 잘 되고 깊은 수심을 노릴 때 유리하다. 그러나 농어가 바늘털이를 하면 미노우보다 쉽게 바늘이 빠지는 게 단점이다. 이유는 미노우보다 무게가 무겁기 때문이다. 바이브레이션 플러그는 가벼운 게 28g, 무거운 것은 38g이나 나가는데, 특히 바늘이 설 걸린 상태에서 농어가 머리를 강하게 털면 바늘이 설점에서 떨어져나가게 된다. 바이브레이션 플러그로 농어를 10번 걸면 그 중 3~4번은 바늘이 털린다. 바이브레이션 플러그 바늘의 설걸림 여부는 히트 후 느낌으로도 알 수 있다. 만약 히트 직후 꾸우욱-하는 저항이 전해진다면 바늘이 입 안에 제대로 박힌 것이며 털털털거리며 자꾸 머리를 흔드는 느낌이 나면 입가에 살짝 바늘이 박힌 상태로 보면 된다. 따라서 털털거리는 느낌이 나면 최대한 천천히 릴을 감아 농어를 끌고 올 필요가 있다.

Q 서해에서 농어가 잘 낚이는 때는?

A 포인트에 크게 구분 없이 중들물부터 중썰물까지 농어가 잘 낚인다. 그 이유는 포인트를 막론하고 조류가 적당히 흐르며 수위가 충분히 유지될 때에 농어가 입질하기 때문이다. 포인트에 따라서 좋은 물때가 달라지기도 한다. 홈통은 들물에 좋고, 간출여는 썰물에 좋은 조과를 보인다. 본류대의 브레이크라인이나 수심이 깊은 직벽도 썰물에 조과가 좋다.(그림4) 밤에 얕은 암초지대에서는 간조 무렵에도 농어를 기대할 수 있다. 이렇게 장소에 따라 시시각각 좋은 물때가 달라지는 이유는 밀물 썰물 간조 만조에 따라 농어의 먹이가 되는 베이트피시의 이동 경로나 위치가 달라지기 때문이다. 만조 때는 연안 가까이 머물던 베이트피시들이 수위가 낮아지면 농어가 있는 깊은 곳으로 내려가게 되는데, 이때 대기하고 있는 농어들이 먹이사냥을 시작한다. 하지만 간조 때는 아예 낚시가 안 되는 경우도 있는데, 그 이유는 베이트피시들이 연안을 벗어나 버리거나 아주 얕은 돌 틈으로 숨어 버리기 때문이다.

〈그림4〉 썰물에 농어가 잘 낚이는 이유

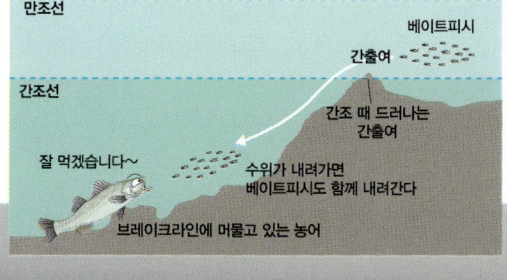

〈그림5〉 포말이 많은 곳에 농어가 많은 이유

Q 포인트 선정 방법은?

A 농어가 바다를 종횡무진하며 베이트피시를 쫓을 것 같지만 실제로는 그렇지 않다. 농어는 으슥한 곳에 숨어 있다가 지나가는 베이트피시를 덮치는 식의 매복사냥을 즐긴다. 갯바위에 파도가 부서져 포말이 이는 장소는 농어가 몸을 숨기기 좋은 곳이기 때문에 그 주변에서 농어가 잘 낚인다. 파도가 높은 날엔 베이트피시들은 파도의 영향을 덜 받는 포말 주변이나 아래쪽에 위치해 있으며, 반대로 농어는 포말 안쪽에서 대기하다가 가까이 접근하는 베이트피시를 노린다.(그림5) 많은 낚시인들이 농어들이 무리를 지어 베이트피시를 몰아서 사냥한다고 알고 있는데, 늦여름이나 초가을에 멸치나 정어리 떼를 만난 농어들이 가끔 무리지어 사냥을 하기도 하지만 항상 그런 것은 아니며 평소에는 좀 더 확률 높은 사냥을 위해 한두 마리씩 흩어져 매복사냥을 한다. 특히 겨울철에 낚이는 큰 농어들은 대부분 매복사냥을 하므로 이 점을 잘 염두에 두고 포인트를 선정하는 것이 효과적이다.

Q 조류가 흐르지 않으면 루어가 바닥에 잘 걸리던데, 그 이유는?

A 루어는 조류를 받아야 비스듬한 각도를 유지하며 액션도 자연스럽게 나온다. 조류가 없을 때는 거의 수평 상태를 유지하고 끌려오기만 하는데, 그런 상태에서는 훅이 바닥에 걸리기 쉽다. 조류를 적당히 받는 상태에서 장애물을 만나면 머리가 먼저 부딪히고 뒤집어질 뿐 훅이 바닥에 걸리지는 않는다.(그림6) 이때 액션이 흐트러지며 농어가 반사적으로 입질하기도 하는데, 루어낚시 고수들은 농어의 입질을 유도하기 위해 일부러 이런 액션을 즐긴다. 하지만 조류가 약하다면 밑걸림이 심해 하기 어려운 액션이다.

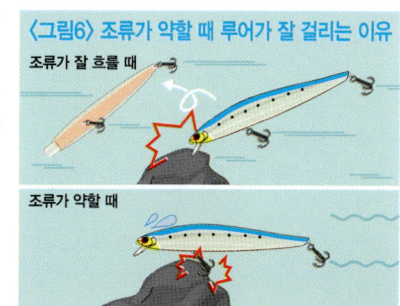

〈그림6〉 조류가 약할 때 루어가 잘 걸리는 이유

서해 어청도 선상에서 농어를 노리는 낚시인들. 바이브레이션으로 다양한 테크닉을 구사하면 좋은 조과를 거둘 수 있다.

서해 농어 연안낚시터

Walking Spot 5

덕적도 용대미 일대

소청도 답동마을&분바위 일대

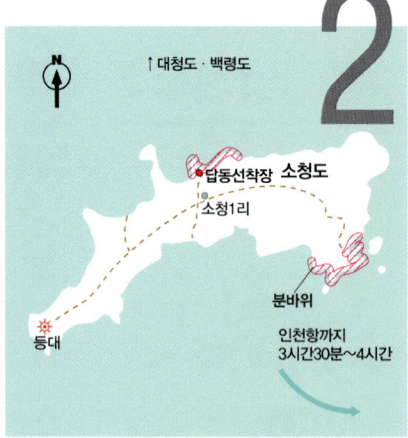

외연도 북쪽 홈통

인천에서 여객선을 타고 1시간 넘게 가는 덕적도는 오래전부터 농어낚시터로 인기를 누려왔다. 섬 곳곳에 몽돌밭과 갯바위가 산재해 있는데, 모두 농어포인트라고 해도 손색이 없을 정도다. 특히 조류가 빠른 북쪽과 남쪽의 갯바위가 농어낚시터로 좋다.

소개하는 용대미 일대는 남서쪽 곶부리에 해당하는 곳으로 진입하기는 힘들지만 낚시인의 손을 타지 않아 항상 꾸준한 조과를 보여준다. 이곳은 일단 진입만 하면 낚시하기는 쉽지만 진입하기가 까다롭다. 덕적도항에서 내린 후 마을버스로 서포2리까지 이동한 후 그곳에서부터 30분 이상 걸어서 진입해야 한다. 서포리 마을 아래엔 논과 저수지가 있는데, 그 곳을 지나 산 정상으로 올라간 후 아래로 내려가면 갯바위가 나온다. 등산로가 닦여 있기 때문에 길 찾기가 어렵지는 않지만, 장시간 걸어야 한다. 갯바위는 넓고 발판이 좋아 텐트를 칠 장소도 있는데, 진입이 힘들기 때문에 한번 들어가면 대부분 갯바위에서 야영을 하면서 느긋하게 낚시한다.

■가는 길 - 인천항 연안여객터미널에서 매일 여객선이 출항한다. 오전 8시20분, 오전 9시, 오후 3시, 오후 4시에 덕적도로 출항하는데, 주말이나 성수기엔 증편될 수 있으며, 비수기엔 운항편수가 줄어들거나 시간대가 바뀔 수 있기 때문에 항상 출발 전에 출항시각을 확인해야 한다. 요금은 1인 왕복 4만6천원. 인천항 예매문의 032-887-6669. 대부도 방아머리선착장에서도 하루에 1회 혹은 2회, 자월도를 거쳐 덕적도로 출항한다. 소요시간 2시간 30분, 요금은 1인 왕복 1만9600원. 대부도 방아머리선착장 예매문의 032-886-7813.

인천에서 여객선을 타고 3시간 30분~4시간 가야 하는 먼 바다에 있는 소청도는 백령도 바로 아래에 있는 대청도와 이웃한 섬이다. 규모가 작아서 대청도에 비해 관광객이 적고 한적하게 낚시를 즐길 수 있다.

포인트는 멀리서 찾을 필요 없이 여객선이 정박하는 답동마을 방파제 옆으로 이어져 있는 갯바위에서 농어가 낚인다. 해거름에 큰 농어들이 파도를 타고 밀려들어 오는데, 수위가 아주 낮아진 간조 때에도 큰 농어들이 출몰한다. 플로팅 미노우가 잘 먹히며 웜이나 가벼운 바이브레이션을 써도 좋다. 파도가 거칠어 미노우의 액션이 잘 나오지 않을 때는 큰 스푼도 효과를 발휘한다.

산을 넘어 반대편 분바위 일대로 가도 좋다. 걸어서 가기엔 먼 거리이며 민박집의 차량을 이용해야 한다. 분바위 주변엔 작은 방파제가 있고 주변은 발판이 낮은 갯바위로 되어 있어 진입하기도 편하고 낚시하기도 좋다. 수심은 4~7m로 그리 깊지 않기 때문에 물때에 맞춰 다양한 루어를 사용해볼 수 있다.

■가는 길 - 인천항 연안여객터미널에서 여객선이 매일 2회(오전 8시50분, 오후 1시, 성수기엔 증편 가능) 출항한다. 편도 요금은 5만9800원. 출항 시각마다 선명과 선사가 다르므로 꼭 출항 전에 확인해야 하며, 주말엔 만석으로 당일 발권이 어려울 수 있으니 반드시 예약을 해야 한다. 인천항 예매문의 032-887-6669

외연도는 오천·홍원 낚싯배들의 출조가 끊이지 않는 아주 유명한 농어루어낚시터지만 여객선을 타고 외연도로 들어가 도보낚시를 즐기는 낚시인은 적은 편이다. 하지만 외연도는 관광지로 유명한 덕에 숙박여건이 좋아서 본섬 도보낚시를 편안하게 즐길 수 있다.

낚시하기 가장 무난한 곳은 외연도 북쪽에 있는 홈통지역이다. 큰 홈통이 두 개 있는데, 포인트 여건이 비슷해 어느 곳에 가도 상관없다. 루어는 비거리가 좋은 플로팅이나 서스펜드 미노우 또는 샐로우용 바이브레이션을 사용하면 좋다. 빠른 리트리브보다는 슬로우 리트리브에 반응이 좋기 때문에 가능하면 미노우를 천천히 감아 들이며 농어를 탐색하길 권한다.

이른 아침에는 오천 등에서 들어온 낚싯배가 먼저 진입해 포인트를 훑고 갔을 확률이 높으므로 입질이 없다면 미련 없이 포인트를 계속 옮겨가며 낚시하는 것이 좋으며, 밤에는 낮에 봐둔 좋은 자리를 골라 대물이 붙기를 기다려보는 것이 좋다.

■가는 길 - 보령 대천항 연안여객터미널에서 호도~녹도~외연도를 운항하는 여객선을 탄다. 2시간 소요. 평일은 오전 10시에 한 번 출항하며, 주말은 오전 8시와 오후 2시에 총 2번 출항한다. 성수기인 6~9월에는 주말과 같이 매일 1일 2회 출항한다. 요금은 왕복 3만1500원. 예약문의 신한해운 041-934-8772~4.

4 녹도 남쪽 여밭

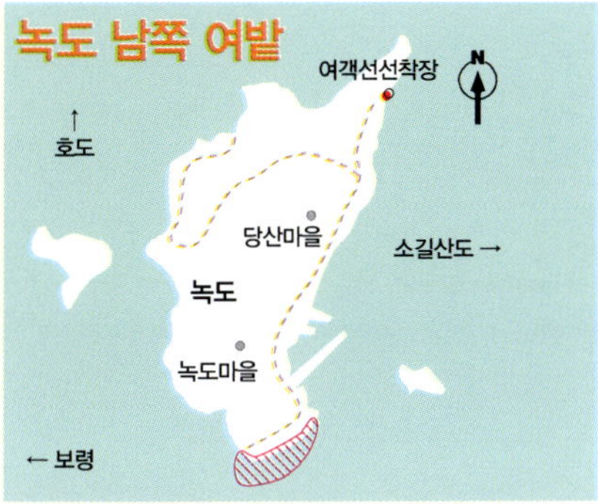

녹도는 외연도보다 조금 가까운 곳에 있는 섬으로 외연도와 마찬가지로 대천항 연안여객터미널에서 외연도행 여객선을 타고 가면 1시간 만에 도착할 수 있다. 포인트는 여러 곳에 있는데, 그 중에서도 마을 남쪽의 여밭이 농어루어낚시를 하기에 좋은 여건을 갖추고 있다. 들물이 받혀 들어올 때 큰 농어들이 함께 들어와 입질한다. 녹도는 섬이 작은 편이어서 마을에서 20분 정도만 걸어가면 대부분의 포인트에 닿을 수 있기 때문에 포인트 이동에 대한 부담은 없지만, 낚시인이 많이 몰리는 날에는 포인트 경쟁이 생기는 것이 흠이다.

■ 가는 길 – 보령 대천항 연안여객터미널에서 호도~녹도~외연도를 운항하는 여객선을 탄다. 1시간 소요. 평일은 오전 10시에 한 번 출항하며, 주말은 오전 8시와 오후 2시에 두 번 출항한다. 성수기인 6~9월에는 주말과 같이 매일 1일 2회 출항한다. 요금은 왕복 2만 3100원. 예약문의 신한해운 041-934-8772~4.

5 태안 안면도 운여

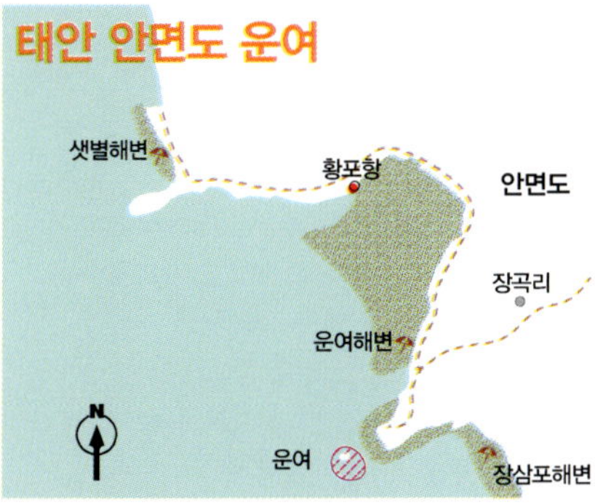

배를 타고 들어가지 않아도 되는 육로 포인트다. 안면도엔 해수욕장에서 농어를 낚을 수 있는 곳이 몇 군데 있는데, 대표적인 곳이 샛별, 꽃지해수욕장과 지금 소개하는 운여 포인트다. 운여는 백사장에서 멀리 떨어져 있는 여로, 바지장화를 입고 물속으로 어느 정도 들어가서 낚시를 해야 한다. 수심은 2m 내외로 아주 얕기 때문에 주로 플로팅 미노우를 사용하지만, 바닥이 모래인 곳이 많아 밑걸림이 적기 때문에 섈로우용 바이브레이션을 이용해 먼 곳을 노려도 좋다. 여름보다는 늦여름과 가을에 큰 농어를 낚을 확률이 높으며 오전보다는 오후에 더 입질이 많다.

운여 옆에 있는 샛별, 꽃지해수욕장에서도 바지장화를 입고 들어가 멀리 떨어져 있는 암초지대를 노리면 농어를 낚을 수 있다. 주로 밤에 연안 가까이 접근하며 잔잔한 날보다는 파도가 치는 날에 조과가 좋다.

■ 가는 길 – 안면도로 진입 후 77번 국도를 타고 고남면 방면으로 직진하다가 아름다운펜션 아래에 있는 지곡저수지를 지나자마자 우회전해 장곡리 방면으로 들어간다. 마을로 들어서면 운여해변(운여해수욕장) 이정표를 따라 진입한다. 운여는 운여해변 남쪽 곶부리 앞에 있다.

서해 선상낚시터 Map

서해는 최북단 연평도·백령도부터 남단 신안군 도서지역까지 전 구간에서 농어낚시가 가능하다. 주로 낚싯배를 타고 나가서 선장의 안내에 따라 포인트를 공략하기 때문에 특정한 포인트를 소개하는 것은 무의미할 수 있다. 그러나 주요 포인트의 위치 정도는 알아두는 편이 좋다.

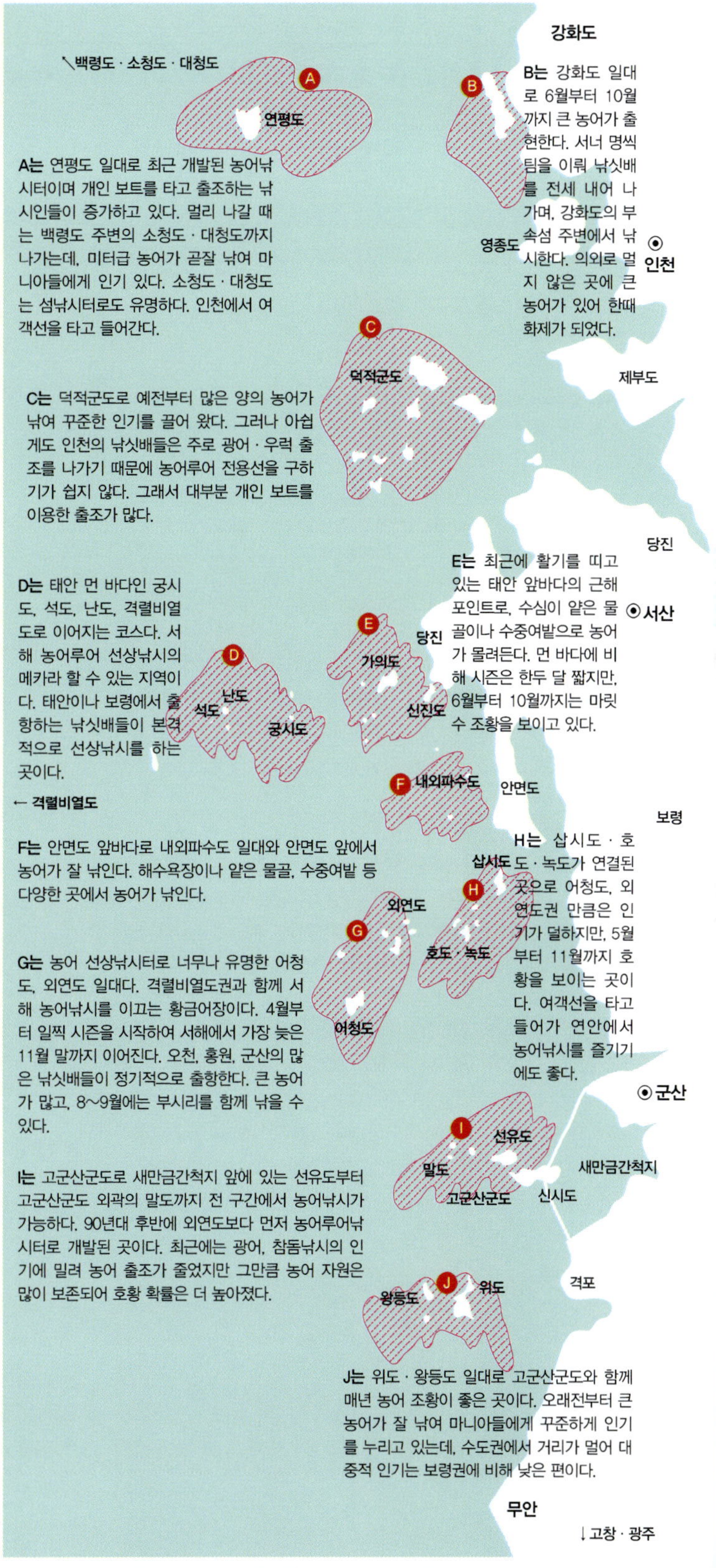

A는 연평도 일대로 최근 개발된 농어낚시터이며 개인 보트를 타고 출조하는 낚시인들이 증가하고 있다. 멀리 나갈 때는 백령도 주변의 소청도·대청도까지 나가는데, 미터급 농어가 곧잘 낚여 마니아들에게 인기다. 소청도·대청도는 섬낚시터로도 유명하다. 인천에서 여객선을 타고 들어간다.

B는 강화도 일대로 6월부터 10월까지 큰 농어가 출현한다. 서너 명씩 팀을 이뤄 낚싯배를 전세 내어 나가며, 강화도의 부속섬 주변에서 낚시한다. 의외로 멀지 않은 곳에 큰 농어가 있어 한때 화제가 되었다.

C는 덕적군도로 예전부터 많은 양의 농어가 낚여 꾸준한 인기를 끌어 왔다. 그러나 아쉽게도 인천의 낚싯배들은 주로 광어·우럭 출조를 나가기 때문에 농어루어 전용선을 구하기가 쉽지 않다. 그래서 대부분 개인 보트를 이용한 출조가 많다.

D는 태안 먼 바다인 궁시도, 석도, 난도, 격렬비열도로 이어지는 코스다. 서해 농어루어 선상낚시의 메카라 할 수 있는 지역이다. 태안이나 보령에서 출항하는 낚싯배들이 본격적으로 선상낚시를 하는 곳이다.

E는 최근에 활기를 띠고 있는 태안 앞바다의 근해 포인트로, 수심이 얕은 물골이나 수중여밭으로 농어가 몰려든다. 먼 바다에 비해 시즌은 한두 달 짧지만, 6월부터 10월까지는 마릿수 조황을 보이고 있다.

F는 안면도 앞바다로 내외파수도 일대와 안면도 앞에서 농어가 잘 낚인다. 해수욕장이나 얕은 물골, 수중여밭 등 다양한 곳에서 농어가 낚인다.

G는 농어 선상낚시터로 너무나 유명한 어청도, 외연도 일대다. 격렬비열도권과 함께 서해 농어낚시를 이끄는 황금어장이다. 4월부터 일찍 시즌을 시작하여 서해에서 가장 늦은 11월 말까지 이어진다. 오천, 홍원, 군산의 많은 낚싯배들이 정기적으로 출항한다. 큰 농어가 많고, 8~9월에는 부시리를 함께 낚을 수 있다.

H는 삽시도·호도·녹도가 연결된 곳으로 어청도, 외연도권 만큼은 인기가 덜하지만, 5월부터 11월까지 호황을 보이는 곳이다. 여객선을 타고 들어가 연안에서 농어낚시를 즐기기에도 좋다.

I는 고군산군도로 새만금간척지 앞에 있는 선유도부터 고군산군도 외곽의 말도까지 전 구간에서 농어낚시가 가능하다. 90년대 후반에 외연도보다 먼저 농어루어낚시터로 개발된 곳이다. 최근에는 광어, 참돔낚시의 인기에 밀려 농어 출조가 줄었지만 그만큼 농어 자원은 많이 보존되어 호황 확률은 더 높아졌다.

J는 위도·왕등도 일대로 고군산군도와 함께 매년 농어 조황이 좋은 곳이다. 오래전부터 큰 농어가 잘 낚여 마니아들에게 꾸준하게 인기를 누리고 있는데, 수도권에서 거리가 멀어 대중적 인기는 보령권에 비해 낮은 편이다.

입문자 페이지 ❷ ▶▶▶
농어루어낚시용 릴의 선택

섈로우 스풀 스피닝릴 권사량은 합사 1.5호-150m

방수 기능, 파워기어, 고급 스풀 등도 갖추어야

스피닝릴은 시중에 상당히 다양하게 출시되어 있다. 가격대도 천차만별이다. 고민되는 것은 '값비싼 릴을 꼭 구입해야 하는 것인가'이다.

라팔라가 출시한
오쿠마 세이마르 HD 스피닝릴.

●농어루어낚시 전용 릴이란?

스피닝릴에는 범용으로 사용할 수 있는 일반 스피닝릴과 농어루어낚시 전용 릴이 있다. 전용 릴은 농어루어낚시에서만 겪을 수 있는 여러 가지 특수한 상황에 잘 대응하도록 만들어졌기 때문에 훨씬 효과적으로 농어루어낚시를 할 수 있게 도와준다. 릴링이 부드러워 약한 입질을 전달받기 좋고, 큰 농어를 걸어도 릴핸들을 쉽게 돌릴 수 있도록 큰 손잡이(파워 핸들)가 달려 있으며, 낚시 중에 파도에 맞아도 릴 내부로 물이 스며들지 않도록 기본적인 방수 기능을 잘 갖추고 있다. 대물을 상대하는 만큼 릴 내구성이 좋은 것은 물론 드랙의 성능이 좋아 저항의 크기에 따라 알맞게 잘 작동되며 캐스팅과 액션을 하기 수월하도록 무게도 가벼운 것이 특징이다.

●꼭 전용 릴을 사야 하나?

이런 농어루어 전용 릴이 큰 인기를 누리고 있느냐 하면 꼭 그렇지는 않다. 그 이유는 가격이 70만~100만원대로 상당히 비싸기 때문이다. 농어루어낚시 마니아거나 앞으로 농어루어낚시만 할 계획이라면 구입해 볼만한 제품이지만 입문자라면 구입이 망설여지는 것이 당연한 일이다. 더구나 농어루어낚시 전용 릴을 유심히 살펴보면 기존의 모델을 농어루어낚시용으로 업그레이드한 것이며 완전히 새로운 제품은 아니라는 것을 알 수 있다. 대부분 원래 있던 보디에 핸들과 스풀을 농어루어용 스펙에 맞게 바꾸고 내구성, 파워를 개선해 농어루어낚시에 최적화한 것이다. 그래서 실제로 농어루어 낚시인들이 현장에서 쓰는 릴을 보면 일반 스피닝릴을 농어루어낚시용으로 사용하는 경우가 많다.

●가장 먼저 스풀 권사량부터 체크

일반 스피닝릴을 구입할 때 따져볼 것은 권사량, 무게, 드랙력, 기어비, 내구성 등이 있는데, 그것이 농어루어낚시에 맞으면 사용하는 데 전혀 문제가 없다.

가장 먼저 볼 것은 권사량이다. 권사량은 스풀에 감기는 라인의 양을 말한다. 농어용이라면 1.5호 합사가 150m 감기는 것을 가장 선호한다. 그 이유는 서해 일부 지역을 제외하면 대부분의 지역에서 1.5호 이하의 합사를 쓰기 때문에 더 큰 스풀은 필요가 없다. 권사량은 스풀에 표기된 설명을 참고하면 쉽게 알 수 있다. '0호-00m' 나 '0lb-00m' 로 표기되어 있다. 1.5호 합사가 150m 감기는 스풀은 스풀의 홈(깊이)이 얕은 섈로우 스풀이다. 만약 일반적인 릴찌낚시용 제품을 구입했다면 섈로우 스풀로 교체하는 것이 좋다.

●합사 사용에 적합한 스풀인지 확인

권사량을 체크했다면 다음은 합사를 원활하게 방출할 수 있는 스풀인지 확인해야 한다. 섈로우 스풀은 합사원줄을 쓰기 적합하게 설계되어 있지만 섈로우 스풀이라고 해서 다 같은 것은 아니다. 고급제품은 캐스팅 시 강한 진동이 생겨도 라인트러블이 일어나지 않고 원활하게 합사가 빠져나가도록 설계되어 있다. 값이 비싸긴 하지만 그만한 값을 하므로 투자할 가치가 있는 부품이다. 농어루어낚시 마니아들은 전용 릴을 구입하지 않더라도 스풀만은 합사 전용 제품으로 교체한다. 단 저가형 릴은 고급 스풀과 호환이 되지 않는 경우가 많으므로 호환 여부를 잘 알아보고 구입해야 한다.

스피닝릴 드랙의 구조. 릴 스풀을 최고 풀어주는 드랙의 성능이 좋아야 대형 농어를 효과적으로 제압할 수 있다.

● 방수가 되고 내부식성은 강한가?

릴의 방수, 방진 기능도 따져봐야 한다. 농어루어 낚시를 하다보면 파도를 맞는 일이 많기 때문에 이런 기능은 필수다. 베어링은 부식에 강해야 하고 릴 내부로는 물이나 먼지 등이 들어가지 않아야 한다. 또 염분을 제거하기 위한 물 세척을 해도 문제가 없어야 한다. 그러나 이런 기능을 잘 갖춘 릴들도 외부에 노출되어 있는 로터나 핸들의 베어링은 오래 쓰면 부식이 생기므로 평소에 세척을 해서 관리를 해야 한다.

● 섬세한 액션엔 기어비 5:1 이하가 좋다

기어비는 핸들 1회전당 로터의 회전수를 나타낸 것이다. 농어용 릴은 핸들 1회전당 로터가 5바퀴 내외로 돌아가는 것이 좋다. 릴에 표기된 기어비를 보면 보통 4.7:1~5.2:1이 많은데 이정도면 무난하게 사용할 수 있다.

참고로 로터의 회전수에 따라 5.1회전 이하는 파워기어, 이상은 하이기어로 구분한다. 파워기어는 릴링 속도가 느리기 때문에 자연스러운 리트리브를 하기 좋고 힘과 내구성도 좋아 농어루어용으로 적합하다. 하이기어는 부시리 포핑 같은 빠른 릴링을 필요로 하는 낚시에 쓴다. 최근에는 농어루어낚시에도 5.2:1 하이기어를 쓰기도 하는데, 장애물이 많은 지형에서 빠르게 농어를 제압할 때나 대형 넙치농어를 상대하기 좋다.

● 릴 드랙력은 7kg이면 충분

릴의 드랙력은 7kg 내외면 충분하다. 하지만 그 이하라도 크게 상관은 없다. 그 이유는 농어가 순간적인 파워는 강하지만 지구력이 약하기 때문이다. 부시리의 경우 처음부터 아주 강하게 저항하고 그 저항이 오래 지속되기 때문에 드랙을 꽉 잠그지 않고서는 대항하기 힘들다. 그러나 농어는 드랙을 꽉 죄지 않고 느슨하게 풀어놓는데, 농어가 저항하면 스풀이 역회전해서 줄이 풀려나가도록 해준다. 농어가 저항을 멈추면 그때 릴을 감기 시작하며, 이 과정에서 드랙을 조금씩 죄며 연안으로 끌어오면 된다.

● 비싼 릴은 내구성이 좋다

마지막으로 살펴볼 것은 내구성이다. 그런데 내구성은 명확히 평가할 기준이 없기 때문에 릴 스펙을 살펴봐도 알 수가 없다. 결국 가격으로 내구성을 평가할 수밖에 없다. 릴을 제작할 때 내구성을 높이기 위해서는 좋은 소재를 사용해 오차 없이 제작하고 부품에 유격이 생기지 않게 조립해야 하는데, 그 정밀도에 따라 릴의 가격이 올라가므로 아무래도 비싼 릴이 내구성이 좋다고 할 수 있겠다.

릴과 로드 결합 시 밸런스 맞아야

릴은 가벼운 것이 좋다. 릴이 가벼우면 장시간 반복되는 캐스팅과 릴링에도 금방 지치지 않기 때문이다. 그러나 가볍다고 해서 무조건 좋은 것은 아니며 자신이 쓰는 로드와 밸런스가 맞는지 확인할 필요가 있다.

릴을 구입할 때 본인의 낚싯대를 들고 가서 직접 조립해보고 손에 쥐었을 때 낚싯대의 무게가 어느 한쪽으로 지나치게 쏠리지 않는지를 확인하는 것이 좋다. 로드의 무게중심이 지나치게 한 쪽으로 쏠리는 경우에는 캐스팅이 힘들어지며, 비거리를 손해 보거나 라인트러블 등의 문제가 생길 수 있다.

일반 스풀을 섈로우 스풀로 만들기

기존에 쓰던 일반 스풀을 섈로우 스풀로 만들어 쓸 수도 있다.
① 먼저 사용하지 않는 라인을 스풀에 적당량 감는다. 얇은 라인일수록 촘촘히 감기기 때문에 얇은 라인을 감는 것이 좋다.
② 절연테이프로 스풀의 넓이에 맞추어 아주 단단하게 감아준다.
③ 그 위에 원하는 호수의 합사원줄을 감는다.

참고로 이것은 임시방편일 뿐 이 방법으로 농어용 섈로우 스풀을 완전히 대신할 수는 없다. 일반 릴은 스풀의 크기가 작기 때문에 섈로우 스풀보다 원줄이 원활하게 빠져나가지 않아 라인트러블이 잦기 때문이다.

스피닝릴 주요 부품들

1 기어
핸들의 회전을 로터로 전달하는 역할을 한다. 사실 그렇게 중요한 부품은 아니지만, 내구성이 떨어질 경우 릴의 생명과 직결되기 때문에 중요하게 여겨지는 것이다. 고급 제품은 반영구적으로 사용할 수 있는 초두랄루민 합금을 사용해 제작하며 단 한 번의 과정으로 기어를 가공해내기 때문에 아주 정밀하게 생산하고 있다.

2 핸들
핸들은 릴링감과 직결된다. 그립감이 좋아야 예민한 입질을 잡아낼 수 있고 또 일정한 속도로 릴링이 가능하다. 농어용으로는 핸들 노브가 긴 파워 핸들을 선호한다.

3 스풀
스풀 역시 가볍고 견고한 것이 좋다. 고급 제품은 카본으로 만들어진 것도 있으며 금속으로 제작한 것은 스풀 테두리가 아주 깔끔하게 제작되어 라인을 보호해주며 더 멀리 캐스팅할 수 있게 도와준다.

4 로터
릴 베일과 함께 스풀 바깥을 회전하며 라인을 감는 역할을 한다. 로터가 가볍고 내구성이 좋아야 섬세한 액션이 잘 되고 외형이 변하지 않고 오래 사용할 수 있다. 항상 외부에 노출되어 있으므로 관리를 잘 해야 한다. 낚시인들은 릴이 감길 때 스풀이 회전한다고 착각하는 경우가 많은데, 사실 로터가 회전하며 줄을 감아준다.

이것 외에도 베어링 등의 부품이 있다. 베어링은 부속 각 부분에 들어가 원활한 동작을 하게 해주는데 부식이 안 되고 내구성이 좋은 것을 선호한다. 최근에는 베어링의 무게도 따지고 있다. 고급 제품의 경우 11~12개의 베어링이 들어가지만, 베어링이 4~5개 들어가는 저가 제품보다 총 무게가 가벼운 것을 알 수 있다. 릴의 품질은 베어링의 개수보다는 어떤 베어링이 들어가는지가 더 중요하다고 한다.

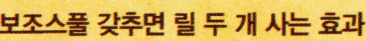

보조스풀 갖추면 릴 두 개 사는 효과

스피닝릴을 살 때 보조스풀을 구입하면 좋다. 스풀이 두 개면 원줄을 두 종류 감을 수 있어서 상황에 맞춰 스풀만 교환해서 쓸 수 있다. 가령 릴 본체에 1.5호 줄을 감았다면 보조스풀에는 0.8호 또는 1.2호를 감아두는 식이다. 릴 제품에 따라 보조스풀이 추가로 제공되는 제품도 있고 따로 구입해야 하는 제품도 있다. 고급 제품은 스풀 하나의 가격이 30~40만원인 경우가 있는데, 마니아들은 스풀만 고급으로 교체해서 사용하기도 한다.

교체용 보조스풀.

chapter 4
南海

통영 미륵도 수륙마을 해안도로 아래에서 농어를 노리고 있는
낚시인들. 여름~가을 야간에 자잘한 농어가 잘 낚인다.

다도해 물길마다
미개척 포인트 즐비

남해는 우리나라 바다낚시의 중심지로서 농어루어낚시도 가장 먼저 시작되었지만 90년대에 농어루어 바람을 일으킨 서해나 2000년대에 농어루어 메카로 떠오른 동해와 달리 농어루어낚시가 붐을 일으킨 적은 없다. 그 이유는 남해안은 전통적으로 감성돔 찌낚시 위주로 편성되어 있는데다, 뒤늦게 불붙은 루어낚시도 농어가 많은 남해서부보다 농어가 적은 남해동부에서 볼락루어, 에깅부터 시작되었기 때문이다. 그러나 최근 고흥 해역에서 미터급 농어가 출몰하고 완도 해역에서 마릿수 호황이 펼쳐지면서 농어루어낚시 개척의 바람이 불고 있다. 남해의 농어낚시는 서해식 선상낚시, 동해식 연안낚시를 모두 즐길 수 있으며 수많은 섬들로 에워싸인 다도해에서 30cm 잔챙이부터 80~90cm까지 아주 다양한 사이즈를 만나볼 수 있다.

남해 농어루어낚시 현장

다양한
수심층 공략이
열쇠

스릴 만점! 영규산업 필드테스터 임신우씨가 고흥 나도로 신여에서 큰 농어를 히트해 파이팅을 펼치고 있다.

시즌과 특징

6~7월이 피크, 시즌은 10월까지

남해는 동해와 서해보다 연평균 수온이 높고 수많은 농어낚시터를 거느리고 있지만, 오히려 시즌은 다른 해역에 비해 짧은 편이다. 그 이유는 첫째 본격적으로 대물농어가 잘 낚여야 할 겨울에 농어가 잘 낚이지 않고, 둘째 서해와 같은 농어루어 전문낚싯배가 거의 없어서 동절기 포인트 개발이 이뤄지지 않았기 때문이다.

남해에서는 농어가 많이 붙는 6월부터 10월까지만 농어루어낚시를 하고 봄과 늦가을 이후에는 다른 어종을 낚는다. 6~7월 장마철이 농어의 피크시즌이며, 8월에는 농어와 부시리를 동시에 노리고, 9월에는 무늬오징어 에깅을 시작하며 12월 이후에는 볼락루어낚시로 돌아서는 것이 일반적 남해의 루어낚시 시즌 패턴이다. 계절별로 낚을 어종이 많다보니 굳이 농어만 쫓아다니지 않는데, 이런 이유들 때문에 지속적으로 농어 포인트 개발이 이뤄지지 않고 있다.

남해의 장점이라면 농어가 잘 낚일 6~10월에는 많은 양의 농어가 들어와 떼고기 조황이 빈번하게 일어난다는 것이다. 6~7월엔 80cm가 넘는 대물농어도 종종 모습을 나타낸다. 하지만 8월로 접어들면 해수온이 상승해 농어가 잘 낚이지 않고 9월에 들어서면 무늬오징어와 함께 다시 모습을 나타낸다.

남해는 해안선이 길고 섬이 많아 낚시터도 다양한데 그만큼 다양한 방법으로 농어낚시를 즐길 수 있다. 남해에서는 오래전부터 청갯지렁이를 사용한 야간 릴찌낚시와 민장대낚시로 농어를 낚았는데 이런 농어 생미끼낚시는 지금까지도 꾸준히 해오고 있으며, 최근 루어가 대세로 떠오르자 갯바위나 백사장 등지에서 워킹낚시를 하거나 낚싯배를 전세 내어 섬 곳곳을 돌며 선상루어낚시를 하기도 한다.

"이 녀석이 108cm 점농어입니다!" 머리가 빨간색인 바이브레이션으로 히트했다.

출조 패턴

갯바위 출조가 가장 인기

남해의 출조 패턴은 크게 3가지로 구분할 수 있다. 첫째 거제도·남해도·돌산도와 같이 육로로 연결된 섬의 도보포인트로 출조하는 패턴, 둘째 낚싯배를 타고 나가 섬 갯바위에 내려서 낚시하는 패턴, 셋째로 낚싯배를 전세 내어 선상낚시를 하는 패턴이다.

그 중 남해에서 가장 성행하는 출조 패턴은 낚싯배를 타고 섬 갯바위에 내리는 것이다. 남해동부의 통영·거제·남해 그리고 남해서부의 여수·고흥·완도 할 것 없이 갯바위 출조가 가장 성행하고 있는데, 그 이유는 섬으로 출조하는 낚싯배들이 많아서 이용하기 쉬우며 조과도 좋기 때문이다. 물론 조과는 선상낚시가 가장 좋지만 독배를 전세로 써야 하는 비용 부담이 따른다.

갯바위로 출조하는 낚싯배는 남해안의 각 포구마다 있으며 가까운 섬으로 거의 매일 출조하기 때문에 쉽게 이용할 수 있고 선장이 농어가 잘 붙는 포인트에 내려주기 때문에 어디를 노릴지 고민하지 않아도 좋다는 것이 장점이다. 그에 비해 도보포인트는 포인트에 대한 해박한 지식이 없으면 찾기도 힘들고 고생해서 들어간 수고에 비해 조과를 거두기 어려운 것이 단점이다.

갯바위 출조의 경우 한정된 자리에서 멀리 이동을 못한다는 것뿐이지 연안낚시라기보다는 거의 선상낚시와 같은 패턴으로 이뤄지고 있다. 포인트에 따라 다양한 수심과 지형을 만날 수 있으며, 그에 맞춰 다양한 패턴의 루어를 사용하며 농어가 집중적으로 입질할 피딩타임을 노려 마릿수 조과를 거두는 것이 선상낚시와 비슷하다고 할 수 있겠다.

갯바위 출조 다음으로 인기 있는 것이 선상낚시다. 남해에서는 농어가 많이 붙는 6~10월에 한시적으로 농어선상낚시 출조를 나가는 낚싯배들이 생겨나는데, 그런 배를 타고 나가면 손쉽게 손맛을 즐길 수 있다. 섬 곳곳을 돌며 낚시하기 때문에 지루하지 않고 조과도 뛰어나다. 갯바위 출조에 비해 비용이 아주 비싼 것도 아니어서 기왕이면 선상낚시를 나가는 것이 좋다. 큰 농어보다는 50~60cm 농어를 마릿수로 낚는 경우가 많은데, 운이 좋다면 쿨러 조황도 만끽할 수 있다.

그런데 단점도 있다. 남해의 선상 농어낚시는 서해처럼 정기적으로 이뤄지지 않고 동호회 모임이나 출조점 지인들로 구성된 출조팀이 있는 경우에만 비정기적으로 이뤄질 때가 많다. 그렇다보니 내가 원하는 날에 출조하기가 어렵다. 또 농어 선상낚시를 나가는 낚싯배가 많지 않고, 출조할 낚시인이 적게 모집되면 출조가 취소되는 경우도 있다. 그래서 선상낚시 출조는 낚시인들 스스로 적게는 3~4명, 많게는 6~7명씩 팀을 짜서 낚싯배를 섭외하는 것이 좋다.

마지막으로 육로 도보포인트가 있다. 도보포인트는 언제든지 출조할 수 있고 뱃삯이 들지 않는 장점이 있지만, 포인트 진입로가 험하다는 것이 가장 큰 문제로 꼽힌다. 동해나 제주의 경우 도로에 주차하고 2~3분만 걸어가면 포인트에 닿을 수 있지만, 남해의 경우 차를 대고 10~20분 걷는 것은 기본이며 가파른 절벽이나 갯바위를 이동해야 포인트에 도착할 수 있는 곳이 대부분이라 어지간한 마니아들이 아니고서는 엄두를 내기 힘든 것이 현실이다. 우스개로 진입이 힘든 포인트에서는 '농어를 많이 낚아도 들고 올 일이 걱정'이라고 할 정도다. 물론 진입하기 편한 포인트도 있다. 민물이 유입되는 기수역이나 방파제, 몽돌해변과 백사장에서도 농어를 낚을 수 있는데, 이런 포인트에서는 30~40cm짜리 잔챙이가 많다. 7~8월에 이런 가까운 포인트로 나가면 이른바 '까지매기'로 부르는 새끼 농어들이 잘 낚인다. 마니아들에게는 인기를 누리지 못하고, 현지인들이나 피서객들이 심심풀이로 낚는 경우가 많다.

통영 척포낚시할인마트 이정택 대표가 통영 비진도 갯바위에서 큰 농어를 낚고 포즈를 취했다. 통영 비진도는 연안 수심이 얕고 조류 소통이 좋아 장마철부터 농어가 잘 낚이는 섬이다.

스핀 바이브. 블레이드가 회전하며 주변 농어에게 강하게 어필한다.

깊은 곳은 스핀 바이브로 공략

스핀 바이브는 블레이드가 달린 바이브레이션이다. 블레이드가 달려 있기 때문에 바이브레이션보다는 보디의 진동이 덜하지만, 꼬리에 달려 있는 블레이드가 회전과 동시에 반짝이는 효과를 낸다. 남해의 낚시인들은 바이브보다 스핀 바이브를 더 선호하는 편이다. 서해의 경우 물색이 탁하기 때문에 반짝이는 효과를 기대하기 어려워 바이브레이션으로 강한 진동으로만 어필하는 경우가 많지만, 남해는 물색이 맑기 때문에 반짝임이 상당히 좋은 효과를 보여 스핀 바이브가 더 인기가 있다.
블레이드가 달려 있기 때문에 바이브레이션보다 더 천천히 가라앉아 슬로우 리트리브가 가능하고 얕은 곳도 어렵지 않게 탐색할 수 있는 것이 장점이다.

거제도 홍포의 바위로 이뤄진 연안에서 한 낚시인이 농어를 노리고 있다. 수심이 얕은 여밭은 농어들이 자주 출현하는 포인트다.

남해안 농어루어 장비&채비

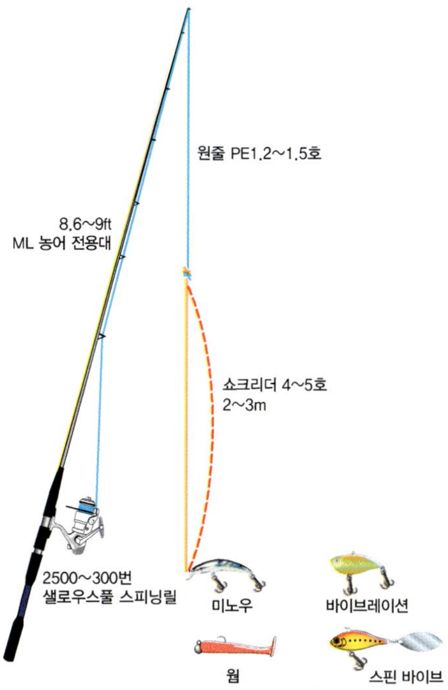

- 원줄 PE 1.2~1.5호
- 8.6~9ft ML 농어 전용대
- 쇼크리더 4~5호 2~3m
- 2500~300번 샐로우스풀 스피닝릴
- 미노우
- 바이브레이션
- 웜
- 스핀 바이브

거제 대구낚시 구봉진 대표가 구조라해수욕장 선상낚시에서 큰 농어를 낚고 기뻐하고 있다.

장비와 채비

원투 필요없어 8.6~9ft 로드 인기

남해는 포인트가 다양하기 때문에 7ft부터 12ft까지 다양한 길이의 로드를 쓰고 있는데, 현지에서 가장 많이 쓰는 로드는 8.6ft~9ft다. 동해나 제주에 비해 다소 짧은 로드를 선호하는 편인데, 그 이유는 남해안 갯바위는 뒤가 막혀 있는 절벽형이 많아서 긴 낚싯대로 캐스팅하기 어려운 곳이 많고, 수심이 깊어서 농어들이 가까운 곳에서 입질하기 때문에 아주 멀리 캐스팅할 필요도 없기 때문이다. 선상낚시에서도 8.6ft~9ft 로드가 쓰기 좋다.

남해에서는 미노우, 바이브레이션, 스핀 바이브, 지그, 스푼 등 아주 다양한 루어를 쓴다. 따라서 로드의 루어중량이 너무 가벼운 것은 피하고 바이브레이션의 평균 무게인 30g 정도는 견딜 수 있는 것이 좋다. 일반적으로 낚싯대 강도가 미디엄라이트(ML) 이상이면 미노우와 바이브를 모두 무난하게 쓸 수 있다.

그러나 일부 낚시인들은 남해에서 낚이는 농어의 크기가 서해나 동해보다 작고 예민한 입질을 한다고 해서 라이트(L)나 심지어는 울트라라이트(UL) 로드를 선호하기도 하는데, 이것도 잘못된 선택은 아니다. 로드가 유연하면 작은 루어로 섬세한 액션을 할 수 있으며 농어의 입질을 잘 받아내고 작은 농어를 히트해도 충분한 손맛을 즐길 수 있기 때문이다. 단, 라이트나 울트라라이트 로드를 구입하더라도 로드가 허리까지 휘어지는 낭창한 것은 피하고 앞쪽만 휘어지는 것이 나중에 큰 농어를 만났을 때 대응하기 좋다.

채비는 정해진 패턴이 없다. 수심에 따라 사용하는 루어를 구분하면 수심 3~4m의 비교적 얕은 곳은 주로 미노우를 쓰며, 수심이 5~7m로 깊어지는 곳은 잠행수심이 깊은 미노우나 바이브, 스핀 바이브, 웜, 스푼 등을 사용한다. 멀리 떨어져 있는 포인트는 원투력이 좋은 바이브나 싱킹 펜슬베이트를 사용하며, 급류에서는 바이브나 스핀 바이브를 사용한다.

원줄은 1.2~1.5호 합사를 가장 많이 쓰며 쇼크리더는 4~5호면 충분하다. 남해는 가거도나 만재도 같은 원도가 아니면 미터급 대물농어가 드물기 때문에 아주 강한 채비는 필요 없다.

남해안에서 사용하는 다양한 루어들.

가프로 농어를 찍어 올리고 있다.

휴대하기 편하고 한손에 쏙 들어오는 핸드 가프. 거상코리아의 쇼에이 LG-140. 가격 18만8천원.

파도치는 갯바위에서는 가프가 필수

가프란 뜰채 대용으로 사용하는 갈고리를 말한다. 연안으로 끌고 온 농어를 단숨에 찍어 올릴 수 있도록 만든 도구다. 파도치는 갯바위에서 큰 농어를 히트한 경우 가프가 아니면 농어를 뭍으로 끌어낼 방법이 없다. 뜰채는 파도에 쓸려 농어를 담기 힘들다. 큰 농어는 들어뽕 자체가 힘들며 경사가 가파른 갯바위라면 더욱 어렵다. 운 좋게 농어를 발판이 낮은 곳으로 끌어낸다고 해도 가프 없이 미노우가 박혀 있는 농어의 주둥이를 함부로 잡다가는 손을 다치기 십상이다.

큰 농어가 걸려 휘어진 바늘. 이런 일을 방지하기 위해 미리 튼튼한 바늘로 교체하기도 한다.

깔끔하게 정돈되어 있는 장비들. 로드와 릴, 루어가 담긴 태클박스, 아이스박스가 놓여 있다.

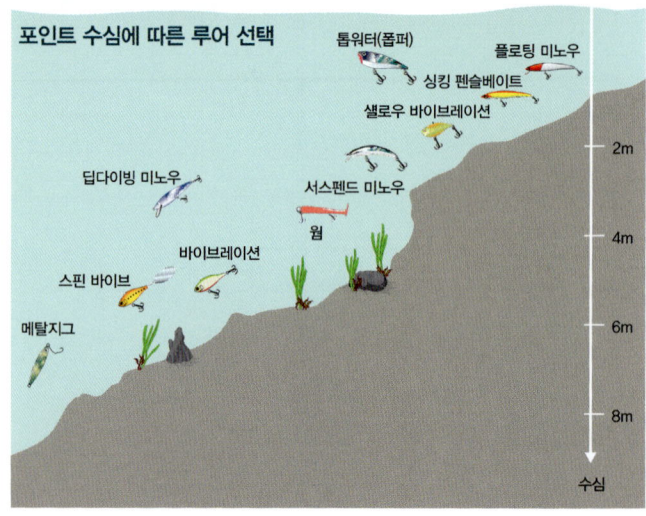

포인트 수심에 따른 루어 선택

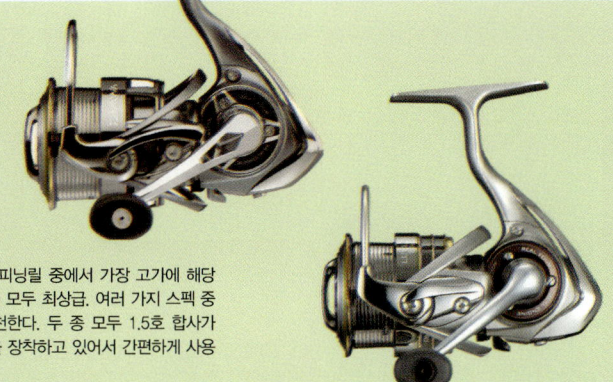

남해용 추천 릴

다이와 - 이그지스트
다이와의 최신 기술로 만들어진 모델. 다이와의 스피닝릴 중에서 가장 고가에 해당한다. 가볍고 내구성이 뛰어나며 방수, 릴링, 디자인 모두 최상급. 여러 가지 스펙 중 농어루어낚시에는 2510PE-H와 2510R-PE를 추천한다. 두 종 모두 1.5호 합사가 150m 감기고 PE라인에 딱 맞게 감기는 전용스풀을 장착하고 있어서 간편하게 사용할 수 있다. 가격 7만7천~7만9천엔.

다이와 - 루비아스
가격은 30만원대이지만 기능은 최고를 지향하는 모델로 다양한 장르에서 꾸준한 인기를 누리고 있는 스피닝릴이다. 농어루어 낚시에는 2510PE-H가 딱 알맞다. 권사량은 PE1.5호 150m이며 드랙력은 7kg, 7/1볼 베어링으로 구성되어 있다. 최근 출시된 2013년형은 제작방식을 풀체인지해 매그 실드, 리얼포, 자이온 등 많은 사양을 고급으로 바꾸었다. 가격 2만9600엔.

남해용 추천 로드

1 천류 - SEABASS X-Carib iX S962M
천류에서 일본 '텐류'와 기술합작으로 개발한 농어루어 전용로드로 최상의 컨디션으로 대물농어와 정면승부를 펼칠 수 있도록 고안된 9.6ft 투피스 모델이다. 블랭크와 가이드 세팅을 대물 농어루어낚시에 최적화해 발군의 캐스팅 능력과 강한 허리힘을 가졌다. 빅사이즈의 미노우와 헤비 바이브레이션의 운영에도 탁월한 조작성이 돋보인다. 가격 19만8천원.

2 엔에스 - 허리케인 시배스 S-902ML
한국형 농어루어낚시의 스탠더드 모델로 연안, 선상 모두 커버 가능한 제품이다. 복잡한 연안 방파제에서 정교한 캐스팅은 물론 오픈 워터에서의 초원투까지 모두 소화해내며 사용자가 부담 없이 조작할 수 있는 9ft 길이를 유지했다. 후지가이드의 최신 K가이드를 장착해 원줄 트러블 없이 사용할 수 있다. 가격 13만5천원.

3 엔에스 - 버뮤다 S-862ML
엔에스의 농어루어 낚싯대중 최고급형으로 최신 트렌드를 모두 반영한 제품이다. '블랭크의 혁신'이라는 콘셉트로 제품을 개발. 가볍고 고탄성이지만 부드러운 휨새로 농어의 저항을 자연스럽게 받아넘겨 바늘털이에 쉽게 대처할 수 있으며, 우수한 제압력과 캐스팅 능력을 보유하고 있다. 가이드, 릴시트, 그립 등은 모두 최고급 부품을 사용했다. 가격 62만원.

4 JS컴퍼니 - 어크로스 ACR-872PE
최적의 무게 밸런스를 실현. 팁에서부터 버트까지 힘을 부드럽게 전달시켜 주어 감도 높은 낚시를 할 수 있다. 블랭크의 성능을 극대화해 좁은 공간에서도 롱캐스팅과 자연스러운 루어 액션이 가능하다. 농어루어용 올라운드 전용로드이다. 가격 35만5천원.

5 다이와 - 시배스 헌터 86ML
다양한 포인트 여건에 활용할 수 있는 올라운드형 로드로 깊은 만이나 갯바위, 선상에서 두루 사용할 수 있다. 넓은 범위를 커버하는 캐스팅 능력과 우수한 감도가 장점이다. 7~35g의 다양한 루어를 사용할 수도 있다. 가격 1만2800엔.

남해의 재래식 낚시법
야간 농어 찌낚시

남해에서는 예전부터 민장대낚시와 릴찌낚시로 농어를 낚아왔다. 찌낚시는 낮에는 잘 안 먹히고 밤에 잘 된다. 물이 맑은 남해의 농어들은 야행성이 강하기 때문이다. 싱싱하고 굵은 청갯지렁이를 바늘에 서너 마리씩 꿰어 물골에 던져 흘리면 농어들이 귀신같이 알고 달려드는데, 낭창한 찌낚싯대로 농어와 파이팅을 하면 손맛은 일품이다.
근해에서는 주로 40cm 내외의 잔챙이가 낚이지만 먼 바다에서는 60~90cm 큰 농어도 잘 낚인다. 원도로 출조하는 낚시인들 중엔 여전히 민장대나 릴찌낚시로 야간 농어낚시를 즐긴다. 전문적으로 농어를 노리려면 2~3호 낚싯대에 원투력이 좋은 대형 농어찌를 쓰는데, 최대한 멀리 채비를 던져 놓고 농어가 물기를 기다린다. 부산 기장이나 거제에서는 미터급도 낚인다고 하니 만만하게 볼 낚시는 아니다.

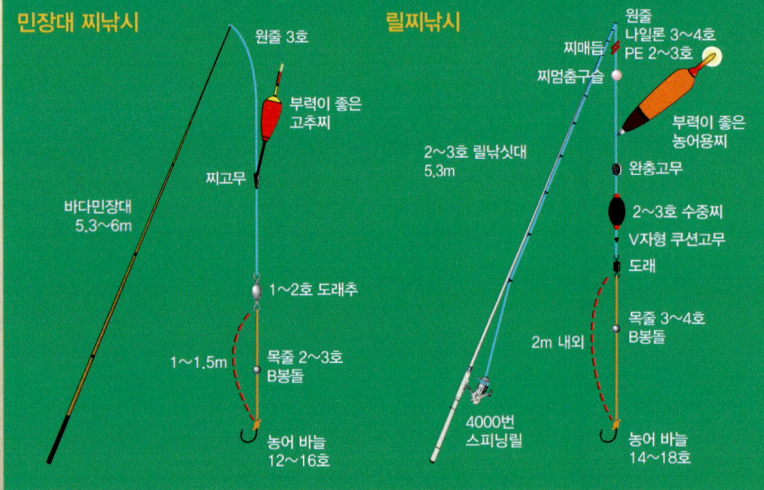

거제 대구낚시 구봉진 대표 일행이 구조라 앞 선상낚시에서 낚은 농어를 들고 자랑하고 있다.

거제에서 왕성한 활동을 하고 있는 '하바루' 회원들이 현지에서 잘 먹히는 미노우를 보여주고 있다. 자연스러운 내추럴 컬러를 선호한다고.

해무가 잔뜩 낀 경남 통영의 비진도 갯바위에서 루어를 날리고 있는 이정택씨. 장마철에 남해안 갯바위로 출조하면 종종 볼 수 있는 광경으로, 이런 날은 농어의 경계심이 약해져서 호황을 보이는 경우가 많다.

포인트 특징

수심 얕은 갯바위 홈통이 최고 포인트

남해에는 동해, 서해, 제주의 포인트를 모두 합쳐 놓은 것만큼 다양한 포인트가 있다. 그 중 가장 좋은 포인트는 수심이 얕은 갯바위 홈통이다. 아침과 해거름 피딩타임이나 밤이 되면 농어가 출현할 확률이 가장 높고, 파도가 쳐서 포말이 일거나 물색이 탁한 날에도 노려볼 1순위 포인트다. 갯바위 홈통이 농어 포인트로 좋은 이유는 먹잇감이 많기 때문이며 농어가 몸을 숨기고 쉴 수 있는 암초와 해초도 많기 때문이다. 갯바위 홈통의 경우 낚시하기도 편하기 때문에 홈통 형태의 포인트를 발견하면 빼먹지 않고 노려보는 것이 좋다.

남해의 농어 포인트를 형태별로 살펴보면, ①연안 양식장이 있다. 초여름부터 가을까지 20~40cm의 잔챙이 농어가 잘 낚이는 포인트로 농어들은 연안양식장의 복잡한 구조물 근처에 붙어 먹이활동을 하며 몸집을 불려나간다. 이런 곳에서는 크고 무거운 루어보다는 작은 웜이나 미노우가 좋고, 릴찌낚시를 하는 것도 유리하다. ②는 가로등이 비치는 해안도로다. 낮에는 아무것도 낚이지 않지만, 인적이 드문 새벽에 큰 농어가 낚이는 것이 특징이다. 연안으로 조심스럽게 접근해 최대한 먼 곳을 노리는 것이 좋다. ③은 남해안에서 최고로 치는 갯바위 홈통이다. 갯바위 출조지는 주로 이런 형태의 홈통이 많다. ④는 작은 자갈이나 몽돌로 이뤄진 해변으로 밤에 멀리서 큰 농어가 낚인다. 먼 곳에 수중여나 간출여가 있는 해변이라면 밤에 틀림없이 대물농어가 출현한다. ⑤는 백사장으로 몽돌해변과 마찬가지로 인적이 드문 새벽에 농어가 들어온다. 바지장화를 입고 물속으로 들어가서 먼 곳을 노리면 큰 농어를 기대할 수 있다. ⑥은 갯바위 곶부리인데 본류를 타고 이동하는 농어를 노리기 좋다. 가끔 농어 떼를 만나기도 한다. 곶부리 형태의 포인트는 조류가 빠르고 수심이 깊기 때문에 바이브나 스핀 바이브 같은 무거운 루어로 전층을 탐색해야 좋은 조과를 거둘 수 있다. ⑦은 바다와 강이 만나는 강 하구의 기수역으로 남해 곳곳에 이러한 형태의 포인트가 형성되어 있다. 부산의 수영강, 울산의 태화강, 여수의 섬진강, 목포의 영산강이 기수역 포인트로 유명한데, 그보다 작은 하천의 하류에서도 농어를 기대해볼 수 있다. ⑧은 연안에 형성되어 있는 여밭으로 주로 잔챙이 농어가 낚이는 포인트이다. 제주나 동해라면 이런 곳으로 큰 농어가 붙지만, 남해에는 큰 농어는 거의 없고 대부분 40cm 이하의 잔챙이가 많다.

남해 농어 포인트 유형

1 연안 양식장
2 가로등이 켜져 있는 해안도로
3 갯바위 홈통
4 자갈해변
5 백사장
6 갯바위 곶부리
7 강하구 기수역
8 연안의 얕은 여밭

남해 HIT 루어 컬렉션

섈로우엔 미노우, 딥엔 바이브

남해는 포인트의 형태가 다양하기 때문에 사용하는 루어의 종류도 아주 다양하다. 동해·서해·제주도에서 사용하는 루어를 모두 쓸 수 있는데, 얕은 곳에서는 주로 플로팅 미노우를 쓰며 깊은 곳에서나 조류가 빠를 때는 바이브레이션이나 스핀 바이브를 사용한다. 남해는 포인트마다 낚시여건이 다르기 때문에 한 가지 루어 패턴만 고집해서는 안 된다.

수심을 알 수 없는 생소한 포인트에 내렸다면 우선 바이브레이션으로 수심이 어느 정도 되는지, 수중여나 해초 등 농어가 붙을 만한 곳은 어디인지 탐색해본다. 바이브레이션을 쓰기 적당한 곳이라고 판단되면 그대로 바이브 계열을 사용하고 밑걸림이 생기거나 수중여 같은 장애물이 발견되면 미노우로 교체하여 장애물 주변을 천천히 노려주면 된다.

먼 바다의 갯바위로 나가면 수심이 10m 이상 나오고 조류가 아주 강한 곳도 더러 만날 수 있는데, 이런 곳에서는 무겁고 빠르게 잠수하는 바이브레이션으로 바닥을 노리면 바닥의 암초에 머물던 농어가 입질한다. 깊다고 해서 농어가 꼭 깊은 곳에서 무는 것은 아니며, 조류가 받혀 들어오는 곳이거나 아침과 해거름 피딩타임엔 표층 가까이에서 왕성한 먹이활동을 하므로 미노우도 적절히 사용해가며 탐색해야 한다.

반짝이는 것이 효과적

남해동부는 물색의 변화가 아주 심한 것이 특징이다. 통영, 거제도의 바다로 나가보면 어떤 날에는 동해처럼 물색이 아주 맑을 때도 있고 서해처럼 물색이 아주 탁할 때도 있다. 여수의 금오열도와 삼부도, 거문도. 완도의 청산도나 여서도 해역도 마찬가지다. 물색이 탁한 날이 농어낚시의 호조건이다. 기본적으로 물색이 탁할 때는 루어의 컬러가 밝고 진한 것을 선택한다. 빨간색은 채도가 높고 빛의 스펙트럼 파장이 길기 때문에 탁한 물속에서도 잘 보이는 색 중 하나이다. 대개 검정, 보라, 빨간색이 탁한 물에서 잘 보인다. 물색이 맑을 때는 자연스러운 내추럴 컬러가 좋다. 내추럴 컬러는 단색으로 되어 있지 않고 다양한 색이 혼합되어 각도에 따라 다양한 빛을 내고 주변의 암초나 해초에 자연스럽게 매치되는 것이 특징이다. 농어가 경계심을 보이지 않는 컬러들이다.

색상뿐 아니라 루어의 크기도 중요하다. 물색이 탁한 곳에서는 어쨌든 루어가 잘 보이지 않으므로 큰 루어를 써서 파장을 많이 일으키고 바이브레이션으로 강한 진동을 지속적으로 내는 것이 좋다. 반대로 물색이 맑아서 농어의 경계심이 강하다면 실제 베이트피시와 같이 자연스럽게 움직이는 작고 슬림한 루어를 고른다.

바이브레이션

엔에스
칼립소 바이브 28G·38G
묵직한 무게로 포인트 깊숙한 곳까지 캐스팅할 수 있는 전통 형태의 바이브레이션이다. 릴링할 때 강한 액션을 내어 활성이 좋은 농어에게 빠른 입질을 받아낼 수 있다. 직벽, 급류에서도 원활한 액션이 가능하며, 갯바위 같은 깊은 연안에서도 활용할 수 있다. 28g과 38g 두 종류가 있다. 가격 1만1천원

야마리아
슬라이스 70
기하학적인 보디와 홀로그램&야광컬러의 조합으로 밤낮없이 농어에게 강한 어필을 할 수 있다. 자외선에 반응하는 '케이무라' 컬러를 도입, 자외선이 강한 맑은 날과 피딩타임 때 강하게 어필한다. 조류가 탁할 때에도 유용하다. 길이 70mm. 무게 15g. 가격 1만 4500원

라팔라
클래킨 랩
강력한 래틀음으로 대상어를 유혹하는 바이브레이션으로 릴링 시 좌우로 몸체가 강하게 흔들리는 바이브레이션의 특성을 한 단계 더 업그레이드시킨 제품이다. 외부로 돌출된 래틀 디스크가 래틀음의 전달력을 한층 더 높여준다. 가격 1만7천원.

다이와
T.D.SALT VIB-Si80S
다이와의 원조 바이브레이션인 T.D.SALT VIBRR의 후속 모델로 길이는 80mm, 무게는 22.5g이다. 고밀도 실리콘 보디로 인해 릴링 시 전혀 소리가 나지 않는 것이 다른 제품과의 차이이다. 슬로우 리트리브에도 날렵하게 액션의 변화를 줄 수 있으며, 빠른 회수가 가능해 넓은 구간을 타이트하게 공략할 수 있다. 가격 2050엔.

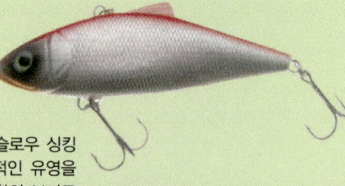

거상코리아
챌리온 피시갓
착수 후 천천히 가라앉는 슬로우 싱킹 타입으로 폴링 시 불규칙적인 유영을 하는 것이 특징이다. 유선형의 보디로 인해 착수 시 소음이 거의 없으며 자연스러운 액션으로 예민한 입질에 대응하기 좋다. 내구성이 강해 칠이 잘 벗겨지지 않는다. 길이 8cm. 무게 20g. 가격 500엔.

피싱코리아
스피어 바이브
전형적인 바이브레이션 타입으로 36g의 묵직한 무게에 길이는 90mm. 착수 후 급다이빙은 물론 거센 조류에 액션이 깨지지 않고 유영하는 것이 장점이다. 급류, 직벽 공략에 뛰어나며 일반적인 리트리브 상황에서는 자연스러운 내추럴 컬러로 어필해 자연스럽게 농어를 유인한다. 가격 5천원.

노멀&딥다이빙 미노우
보디가 짧고 뚱뚱하며 립이 긴 타입

거상코리아
챌리온 피시갓 80 · 100

길이 80cm, 100cm 플로팅 미노우로 립이 크고 조류의 영향을 많이 받아 수심 2~3m까지 빠르게 파고 들어가는 타입이다. 강력한 워블링과 저킹으로 플래싱 효과를 극대화, 저층의 농어들에게 강하게 어필한다. 수심이 깊은 방파제나 갯바위, 선상낚시용으로 다양하게 사용할 수 있다. 무게는 8.5~13.5g. 가격 600엔.

라팔라
엑스랩 솔트워터 SXR10

중층을 빠르게 공략할 수 있는 아이템으로 미노우의 기본 액션에 충실한 제품이다. 밸런스를 잘 유지하고 강한 저킹 액션과 롤링 액션이 장점이다. 내장된 웨이트의 이동으로 비거리가 뛰어나며 안정감 있는 액션이 가능하다. 잠행수심 1.2~2.4m. 무게 13~22g. 슬로우 싱킹.
가격 1만6천원.

다이와
씨배스 헌터Ⅲ

90cm, 110cm, 130cm 3종으로 사이즈마다 플로팅과 싱킹 타입으로 구성되어 있다. 싱킹은 수심이 깊은 곳의 중층 이하를 탐색할 수 있으며, 플로팅 타입도 립이 길어서 조류를 많이 받아 중층으로 빠르게 파고 들어간다. 강한 액션과 플래싱 기능으로 물색에 크게 구애받지 않고 사용할 수 있다. 가격 1천엔.

야마리아
듀플렉스

65mm(18g), 80mm(31g)의 싱킹 타입으로 초원투가 가능한 스몰 사이즈의 지그 미노우다. 조류가 빠른 갯바위, 수심이 깊은 방파제, 선상낚시 등 다양한 곳에서 활용할 수 있다. 해변에서는 바닥에 있는 광어, 양태에게도 효과적이다. 크기는 작지만 롤링, 위블링 액션이 강하고 화려한 컬러로 강하게 어필한다. 패스트 리트리브에 최적화되어 있다. 가격 1만6500원.

야마리아
딥 스네어

깊은 수심을 공략하는 딥다이빙 미노우로 길이 210mm에 무게 31g인 제품은 잠행수심 6m, 길이 140mm에 무게 50g인 제품은 잠행수심이 9m에 달한다. 모두 플로팅 타입으로 고속 릴링에도 안정적인 액션을 유지한다. 독특한 플래싱 효과를 내기 위해 보디에 '레이저 시트'를 입혔다.
가격 미정.

다이와
쇼어라인 샤이나Z 120F

립이 짧은 120mm 길이의 초원투용 플로팅 미노우다. 최대 71m 비거리를 자랑하는 모델. 몸속에 내장된 텅스텐 웨이트가 뒤쪽까지 이동할 수 있도록 만든 '원조 와이어 오실레이트 시스템'을 적용해 착수 후에도 빠르게 자세를 유지하며 안정된 액션을 보여준다. 잠행수심 30~120cm. 가격 2천엔.

엔에스
칼립소 130F

길고 슬림한 보디에서 나오는 유연한 액션으로 예민한 농어를 지나치게 자극하지 않고 자연스러운 입질을 유도하는 타입으로 길이 130mm, 무게 19.2g의 미노우다. 보디 내부에 웨이트가 내장되어 있어 비거리가 아주 좋고 안정된 액션을 보인다. 롤링 액션이 좋아 강렬한 플래싱 효과를 내기 때문에 물색이 맑은 남해에 잘 맞다. 잠행수심 70~100cm. 가격 1만9500원.

피싱코리아
바이킹 미노우

무게 20g, 길이 130mm의 플로팅 미노우로 빠른 속도로 중층으로 파고드는 타입이다. 조류가 빠르거나 수심이 4~5m인 곳에서 활용하기 좋다. 표층에서 저킹 시에는 농어를 피해 도망가는 베이트피시의 소음과 움직임을 동시에 연출한다. 플래싱 효과가 뛰어난 홀로그램 테이프로 도장해 내추럴한 색감이 우수하다. 잠행수심 150cm 내외.
가격 8천원.

스핀 바이브

야마리아
스핀 샤이너

꼬리에 블레이드가 달린 타입으로 저중심의 얇은 '플랫 사이드 보디'로 인해 고속 리트리브 시에도 안정된 유영을 한다. 전층을 자유롭게 탐색할 수 있으며 저속 리트리브 시에는 일정한 수심대를 탐색할 수 있어 바닥 공략용으로도 사용할 수 있다. 광어, 양태 등의 플랫 피시에도 강하다. 15g, 25g, 35g 3종 출시. 가격 1만2500원~1만4500원.

피싱코리아
크루즈 스핀 바이브

보디와 블레이드를 합한 길이가 120cm, 무게 42g의 초원투용 스핀 바이브로 넓은 구간을 빠르게 탐색할 때 효과적이다. 블레이드의 현란한 액션으로 강하게 어필하기 때문에 탐색 중 바로 입질로 이어지는 경우도 많다. 가격 5천원.

샐로우 미노우
립이 짧고 보디가 슬림한 타입

라팔라
맥스랩 13

무게 15g, 길이 130mm의 미노우로 보디가 아주 슬림하게 설계된 모델이다. 보디에 내장된 웨이트가 캐스팅 시 중심을 이동해 우수한 비거리를 자랑한다. 잔잔한 수면에서 유연하게 헤엄칠 수 있으며, 쉴 새 없이 좌우로 몸을 흔드는 롤링 액션은 플래싱 효과를 극대화한다. 공기역학을 적용한 디자인으로 캐스팅에 실패할 위험을 줄였으며 VMC 훅을 사용해 대형 농어를 걸어도 바늘이 휘어질 염려가 없다. 잠행수심 30~90cm. 플로팅.
가격 2만1천원.

야마리아
스쿼시 F125

립 대신 헤드의 아래가 튀어나온 헤드컷 형태의 플로팅 미노우. 넓은 해변이나 기수역, 수중여가 있는 연안에서 폭넓게 활용할 수 있는 아이템이다. 발군의 비거리를 자랑하며 대물이 숨어 있는 스팟까지 신속하게 도달한다. 내구성이 강한 도장으로 플래싱 효과를 오래 유지할 수 있다. 길이 125mm. 무게 20g. 가격 2만1천원.

웜

에코기어
파워 섀드 5인치

선상낚시, 방파제낚시, 갯바위낚시에서 다용도로 사용할 수 있는 웜 채비로 얕은 수심에서는 노싱커 리그로도 사용할 수 있으며, 깊은 곳에서는 1~2온스의 전용 지그헤드나 에코기어의 '파워 다트 헤드'와 결합해 전층을 공략할 수 있다. 입질이 예민한 바닥의 농어를 직공할 때 좋은 효과를 볼 수 있다. 자외선에 반응하는 UV 컬러도 출시되어 있어 야간낚시에도 활용 가능하다. 1봉 7개.
가격 6500원.

다이와
플랫 덕 핀 섀드 R5

길이 5인치의 섀드웜으로 '리얼 베이트피시' 콘셉트로 실제 베이트피시와 아주 흡사하게 만들어졌다. 지그헤드와 결합해서 사용해도 좋고 캐롤라이나 리그로 세팅해도 효과적이다. 1봉 7개입. 가격 700엔.

남해 농어 고수 테크닉

백종훈 N·S 바다 필드스탭·고성 푸른낚시마트 대표

조류가 정면으로 부딪히는 곳이 포인트

남해에서 농어낚시를 하다 보면 다양한 포인트 여건만큼 갖가지 난관에 봉착하는 경우가 많다. 약간의 시행착오는 피할 수 없으며 폭넓은 경험이 농어낚시의 고수로 만들 것이다. 필자가 남해안 농어낚시터에서 항상 염두에 두는 주의사항들을 간단히 정리해 보았다.

01 로드의 길이는 키에 맞춘다

로드의 길이는 자신의 키를 고려해서 선택한다. 갯바위에 서서 로드를 숙인 상태로 리트리브나 트위칭을 할 때 로드의 끝이 수면에 닿으면(즉, 자신의 키에 비해 로드가 길면) 낚싯대의 끝으로 수면에 파장을 일으켜 농어의 경계심을 유발해 조과가 떨어질 수 있다.

02 라인은 합사 1~2호면 충분

농어루어낚시에서 라인의 강도는 크게 신경 쓰지 않아도 된다. 루어낚시용 합사라면 1~2호만 되어도 비거리와 강도에서 충분하기 때문이다. 합사 1.5호가 견디는 무게는 약 13.6kg(30lb)으로 거기에 로드의 힘, 릴의 드랙 조절이 추가되면 훨씬 더 강한 저항도 견딜 수 있게 된다. 따라서 25g 이하의 미노우 게임을 주로 할 경우에는 합사 1.0~1.5호, 30g 이상의 바이브레이션이나 지그헤드 게임을 할 경우는 1.5~2.0호면 충분하다. 루어의 무게를 따지는 이유는 캐스팅할 때 라인에 순간적으로 걸리는 부하를 감안한 것이다.

03 훅의 크기는 미노우에 맞아야 한다

미노우의 훅을 교체할 때에는 훅과 훅을 연결하는 링의 크기가 미노우 보디와 맞아야 한다. 미노우에 비해 훅이 작으면 후킹이 안 되며, 상대적으로 크면 루어의 밸런스가 깨져서 액션이 잘 나오지 않아 입질을 받기 어렵게 된다.

04 미노우는 버트 캐스팅·바이브레이션은 오버헤드 캐스팅

미노우를 캐스팅할 때에는 로드의 허리힘과 회전력을 이용하는 '버트 캐스팅'을 해야 멀리 날아간다. 루어를 1m 정도 길게 빼서 강하게 휘두르는데, 그렇게 해야 라인트러블도 생기지 않고 매끄럽게 날아간다. 하지만 미노우보다 무거운 바이브레이션은 루어를 길게 빼지 않고 감아 들인 상태에서 '오버헤드 캐스팅'으로 가볍게 던져야 한다. 바이브레이션이 무겁기 때문에 힘껏 던지면 로드의 진동이 강하게 생겨서 합사가 꼬이는 원인이 된다.

05 너울 파도는 피해야 한다

파도가 적당히 높을 때는 연안 주변에 포말지대가 생겨 농어의 활성이 높아진다. 그러나 파도보다 큰 너울이 밀려오면 낚시가 되지 않으므로 너울을 피한 홈통이나 뒤쪽 갯바위로 이동하는 게 좋다. 너울은 상층부만 일렁이는 파도와는 달리 심층까지 일렁여서 농어의 먹이 사냥을 방해하는 악조건이다. 너울 파도는 대개 여름에 남동풍이나 남서풍이 불 때 나타난다. 파고가 높으면 라인의 위치와 텐션이 일정하게 유지되지 않아 루어의 액션도 제대로 나오지 않는다.

06 수중여나 해초 없으면 농어도 없다

남해에는 자갈밭, 해변, 갯바위, 방파제 등 다양한 포인트가 있는데, 낚시자리 주변에 수중여나 해초밭이 없다면 그곳은 포인트가 되지 않는다. 한 마디로 밋밋한 곳은 농어가 없다는 뜻이다. 따라서 겉만 보고 포인트를 판단하는 것은 금물.

07 조류는 정면으로 부딪히는 것이 좋다

조류가 좌우로 흐르는 곳보다 정면으로 받히는 곳이 좋다. 찌낚시는 조류가 훈수지는 곳에서 잘 되지만 농어루어낚시는 조류가 받혀서 용승하는 곳에서 잘된다. 조류가 좌우로 흐르면 루어와 라인이 조류에 밀려 액션을 주기 힘들지만 조류가 정면으로 받히는 곳은 액션을 주기 쉽다.

08 간출여보다는 수중여가 좋다

만조 때 수면에 겨우 잠기는 간출여는 수위가 낮아지면 농어가 금방 빠지는 것이 단점이다. 그래서 늘 물속에 잠겨 있는 수중여를 노리는 편이 좋다.

09 밤에는 슬로우 플로팅이나 서스펜드가 좋다

미노우 중에서도 천천히 떠오르는 '슬로우 플로팅 타입'과 '서스펜드'는 야간에 활용하기 좋다. 플로팅 미노우보다 더 천천히 감을 수 있으며 수중에서 오래 머물고 릴링을 멈춰도 갑작스럽게 포지션을 변경하지 않기 때문에 농어의 경계심을 줄일 수 있다.

10 야간에는 강한 액션 불필요

야간에는 트위칭이나 저킹 같은 강한 액션을 할 필요가 없다. 트위칭이나 저킹은 루어를 뒤집어 반짝거리게 할 목적으로 하는 액션인데, 야간에는 빛이 없어 루어가 뒤집어져도 반짝이지 않는다. 그래서 야간낚시와 물색이 탁할 때에는 강한 액션을 내기보다는 자연스러운 액션이 나오도록 천천히 리트리브하는 것이 좋다. 단, 야간이라도 달이 밝거나 물색이 아주 맑은 날엔 가벼운 액션을 하는 것도 도움이 된다.

11 농어는 조류를 거슬러 헤엄친다

농어는 조류를 거슬러 헤엄치며 먹이활동을 한다. 따라서 루어를 조류의 상류 방향에 던져 조류를 타고 내려오도록 감아 들이는 편이 입질 받는 데 더 유리하다.

12 무리한 캐스팅은 라인 트러블의 원인

비거리를 욕심내어 무리한 힘으로 캐스팅하면 낚싯대의 진동이 강해져 그 충격으로 인해 라인이 가이드에 엉키는 일이 자주 발생한다. 그렇지 않으면 루어가 제대로 비행하지 않고 빙글빙글 돌기도 한다.

13 물색 맑을 땐 뒤로 물러나서 캐스팅

물색이 맑은 날엔 연안 가까이 따라온 농어들이 물가에 선 사람의 인기척을 느끼고 도망갈 확률이 높다. 특히 루어에 유인되어 연안으로 따라오던 농어들이 연안에 서 있는 낚시인을 보고 황급히 진로를 바꾼 후 다음부터는 따라오지 않을 수도 있다.

14 미노우보다 바이브레이션으로 먼저 탐색

포인트 도착 후 곧바로 미노우로 상층을 노리기보다는 바이브레이션으로 중하층을 먼저 훑어보는 것이 좋다. 바로 입질을 받을 수도 있는데, 그런 경우 바이브레이션으로 낚다가 입질이 끊어지면 미노우로 바꾸어 준다.

15 루어가 발 앞으로 올수록 천천히 감아라

수심이 얕은 곳에서는 농어가 갯바위 쪽을 보고 먹이활동을 하기 때문에 루어가 발 앞까지 왔을 때는 농어도 연안에 가까워지는 것을 경계하여, 루어를 쫓아 전속력으로 오지 못한다. 따라서 쫓아오는 농어가 루어를 덮칠 타이밍을 주어야 하는데, 릴링을 잠시 멈추어주면 입질을 받을 수 있다.

16 물색 맑은 날엔 선상보다 갯바위가 유리하다

물색이 맑고 잔잔한 날은 선상낚시보다 갯바위가 더 유리하다. 선상낚시를 하면 더 유리하다고 생각하겠지만, 물색이 맑은 날이라면 엔진소음과 배그림자, 낚시인의 소음 등의 영향을 아주 많이 받아서 배가 연안으로 진입하는 동시에 농어들이 빠지고 만다. 배낚시가 유리한 점이 있다면 물색이 맑은 곳을 피해 탁한 곳을 찾아다닐 수 있다는 것이다.

17 워킹은 가프, 선상에서는 뜰채

농어루어낚시의 랜딩 도구로 뜰채와 가프 둘 중에서 고민하는 낚시인들이 많다. 발판이 낮은 워킹 포인트는 가프가 좋고 선상낚시에는 뜰채가 더 좋다. 간혹 발판이 높은 갯바위가 있는데, 그런 곳에서는 뜰채 외에 방법이 없다. 참고로 큰 농어를 랜딩하기 힘든 가파른 갯바위에는 내리지 않는 것이 현명한 선택이다.

18 파이팅 중 낚싯대를 너무 숙이지 말아야

많은 낚시인들이 바늘털이를 줄이기 위해 낚싯대 끝을 아래로 향한 자세로 리트리브를 한다. 리트리브는 물론 파이팅이 시작되고 끝날 때까지 이런 자세를 유지하는 낚시인들도 있는데, 바늘털이를 줄이는 데는 도움이 되지만 장시간 이 자세로 감으면 피로가 상당히 빨리 온다. 또 낚싯대를 낮추고 있으면 갑작스런 입질에 대응하기 힘들며 팔목과 손목 등 관절에 부담을 주게 된다. 차라리 낚싯대를 수면과 평행하게 들고 리트리브하면 팔에 무리가 덜하며 농어의 입질에도 빠르게 반응할 수 있고 챔질과 파이팅도 수월하다.

19 피딩타임에는 수면의 라이징을 주시하라

아침, 저녁, 물돌이 시간에는 수면 위에서 라이징하며 먹이활동을 하는 농어를 쉽게 볼 수 있다. 따라서 피딩타임에는 수면을 잘 관찰해야 한다. 라이징이 발견되면 그곳으로 루어를 던지면 되는데, 거의 100% 입질을 받을 수 있다.

20 매치 더 베이트는 실전에선 효과 미미

'매치 더 베이트'라고 해서 현장의 미끼와 유사한 루어를 선택하는 것이 루어낚시의 기본으로 알려져 있다. 하지만 이 말은 농어루어낚시에서는 맞아떨어지지 않는다. 실례로 작은 멸치가 있는 곳에 작은 멸치 모양의 루어를 던지면 농어는 귀신 같이 루어를 알아차리고 루어에 걸려들지 않는다. 오히려 조금 큰 루어로 작은 멸치를 쫓는 액션을 해주면 농어는 작은 멸치 대신 루어를 덮칠 가능성이 크다. 농어의 입장에선 큰 먹잇감으로 한 번에 배를 채우는 것이 효과적이기 때문일 것이다.

21 입질 예민할 땐 '사이즈 다운'

'사이즈 다운'이라는 말은 대상어의 예민한 입질을 잡아내기 위해 바늘, 루어, 라인, 봉돌 등 낚시에 사용되는 도구들의 사이즈를 줄이라는 의미이다. 농어루어낚시라면 바늘, 루어 등의 사이즈를 줄이라는 뜻인데, 농어의 입질이 아주 예민하다면 사이즈 다운이 어느 정도 효과를 볼 수 있다. 그러나 농어의 활성이 아주 좋다면 반대로 '사이즈 업'을 하길 권한다. 잔챙이 농어도 적극적으로 사냥할 때는 제 몸집만 한 루어에도 달려들기 때문이다.

수면으로 끌려나온 농어가 사력을 다해 물속으로 파고들고 있다. 랜딩 중엔 농어의 저항이 만만치 않으므로 빠르고 정확하게 뜰채질을 해야 한다.

남해 농어 핫스팟

통영
이정운 통영 두모낚시 대표

적도 몽돌해변 &
갈도 중간 매여

통영의 농어루어낚시는 대부분 배를 타고 1시간쯤 나가는 섬 갯바위에서 이뤄진다. 통영 근해에서도 연중 농어가 낚이기는 하지만 30cm 미만의 잔챙이가 많다.
통영에서 농어낚시터로 인기 있는 섬은 욕지도 옆에 있는 적도와 먼 바다의 갈도다. 다른 섬에서도 농어가 잘 낚이지만, 필자는 주로 이 두 섬을 즐겨 찾는다. 이유는 시즌이 빠르며 낚시하기 편하고 매년 큰 농어를 낚아냈기 때문이다. 농어 포인트는 수심이 깊은 곳보다는 조류 소통이 완만한 얕은 홈통이나 몽돌밭이 제격인데, 적도와 갈도에 그런 포인트들이 많다. 루어는 주로 플로팅 미노우를 사용한다. 상황에 따라 바이브레이션이나 스핀 바이브, 웜을 쓰기도 하지만, 필자가 소개하는 곳은 수심 5m 내외의 얕은 곳이라 미노우면 충분하다.

■ 출조방법 – 필자의 낚싯배 두모호가 통영 미륵도의 삼덕항에서 매일 출항한다. 낚시는 오전, 오후 피딩타임에 맞춰 하는데, 두모호 외에도 통영의 많은 낚싯배들이 낚시시간에 맞춰 오전, 오후로 나눠서 출항하고 있으므로 쉽게 이용할 수 있다. 선비는 근해 3~4만원, 원도 5~6만원이다.
☎통영 두모낚시 010-4576-8989.

적도 몽돌해변
욕지도와 연화도 사이에 있는 적도는 갯바위 색이 붉어서 적도라는 이름이 붙었다. 적도는 통영에서 농어가 빨리 붙는 편이며 큰 농어가 잘 낚이는 곳으로 유명하다. 특히 섬 전체가 몽돌밭으로 이뤄져 있어 이동하기 편하고 주변 수심이 얕고 조류 소통이 완만해 농어 포인트로는 최적이라고 할 수 있다.
적도는 두 개의 섬으로 나뉘는데, 간조 때 갈라진 곳이 얕아지기는 하지만 두 섬이 연결되지는 않는다. 그만큼 주변 수심은 얕다. 플로팅 미노우로 넓은 구간을 천천히 훑어주면 입질을 받을 수 있다. 한낮에는 낚시가 잘 안되고 아침, 오후 피딩타임 그리고 조용한 밤에 잘 된다. 적도는 야영낚시 여건이 좋아 대부분의 낚시인들이 1박2일로 출조한다. 섬에 텐트를 쳐놓고 밤새 낚시를 즐기고 다음날 오전에 철수하는 식이다. 아무데나 내려서 섬 주변을 돌며 낚시하면 된다. 주로 아랫섬에 내리는데 일부 낚시인들은 욕지도 보는 방향에 있는 떨어진 작은 여에 내려서 낚시하기도 한다.

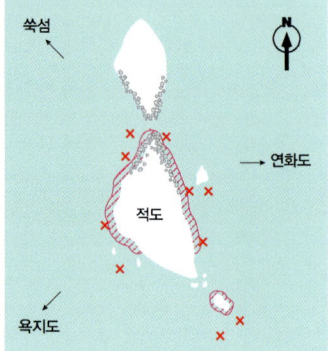

갈도 중간 매여
갈도는 통영권 원도에 속하는 섬이다. 여름에는 돌돔, 참돔, 벵에돔, 부시리 낚시를 많이 하는데 더불어 농어도 잘 낚인다. 먼 바다에 있어서 수심이 깊을 것이라고 생각하지만, 갈도 주변에는 얕은 여밭이 아주 넓게 형성되어 있다. 그래서 농어가 잘 붙고 가을에는 무늬오징어, 겨울에는 볼락도 잘 낚인다.
갈도의 대표적인 농어 포인트는 남쪽에 있는 매섬 일대와 너부렁여(줄여) 일대다. 이 주변은 수심이 불과 4~5m밖에 안 되는데, 항상 포말이 일고 조류가 잘 흘러 농어뿐 아니라 다양한 어종이 낚인다. 필자가 소개하는 중간 매여는 5월부터 80cm 내외의 큰 농어가 많이 낚여 인기가 높다. 5월 중순에 시즌을 시작해 11월 중순까지 이어진다. 수심이 5m 정도라 플로팅 미노우로 여 주변을 훑어주면 농어가 입질한다. 농어가 들어왔을 때는 발 앞에서 기습적인 입질을 하기도 하고, 멀리 떨어진 본류에서부터 입질하기도 하므로 긴장을 풀어서는 안 된다.

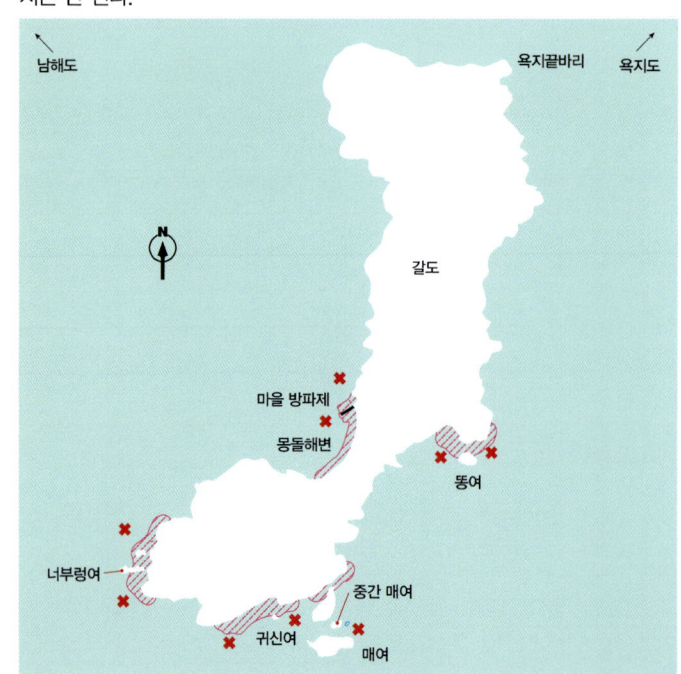

거제도

구봉진 거제 구조라 대구낚시 대표

구조라&내도·외도 선상낚시

거제도는 남해동부에서도 가장 오랫동안 농어루어낚시가 꾸준하게 이뤄진 지역이다. 거제도 전역이 농어 포인트라고 해도 과언이 아닌데, 이르면 5월 중순부터 조황이 시작되어 7~8월에 미터급 농어가 낚이며 12월까지 시즌이 이어진다. 다른 곳에 비해 시즌이 길고 큰 농어도 많으며, 여름에 잔챙이가 연안으로 붙을 때는 마릿수 조과로 재미를 볼 수 있다.

그러나 아쉬운 점도 있다. 배를 타지 않으면 진입하기 어려운 포인트가 대부분이다. 거제 동부와 남부의 해안 갯바위라면 어디를 가든 농어를 기대할 수 있지만, 도보 진입로를 찾기 힘든 곳이 많고, 진입로를 알아도 상당히 많이 걸어가야 하기 때문에 도로 진입은 추천하고 싶지 않다. 꼭 걸어가고 싶다면 방파제 주변 갯바위라든지, 몽돌해변이나 백사장을 추천한다. 짧은 시간에 손맛을 보기에는 선상낚시가 좋다. 그러나 3~4명 이상 팀을 맞춰 뱃삯을 나누어야 비용 부담이 적다.

동쪽과 남쪽 해안에 농어 포인트 많아

거제도 북부에선 거제대교 아래나 칠천도(다리가 놓였다), 가조도 등지를 돌며 농어를 노려볼 수 있다. 야간에 50~60cm 농어를 노리고 출조하는 낚시인들이 많다. 그러나 큰 농어는 드물다. 제대로 된 농어 포인트는 거제도의 동쪽과 남쪽에 많은데, 동쪽으로는 덕포, 능포, 장승포, 지세포의 갯바위로 진입하면 손맛을 볼 수 있다. 남쪽은 학동, 구조라, 해금강, 다대, 여차의 몽돌밭과 갯바위가 유명하며 낚싯배를 타고 나가면 가왕도, 소병대도, 대병대도, 매물도, 안경섬으로 나갈 수 있다.

필자가 소개하는 구조라 주변과 내도·외도는 거제에서도 손쉽게 출조할 수 있는 곳에 속한다. 구조라 마을 바로 앞에 있는 방파제를 비롯해 방파제 옆에 있는 몽돌밭과 구조라 마을 뒤편 갯바위인 '뒷등'에서 큰 농어를 낚을 수 있다. 진입하기도 쉽고 여름에 큰 농어가 자주 출현하기 때문에 많은 낚시인들이 찾고 있다.

선상낚시는 구조라 바로 앞에 있는 내도·외도와 윤돌섬 주변이 주요 포인트가 된다. 윤돌섬 주변은 수심이 3m 이내인 아주 얕은 여밭으로 50cm급 잔챙이부터 80~90cm 대물까지 다양하게 낚을 수 있다. 포인트가 넓어 많은 양의 농어가 들어오기도 하는데, 장마철과 여름 오후 피딩타임에 많은 농어가 낚이기도 한다. 내도와 외도는 큰 홈통을 끼고 있는 갯바위가 포인트다. 특히 외도는 낚시인의 하선이 금지되어 있기 때문에 선상낚시터로는 최적의 요건이라고 할 수 있겠다.

그 외 포인트를 꼽으라면 거제도 해안을 따라 만날 수 있는 몽돌밭(몽돌해수욕장)과 몽돌밭과 갯바위가 이어져 있는 구간이다. 이런 곳들은 모두 농어 포인트라고 할 수 있다. 학동, 망치, 해금강, 여차 일대에는 아주 긴 몽돌밭이 있는데, 밤에 먼 곳을 노리면 농어들이 입질한다. ☎포인트 문의 거제 구조라 대구낚시 055-681-5779

바이브레이션으로 탐색 후 미노우 활용

포인트에 도착하면 가장 먼저 바이브레이션으로 포인트 주변을 탐색해본다. 바이브를 멀리 던진 후 빠르게 감아 들여 농어가 있는지, 농어가 붙을 만한 장애물이 있는지 확인 후 농어의 반응이 느껴지면 조금 천천히 감아 들여 입질을 유도한다. 바이브에 입질이 없으면 그 주변을 미노우로 노려본다. 릴링 속도에 변화를 주거나 트위칭이나 저킹 액션으로 액션의 강도를 다르게 해서 자극해보는 것이 중요하다. 농어는 루어가 움직이는 속도에 따라 입질할 수도, 그렇지 않을 수도 있으므로 농어가 있다는 확신이 들면 포기하지 말고 집요하게 노려봐야 한다.

여수 · 고흥

임신우 순천 신신낚시 총무, 영규산업 · 올림픽 필드스탭

외나로도 신여 &
화양면 문여·목섬

여수와 고흥에는 잘 알려지지는 않았지만, 미터급 농어가 출몰하는 알짜배기 농어 포인트들이 여러 곳에 있다. 그것도 먼 바다가 아니라 가까운 근해에 있다. 시즌은 5월 중순부터 11월까지다. 도보포인트는 거의 없고 배를 타고 섬으로 나가야 좋은 조과를 거둘 수 있는데, 고흥 나로도 주변과 여수 화양면 섬 주변에 특급 농어 포인트들이 밀집해 있다.

고흥과 여수 근해에서 큰 농어가 잘 낚이는 이유는 연중 물색이 탁해 농어들이 경계심을 가지지 않고 접근하기 좋으며 학공치, 멸치 같은 베이트피시도 많기 때문으로 보인다. 또 섬과 섬 사이로 강한 조류가 흘러 농어가 활동하기도 좋다.

루어는 주로 바이브레이션을 사용하며 갯바위 가장자리를 노릴 때는 플로팅 미노우나 서스펜드 미노우도 사용한다. 물색이 탁하기 때문에 플래싱 효과는 기대하기 어렵다. 그래서 내추럴 컬러를 잘 쓰지 않고 어필 컬러를 사용한다. 필자는 일명 '빨간머리'로 부르는, 보디는 화이트, 헤드는 빨강인 바이브를 가장 즐겨 사용한다.

☎포인트 문의 순천 신신낚시 061-746-4400

외나로도 신여

필자가 2012년 6월 1일 108cm 점농어를 낚은 포인트다. 5월 중순부터 60~70cm 농어가 낚이며 매년 미터급 농어를 배출하는 곳이다. 3~4명이 내려서 낚시하면 좋은 아주 작은 여인데 전방 30~40m 거리에 본류가 흐르고 홈통지형인 낚시자리로 조류가 흘러들어오는 곳이다. 조류가 강하기 때문에 바이브레이션을 주로 사용하는데, 수심이 그리 깊지 않으므로 밑걸림에 주의해야 한다. 갯바위 가장자리를 노려볼 때는 서스펜드 미노우나 플로팅 미노우를 활용하는 것이 좋다.

외나로도 주변에는 신여 외에도 훌륭한 농어 포인트들이 많다. 대표적으로 신여 옆의 농어굴과 돌돔 포인트로 유명한 곡두여와 탕건여가 있다. 조금 더 멀리 나가면 고흥에서 유명한 지마섬, 소거문도, 손죽도, 초도가 나오는데 7~8월에는 어김없이 대형 농어를 배출하는 곳이다.

■가는 길 - 외나로도 염포마을에서 낚싯배를 타고 나간다. 선비는 1인 3만원선. ☎외나로도 염포 정다운호 061-833-6827.

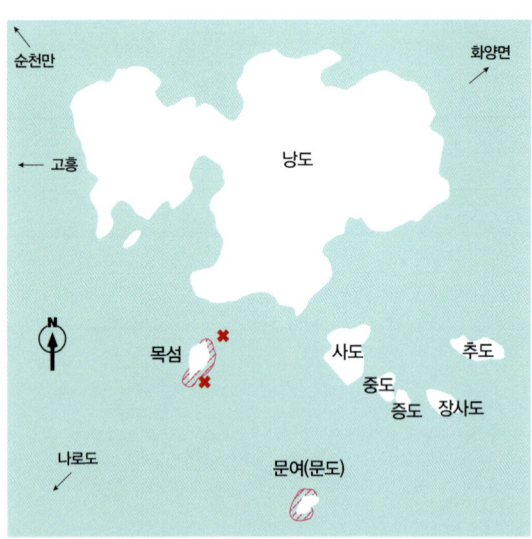

화양면 문여 · 목섬

문여와 목섬은 순천만 입구인 여수 화양면과 고흥 영남면 사이에 있는 낭도 남쪽의 섬들이다. 매년 미터급 농어가 낚이는 곳으로 특히 민농어보다 체구가 큰 점농어가 많아 농어루어낚시 마니아들이 이곳을 찾는다. 시즌은 5월 중순부터 11월까지.

사실 낭도 아래에 있는 목섬, 문여, 사도, 중도, 증도, 장사도, 추도가 모두 특급 농어 포인트인데, 그 중에서도 목섬과 문여를 꼽는 이유는 낚시하기 편하면서도 큰 농어들이 잘 붙기 때문이다. 루어는 바이브레이션을 주로 사용한다. 빠른 조류에서도 강한 액션을 안정적으로 내는 루어들은 모두 사용할 수 있는데, 최근에는 짧은 싱킹 미노우나 스핀 바이브도 즐겨 쓰고 있다.

■가는 길 - 여수 화양면 맨 남쪽, 백야도에 닿기 직전의 안포리에 있는 당두마을에서 낚싯배 당두호가 낭도 일대로 출조한다. 선비는 1인 2만원. ☎당두호 011-868-2657

목포

최영교 광주 최프로와루어이야기 대표,
퓨어피싱·자유조구·피나 필드스탭

영산강하구언 아래 & 대불부두 일대

완도, 목포 일대는 예전부터 농어가 잘 낚이기로 유명했는데, 5월이 되면 완도의 여서도와 청산도 일대에서 조황을 보이기 시작해 6월 중순이 되면 목포 내항에서도 큰 농어를 낚을 수 있다. 목포 농어 시즌은 11월까지 이어진다.
조고차가 커서 썰물에 갯벌이 드러나는 곳은 연안낚시터로 적합하지 않기 때문에 완도 내만에서는 연안낚시보다 주로 선상낚시를 하며, 도보포인트는 수심이 깊은 목포항 주변에 많다. 영산호, 영암호, 금호호 하류의 바다와 민물이 만나는 기수역 주변에서 큰 농어를 낚을 수 있다.
선상낚시를 하든, 연안낚시를 하든 포인트 수심은 얕은 편이기 때문에 주로 플로팅 미노우를 사용하며, 조류가 빠르거나 물색이 탁한 곳에서는 진동이 큰 바이브레이션을 사용한다. ☎문의 011-617-7177

영산강하구언 아래

목포 영산강하구언(삼호대교) 아래의 평화광장 주변 포인트로 항상 민물이 유입되는 구간이라 큰 농어를 기대할 수 있다. 평화광장 주변에 주차한 후 해안도로 아래의 석축에서 낚시하면 된다. 발판이 좋기 때문에 밤낚시를 해도 위험하지 않다.
루어는 120~140mm 길이에 잠행수심 1m 이하의 플로팅 미노우가 좋다. 수심이 5m 내외로 그리 깊지 않기 때문에 빨리 가라앉거나 깊이 내려가는 미노우는 바닥에 걸릴 수 있으므로 주의해야 한다. 낚시는 밤에 한다. 해가 질 무렵에 입질하고 한낮에는 잘 입질하지 않는다. 초들물부터 밀물이 들어올 때 큰 농어가 입질한다.

■가는 길 – 내비게이션에 '평화의다리'나 '평화광장'을 입력한다. 삼호방조제 방면 도로에서 내려와 평화광장이나 갓바위 방면으로 진행하면 쉽게 찾을 수 있다.

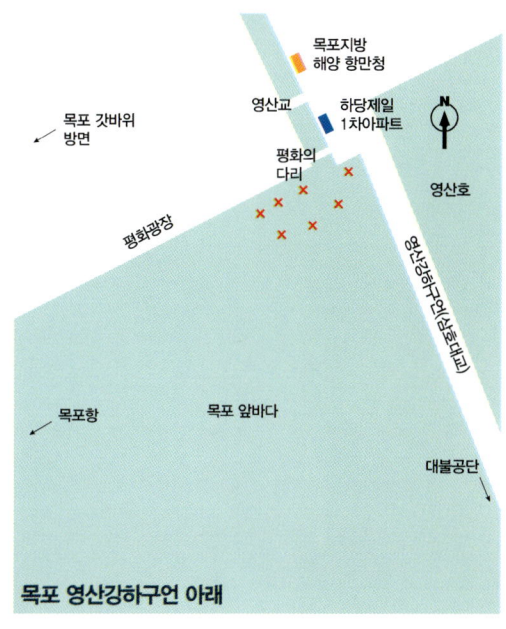

목포 영산강하구언 아래

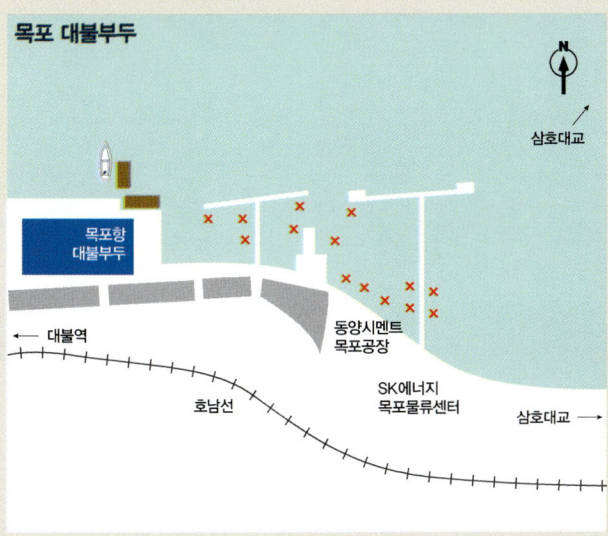

목포 대불부두

대불부두 일대

대불부두 옆에 있는 시멘트(페인트) 공장 앞 포인트로 수심 3m의 아주 얕은 곳이다. 여름에 큰 농어가 잘 낚이는데, 시멘트 공장 앞에 있는 석축 구조물 주변에서 입질을 받을 수 있다. 포인트에 도착하면 한눈에 어디를 노려야 할지 알 수 있을 정도로 포인트를 찾기 쉽다.
수심이 3m 내외로 얕기 때문에 플로팅 타입의 미노우를 사용하는데, 큰 루어보다 80mm 내외의 작은 루어를 아주 천천히 감아주면 구조물 주변에 숨어 있는 농어가 루어를 덮친다. 먼 곳을 노릴 때는 비거리가 좋은 미노우를 선택하되 보디가 슬림하고 립이 작은 것을 고른다. 멀리 던질 요량으로 너무 크고 무거운 미노우를 던지면 착수음에 놀란 농어들이 모두 흩어지고 만다. 이곳 역시 밤에 조과가 좋다. 낮에는 공장에서 출입을 못하게 할 때도 있다.

■가는 길 – 평화의다리에서 영암 방면으로 삼호대교를 건너자마자 곧바로 우회전해서 내려와 대불부두 방면으로 진행하면 쉽게 찾을 수 있다. 내비게이션에 '대불부두'로 검색.

입문자 페이지 ❸ ▶▶▶
농어루어낚시 필수 묶음법

PR 노트 & 간단 FG 노트 I · II

농어루어낚시에서 합사와 쇼크리더를 연결하는 묶음법을 배워보자. 농어는 힘이 센 대형어이기 때문에 낚싯줄의 매듭강도가 높아야 하며, 캐스팅 시 가이드에 걸리지 않게 매듭 부위가 간결해야 한다. 농어루어낚시 마니아들이 가장 많이 즐겨 쓰는 묶음법은 일명 노네임노트라고 불리는 간단 FG 노트와 그 과정을 더 줄인 간단 FG 노트II, 그리고 보빙(매듭을 묶는 도구)을 이용한 PR 노트가 있다. 이 세 가지 묶음법은 에깅, 지깅, 타이라바에서 모두 쓰이므로 꼭 익혀두어야 한다.

PR 노트

쇼크리더와 합사를 연결하는 방법 중에서도 아주 고강도에 속하는 방법으로 최신식 연결법이다. 예전에는 보빙을 즐겨 사용했는데, 최근에는 보빙 형태의 전용 체결기가 나와 한결 수월하게 묶을 수 있다. 농어낚시나 에깅을 할 때는 매듭의 크기가 1~2cm로 되게 짧게 묶고 타이라바나 슬로우 지깅을 할 때는 매듭이 5~10cm가 되게 길게 묶어주면 된다.

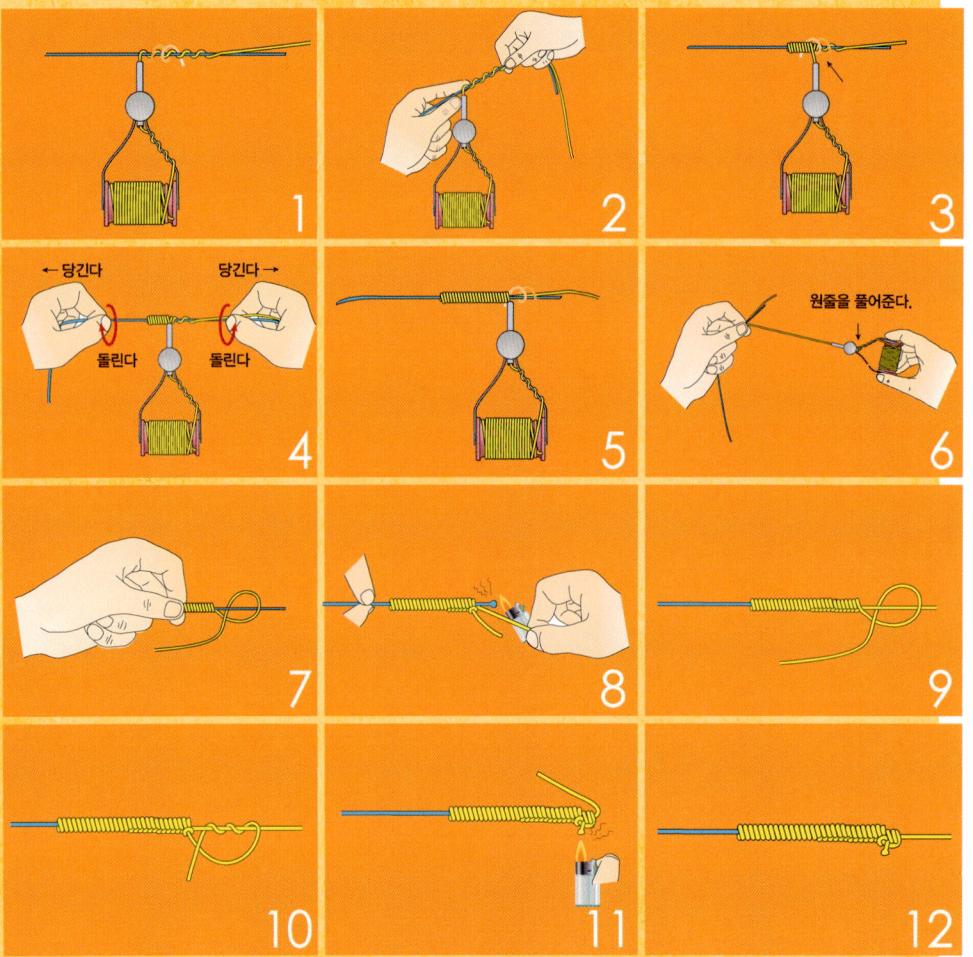

1. 보빙에 합사원줄을 묶은 후 쇼크리더 위로 5~6회 감는다. 여기서 참고할 것은 합사원줄을 보빙에 모두 감는 것이 아니라 쇼크리더에 묶을 정도로 조금만 감으면 되고, 합사원줄을 강하게 당기기 좋게 그림처럼 보빙의 한쪽 다리에 5~6회 감은 상태로 사용하면 더 감기 쉽다는 것이다.
2. 합사원줄이 나오는 보빙의 끝을 손가락 끝으로 잡고 흐트러지지 않도록 꼭꼭 누르며 반대로 되감아 준다.
3. 3~5회 되감은 상태. 이때 화살표로 표시한 보빙홀더 입구가 쇼크리더에 바짝 붙게 해준다.
4. 양손으로 원줄과 쇼크리더를 팽팽하게 당기면서 보빙을 돌려준다. 보빙이 회전하면서 쇼크리더에 줄이 감기는 원리이다. 양손을 팽팽히 잡아주어야 균일하게 감긴다.
5. 매듭을 원하는 길이만큼 만든다.
6. 매듭의 끝부분이 풀리지 않도록 한쪽 손으로 잡고 반대 손으로는 보빙과 보빙홀더에서 원줄을 풀어낸다.
7. 원줄로 쇼크리더와 함께 하프히치로 한 번 묶는다. 장력을 유지하면서 좌우 교대로 하프히치를 7~8회 한다.
8. 쇼크리더를 2mm 정도만 남기고 자른 후 끝을 살짝 지진다.
9. 원줄로 하프히치를 계속한다. 좌우 교대로 7~8회 정도 해준다.
10. 원줄의 끄트머리는 풀리지 않도록 묶어준다.
11. 원줄을 자른 후 자투리를 살짝 지진다. 이때 쇼크리더를 감싸고 있는 원줄이 녹지 않도록 주의한다.
12. 완성.

간단 FG 노트 I

FG 노트와 묶는 원리는 똑같지만, 중간 과정을 조금 생략해 누구나 현장에서 쉽게 묶을 수 있도록 한 매듭법이다. 합사 원줄과 쇼크리더 사이의 강한 마찰을 이용해 꽉 맞물리게 묶는 것이 요령이다. 초록색 줄이 쇼크리더, 분홍색 줄이 합사 원줄이다.

1. 쇼크리더의 끝부분으로 8자 매듭을 만든 후 합사 원줄을 8자 매듭의 양쪽 구멍으로 모두 통과시킨다.
2. 매듭이 작아지지 않게 한 손으로 잡고 원줄을 쇼크리더에 감는다. 합사 원줄을 충분히 여유 있게 잡고 쇼크리더에 최소 10회 이상 감는다. 이때 너무 힘을 주지 말고 가지런히 감기도록 천천히 감는다.
3. 마지막 감을 때 안쪽으로 돌려 한 번 묶는다. 매듭이 굵어질 것이 우려되면 생략해도 된다.
4. 원줄을 살짝 당기면 쇼크리더에 감긴 원줄이 8자 매듭 쪽으로 밀착되어 자리를 잡는다. 이때에도 8자 매듭이 작아지지 않게 한다.
5. 뭉쳐진 합사 원줄 위에 다시 원줄을 덧대어 감는다. 처음과는 반대로 8자 매듭이 있는 방향으로 감는다.
6. 7~8회 감은 후 원줄을 8자 매듭 사이로 빼낸다. 원줄이 쇼크리더의 8자 매듭 두 개의 구멍을 다 지나가도록 한다.
7. 살짝 당기면 8자 매듭은 조여지고 느슨했던 합사 원줄도 단단하게 조인다. 손을 다치지 않게 장갑을 끼고 조여야 한다.
8. 한쪽엔 쇼크리더와 원줄을 함께 잡고 8자 매듭에서 빼낸 원줄로 돌려 묶기를 3~4회 반복한다.
9. 자투리 쇼크리더를 잘라낸다. 쇼크리더가 굵다면 담뱃불이나 성냥불로 살짝 지진다.
10. 다시 원줄과 남은 원줄로 3~4회 더 돌려 묶는다.
11. 자투리 원줄을 잘라낸다. 남은 부분은 역시 불로 지진다.
12. 완성.

간단 FG 노트 II

간단 FG 노트보다 더 간단한 방법이다. 매듭의 크기도 더 작고 묶는 방법도 간단하다. 단점이라면 매듭을 많이 하지 않기 때문에 꽉 묶어야만 쇼크리더가 빠지지 않는다는 것이다.

1. 그림처럼 쇼크리더(초록)에 합사원줄(분홍)을 양쪽으로 번갈아가며 15회 정도 감아준다. 합사원줄을 좌우로 반복해서 돌려주기만 하면 된다.
2. 쇼크리더를 잡고 합사원줄 두 가닥을 당기면 합사가 촘촘히 밀착된다.
3. 그림처럼 합사로 매듭을 지은 후 강하게 당겨서 고정한다.
4. 같은 방법으로 10회 정도 매듭을 해주는데, 한 번 묶을 때마다 방향을 엇갈리게 묶어주면 더 단단히 고정된다. 자투리 줄은 잘라준다.

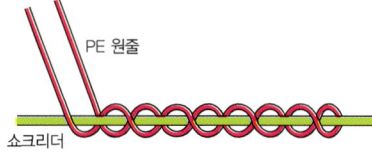

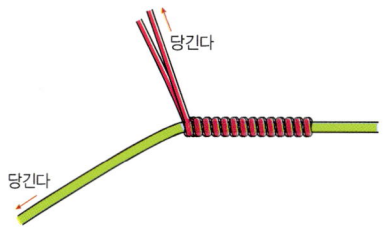

입문자 페이지 ❹ ▶▶▶
루어 투척법 익히기

진행 **이영수** 라팔라 필드스탭 · 다음카페 바다루어클럽 회원

버트 캐스팅과 언더스로우 캐스팅

낚싯대로 루어를 던지기 위해서는 우선 루어와 낚싯대의 밸런스가 잘 맞는지 확인해야 한다. 가늘고 부드러운 낚싯대는 가벼운 루어를 튕기듯 던지기 좋고, 빳빳하고 강한 낚싯대는 무거운 루어를 날릴 수 있다. 농어루어낚시는 빳빳하고 강한 낚싯대로 무거운 루어를 던지는 쪽에 가깝다. 캐스팅할 때 주의할 것은 낚싯대가 견딜 수 있는 부하보다 더 무거운 루어를 쓰면 캐스팅도 잘되지 않고 낚싯대에 무리를 줄 수 있다는 것이다. 반대로 너무 가벼운 루어를 써도 캐스팅하기 어려우니 낚싯대에 맞는 루어의 무게를 잘 가늠해서 써야 하겠다.

① 루어가 너무 가벼운 상태. 낚싯대의 탄력을 이용하지 못한다.
② 루어의 무게가 적당히 낚싯대에 실린 상태.
③ 루어가 너무 무거운 상태. 낚싯대에 무리가 가므로 낚싯대를 힘껏 휘두르지 못한다.

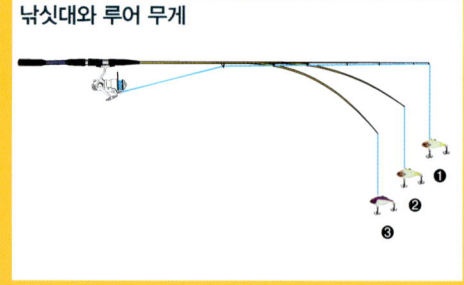

낚싯대와 루어 무게

캐스팅 시범을 보이고 있는 이영수씨. 캐스팅을 할 때는 채비를 던질 방향을 주시하고 낚싯대의 탄력을 이용해 한 번에 임팩트 있게 던져야 한다.

농어루어 캐스팅의 두 가지 방법

농어낚시는 20~30g의 다소 무거운 루어를 캐스팅하기 때문에 버트 캐스팅이라는 독특한 방법으로 캐스팅한다. 버트 캐스팅은 무거운 루어를 던질 때 낚싯대에 걸리는 부하를 줄이기 위한 방법으로 루어를 1m 이상 늘어뜨린 후 낚싯대의 탄력보다는 낚싯대를 휘두를 때 생기는 회전력을 이용해 루어를 날리는 캐스팅 방법이다. 농어, 에깅, 지깅의 필수 캐스팅이므로 루어낚시를 한다면 꼭 익혀두어야 하겠다.

언더스로우 캐스팅은 선상루어낚시를 하거나 캐스팅할 공간이 없는 좁은 갯바위, 다리 교각처럼 복잡하고 낮은 지대를 노리기 위해 정투할 때 유용하게 쓰인다.

●언더스로우 캐스팅

❶

빗자루질을 하듯 강하게 쓸어 올린다
❷

낚싯줄을 풀어준다
❸

❹

●버트 캐스팅

1m 이상 유지
버트캐스팅의 기본자세. 루어를 1m 정도 늘어뜨려 낚싯대의 회전력을 이용해 캐스팅한다.

❶

검지로 라인을 잡는다
❷

낚싯대를 당기듯 휘두른다
❸

❹

●버트 캐스팅

❶ 릴 베일을 열고 낚싯줄을 검지로 잡은 후 캐스팅 준비를 한다. 루어를 1m 정도 늘어뜨린 후 시선은 캐스팅할 곳을 바라본다.
❷ 캐스팅하기 직전의 자세. 오른손 검지로 낚싯줄을 잡고 있으며 왼손으로 손잡이대의 끝을 잡는다.
❸ 손잡이대를 잡은 왼손을 강하게 당기듯 낚싯대를 휘두른다. 루어를 강하게 뿌린다는 기분으로 휘둘러야 하는데, 낚싯대를 미는 것이 아니라 왼손을 강하게 당기는 기분으로 휘둘러야 한다.
❹ 휘두른 낚싯대가 머리 위를 지날 때 낚싯줄을 잡은 검지를 놓아 준다. 시선은 루어가 날아가는 방향에 두고 팔로우스로우(루어가 착수할 때까지 낚싯대를 투척방향으로 쭉 뻗어주는 것) 해준다.

캐스팅할 때 주의할 점

① 루어와 낚싯대의 초리가 적당히 떨어져 있는지 확인한다. 가장 흔한 실수가 바로 루어와 초리의 거리가 가까워 캐스팅할 때 루어가 초리를 때리는 것이다.
② 낚싯대를 뒤로 젖힐 때 낚싯대가 장애물에 부딪히지 않는지 확인한다. 특히 야간에 낚시할 때 주변을 살피는 것은 필수.
③ 캐스팅하기 전에 늘어뜨린 루어가 바닥이나 주변 장애물에 걸리지 않는지 확인한다.
④ 릴 베일이 닫히지 않았는지 확인한다. 실수로 베일이 닫힌 줄 모르고 캐스팅하면 갑자기 저항을 받은 라인이 끊어져 루어가 떨어져 나간다.
⑤ 캐스팅할 때 시선은 던질 곳을 바라봐야 캐스팅의 정확도를 높일 수 있다.
⑥ 캐스팅했는데도 루어가 날아가지 않는다면 라인이 초리나 가이드에 걸렸기 때문이다. 풀어서 다시 캐스팅한다.
⑦ 처음부터 너무 멀리 던지려 애쓰지 말고 정확한 동작을 익히는 데 집중한다. 캐스팅을 배울 때 처음부터 멀리 던져야 한다는 부담감을 가지면 오히려 잘 되지 않는다. 너무 과하게 힘을 줘서 낚싯대를 휘두르면 라인 트러블의 원인이 되니 주의하자.

●언더스로우 캐스팅

❶ 낚싯대를 낮추고 루어는 30~50cm 늘어뜨린다. 베일을 열고 낚싯대를 잡은 손의 검지로 낚싯줄을 쥔다.
❷ 낚싯대로 루어의 무게를 느끼며 낚싯대로 빗자루질을 하듯 강하게 쓸어 올린다는 느낌으로 낚싯대를 휘두른다. 버트 캐스팅과는 반대로 언더스로우 캐스팅은 회전력과 낚싯대의 탄력을 동시에 이용하는 방법이다. 낚싯대로 루어의 무게를 느끼는 것이 중요하다.
❸ 낚싯대가 전방으로 향했을 때 낚싯줄을 풀어준다. 그 후 낚싯대는 루어가 날아가는 방향으로 뻗어준다.
❹ 마찬가지로 낚싯대를 뻗어주는 동작을 계속 유지해주며(팔로우스로우) 루어가 날아가는 것을 지켜본다.

chapter 5

濟州

숱한 대물의 전설을 낳은 드림 필드

천혜의 바다낚시터 제주도는 우리나라 제1의 대물 농어낚시터다.
전 해안에서 농어를 낚을 수 있으며,
미터가 넘는 대물 농어를 만날 확률도 가장 높다.
특히 우리나라에서 유일하게 남방계 농어인 넙치농어를 만날 수 있는 곳이다.

하늘에서 본 비양도. 섬 주변으로 조밀하게 발달한 수중여가 한눈에도 농어의 명당으로 보인다. 제주 한림읍에서 도선으로 10분 거리의 비양도는 농어와 무늬오징어 낚시터로 아주 유명하다. (사진 한국관광공사 제주지사)

제주 농어루어낚시 현장

기록경신 도전의 무대

가파도에서 야간 농어루어낚시를 즐기고 있는 낚시인들. 멀리 불빛이 보이는 곳이 사계리다.

■ 시즌과 특징
12월부터 4월까지가 대물 시즌

제주는 우리나라 최고의 바다낚시터다. 연중 다양한 물고기가 낚이고 평생 한 번 보기에도 힘든 대물들을 만날 수 있는 곳이다. 농어루어낚시터로도 으뜸이다. 제주에서는 연중 농어가 낚이며 특히 겨울에 미터급 대물들이 자주 출몰해 육지에서 농어낚시가 마무리되는 겨울에 많은 낚시인들이 제주로 원정출조를 떠난다.

제주의 농어루어낚시 피크시즌은 12월~4월이다. 겨울과 초봄에 농어가 잘 낚이는 이유는 이때 파도가 높고 물색이 흐리기 때문이다. 겨울이 되면 북서계절풍이 불어 파도가 치는 날이 많아지게 되는데, 그로 인해 제주도 연안의 물색이 탁해지기 시작해 농어가 경계심을 풀고 연안 가까이 접근하기 쉬워진다. 그리고 겨울이 되면 농어의 먹이가 되는 멸치, 정어리, 새끼 오징어 등의 어군이 제주 연안 부근에 형성되는 것도 원인이 된다. 겨울에 산란을 준비하는 농어들은 먼 바다로 나가지 않고 제주 연안 부근의 어초나 해초 주변에 머물며 사냥과 휴식을 반복하기 때문에 연안에서도 쉽게 낚을 수 있는 것이다.

겨울에는 수온이 낮아서 농어가 잘 낚이지 않을 것이라는 걱정은 하지 않아도 된다. 농어는 수온 15도선에서 아주 활발하게 움직이는데 제주에서는 겨울에 그런 수온대가 형성된다. 오히려 수온이 높으면 농어의 활성이 떨어지는데, 그래서 제주에서는 여름~가을이 농어루어낚시 비수기에 해당한다.

제주가 가진 또 하나의 매력은 우리나라에서 유일하게 넙치농어가 낚인다는 것이다. 넙치농어는 일본에는 많지만 우리나라엔 귀한 물고기다. 일반 농어보다 체고가 높고 같은 사이즈라면 무게가 더 나가기 때문에 파이팅이 부시리와 맞먹는다. 그 손맛을 한 번 보면 도저히 잊을 수 없다고 하는데, 낚이는 양이 극히 적어서 농어루어 낚시인들에게는 꿈의 대상어나 '전설'로 불리고 있다.

넙치농어는 겨울에 쿠로시오난류의 직접 영향권에 있는 지역 중에서도 지형이 넙치농어의 생활 환경에 맞는 곳에서만 서식한다. 지금까지 알려진 바로는 중국 하이난(海南)과 대만 일대, 일본의 대마도와 큐슈 남단, 그

1m에 육박하는 넙치농어의 위엄. 일반 농어가 미들급이라면 넙치농어는 헤비급이나 슈퍼헤비급에 해당한다.

"이 녀석이 바로 제주의 넙치농어입니다."
하룻밤 낚시에 세 마리의 넙치농어를 낚은
강윤호(좌), 고평직씨가 넙치농어를 들고 힘겹게
포즈를 취했다. 지난 2008년 11월 서귀포
안덕면의 해안에서 낚은 것으로 최대어는 97cm.

가파도로 출조한 제주 무한루어클럽 회원들이 60cm 사이즈의 넙치농어를 낚아 올렸다. 넙치농어는 일반 농어 포인트보다 더 거칠고 본류대에 가깝게 형성되어 있다.

리고 제주도가 넙치농어 서식지다. 제주의 경우에도 제주 북쪽에서는 거의 낚이지 않고 서귀포 해안 일부와 가파도, 비양도 등의 부속섬에서만 낚인다.

넙치농어가 낚이는 이런 지역의 공통점은 물색이 맑고 빠른 조류가 흐르며 민물이 항상 유입되고 얕은 갯바위와 여밭이 아주 넓게 분포한다는 것이다. 그러나 이것은 낚시인들이 추유한 내용일 뿐 넙치농어가 왜 특정지역에서만 낚이는지에 대해 명확하게 알려진 것은 없다. 어류 연구가 활발하게 이뤄지는 일본에서도 아직 넙치농어의 생태를 완전히 밝혀내지 못했다고 한다. 우리나라의 경우 넙치농어가 어류도감에 등재된 것이 불과 15년 전이다. 아직도 넙치농어의 존재조차 모르는 낚시인들도 많은데, 넙치농어의 생태는 앞으로 더 지켜봐야 할 것이다.

■ 출조 패턴
현지인은 본섬 위주, 외지인은 부속섬 선호

제주가 최고의 낚시터이긴 하지만 무턱대고 출조해서 농어를 낚을 수 있는 것은 아니다. 제주에 맞는 장비를 갖추고 포인트 여건을 충분히 파악하지 않으면 농어를 만나기 어렵다. 우선 제주의 농어루어낚시 패턴에 대해 간략히 알아둘 필요가 있다.

제주의 농어낚시터는 본섬과 부속섬으로 나누어 설명할 수 있는데, 아무래도 배를 타고 들어가는 부속섬에 농어들이 많지만, 부속섬은 대물타이밍인 밤에 낚시하기 어렵다는 단점이 있다. 현지 낚시인들은 주로 밤에 차량으로 이동하며 노릴 수 있는 본섬 포인트를 선호하며, 육지에서 제주로 원정을 떠나는 낚시인들은 짧은 시간에 확실한 조과를 거둘 수 있는 가파도나 비양도 같은 부속섬을 즐겨 찾는다. 제주도 본섬의 유명 농어 포인트는 제주 현지인들 사이에서도 경쟁이 치열하며, 설령 포인트를 잡았다 하더라도 물때와 입질지점을 잘 알지 못하면 공략하기가 아주 난해하다. 따라서 현지에서 좋은 가이드를 만난다면 본섬을 효율적으로 돌아볼 수 있겠으나 그렇지 않다면 외지인들에게는 부속섬이 좋다.

제주의 부속섬 중 농어루어낚시터로 유명한 곳은 한림 앞바다의 비양도와 모슬포 앞바다의 가파도다. 두 섬 모두 걸어서 1시간 정도면 섬 한 바퀴를 돌아볼 수 있는 규모가 작은 섬이기 때문에 이틀 정도 섬에 머물며 이곳저곳을 노려보면 초행이라도 어렵지 않게 농어를 낚을 수 있다.

만약 본섬을 노려보고 싶다면 제주에서 농어 전문 가이드를 꼭 섭외해야 한다. 현지 전문가의 안내를 받지 않고서는 제주도 본섬낚시를 하기 어렵다.

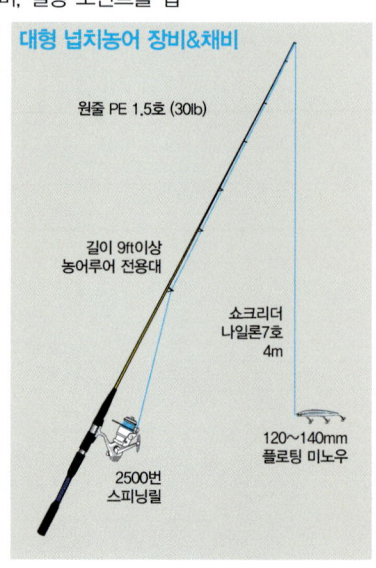

대형 넙치농어 장비&채비

원줄 PE 1.5호 (30lb)

길이 9ft이상 농어루어 전용대

쇼크리더 나일론7호 4m

2500번 스피닝릴

120~140mm 플로팅 미노우

■ 장비와 채비
길이 9피트 이상 되는 로드 필요

제주는 연안에서 먼 곳에 입질지점이 형성되고, 대물 농어가 자주 출현하기 때문에 원투가 가능하고 제어력이 좋은 긴 낚싯대가 적합하다. 우선 로드는 상황에 따라 길이 9ft부터 10ft까지 사용하며, 2절로 나눠지는 투피스 로드를 선호한다. 예전처럼 3절로 나뉘는 쓰리피스 로드는 거의 쓰지 않는다. 그 이유는 차량을 이용해 계속 이동하는 과정에서 쓰리피스 로드는 접고 펴기가 상당히 불편하기 때문이다. 투피스 로드는 접은 길이가 약간 길지만 휴대하기에 큰 불편은 없다.

로드의 길이는 시즌에 따라 달리해주면 좋다. 대물 시즌인 겨울에는 9ft 이상의 로드를 사용하고, 농어들이 산란을 마친 봄에는 입질이 예민해지므로 다소 짧은 로드로 루어의 액션을 잘 살리는 데 치중한다. 그렇다고 해서 꼭 이 기준을 따를 필요는 없다. 최근에는 라이트한 로드로 손맛을 보는 데 더 집중하는 낚시인도 늘고 있으므로 개인의 취향에 따라 선택하도록 한다.

제주 원정낚시에 나선 배스프로 박충기씨가 성산 일출봉 앞 삼각여에 내려 루어를 날리고 있다. 농어뿐 아니라 부시리, 무늬오징어 등 다양한 어종을 낚을 수 있다.

릴은 1.5호 합사가 150m 감기는 릴이면 딱 알맞다. 육지에서는 1호나 1.2호 합사를 쓰지만, 제주는 미터급 농어가 종종 걸려들기 때문에 1.5호를 선호한다. 릴은 캐스팅 성능이 뛰어난 스피닝릴을 사용한다. 권사량이 PE 1.5호 150m인 제품을 고르면 된다. 2500번이나 3000번 스피닝릴이면 적합하다.

드랙파워는 크게 중요하지 않으며, 5~7kg이면 충분하다. 농어는 릴 드랙을 충분히 풀어놓고 지구전으로 파이팅하는 어종이기 때문에 릴의 파워는 다소 떨어져도 상관없고 대신 드랙의 성능이 좋아야 한다. 농어가 저항하면 스풀이 역회전해 줄이 풀려나가고 저항을 멈추면 다시 릴을 감을 수 있도록 드랙이 잘 작동해야 한다. 이 동작이 원활하게 이뤄져야 효과적으로 농어를 제압할 수 있다. 만약 드랙을 꽉 잠그고 강제로 농어를 끌어내게 되면 놀란 농어의 바늘털이에 상당히 고전하게 된다. 수심 1~2m의 얕은 여밭에서 1m짜리 농어가 요동치기 시작하면 암초에 라인이 쓸려 터지거나 농어 주둥이에서 루어가 빠져 버리기 십상이다.

농어루어낚시용 PE합사는 4~8합사를 선택한다. 포장지에 보면 X4나 X8로 표기되어 있다. 8합사가 인장강도도 높고 마찰강도도 높다. 한편 가벼워서 캐스팅이 안 되는 배낚시용 합사나 여러 합사를 붙여서 만든 '겹사'는 피해야 한다.

과거에는 합사 대신 나일론줄 단사를 많이 썼으나 강도가 낮고 늘어나는 단점이 있었다. 합사는 신축성이 거의 없기 때문에 어신 전달이 빠르고 가늘어도 강도가 높아서 루어낚시에 필수 원줄이 되었다. 그런데 합사는 마찰강도가 약하기 때문에 여에 쓸리면 쉽게 끊어지는 단점이 있다. 그것을 보완하기 위해 굵은 단사를 쇼크리더로 연결해서 사용해야 한다. 제주에서는 쇼크리더로 카본줄이나 나일론줄 5~8호를 사용한다. 타 지역보다 상당히 굵은 쇼크리더인 셈인데 바닥이 험하고 대어가 많기 때문이다.

⊕ 제주 농어의 적합물때는?
초저녁에 만조 걸리는 1~5물이 골든찬스

제주에 살고있는 다이와 필드스탭 성상보씨는 "제주에서 농어루어낚시를 하기 가장 좋은 물때는 저녁에 만조가 걸리는 한 물부터 다섯 물까지다"라고 말했다. 그는 "농어는 밤에도 잘 낚이지만, 초저녁 피딩타임에 더 높은 활성을 보인다. 그래서 같은 조건에 농어가 있다면 밤보다는 초저녁에 입질 받기가 더 수월하다. 그러나 초저녁이라도 수위가 너무 낮으면 농어가 들어오지 않으므로 초저녁에 만조가 걸리는 날이 낚시하기 좋다"고 말했다.

그렇다면 다른 물때는 어떨까? 가령 조금 전후에는 만조가 자정 무렵에 걸린다. 그때는 괜히 초저녁 간조 때부터 나가서 고생하지 말고 자정까지 기다렸다가 나가는 것이 확률이 높다.

간조 때 포인트 상황

만조 때 포인트 상황

가파도로 출조한 포항의 바다루어클럽 회원들이 농어 포인트로 이동하고 있다.

조과 상승 위한 밤낚시 Tip

❶ 안전을 위해 랜턴은 필수다. 하지만 낚시자리에서 수면에 랜턴을 비출 경우 가까이 접근한 농어들이 놀라서 달아날 수 있으므로 포인트에 도착해서는 랜턴을 끄는 것이 좋다. 야간에 낚시할 곳을 미리 염두에 두고 낮에 지형을 익혀두자. 농어고수들은 밤에 랜턴을 거의 켜지 않는다고 한다.

❷ 낚시자리의 간격을 넓게 유지하라. 밤에는 가까이 있는 낚시인이 어느 방향으로 캐스팅하는지 알 수 없으므로 어느 정도 낚시자리가 겹칠 것을 예상해 낚시자리 간격을 너무 좁히지 않는 것이 좋다. 가장 흔한 실수가 남이 캐스팅한 자리에 다시 캐스팅해서 줄이 엉키는 경우인데, 자칫 그날 밤의 낚시를 망칠 수도 있다.

❸ 달빛이 밝고 물색이 맑은 날엔 내추럴 컬러의 미노우를, 달빛이 없어 수면이 잘 보이지 않거나 물색이 탁한 날엔 흰색이나 분홍, 야광색 어필 컬러가 잘 먹힌다. 물색이 맑고 달빛이 물속으로 투과되면 미노우의 반짝거림이 살아나기 때문에 내추럴 컬러를 써도 잘 먹히며, 그렇지 않으면 루어가 잘 보이지 않기 때문에 어필 컬러를 쓴다.

❹ 밤낚시에도 물때가 중요하다. 물때가 언제인지 정확히 파악하고 낚시해야 비능률적인 낚시를 하지 않는다. 그리고 밤낚시를 하더라도 무리하게 낚시하면 다음날 스케줄에 지장을 줄 수 있으므로, 물때가 아닐 때는 충분한 휴식을 취하도록 한다.

❺ 절대 혼자서 다니지 말 것. 밤에는 포인트에 진입하다 방향감각을 상실할 수 있으므로 익숙하지 않은 자리에 혼자 들어가지 말아야 한다. 자칫 사고를 당해도 도움을 요청하기 힘든 외딴 곳은 가지 않는 것이 상책이다. 그 외 구명조끼나 호루라기, 갯바위신발 같은 기본적인 안전장비는 꼭 챙기고 낚시하도록 한다.

농어용 미노우로 30cm가 넘는 대형 볼락을 낚은 낚시인. 제주도에서는 가끔 농어용 미노우에 대형 볼락이 달려드는 경우도 있다.

■ 제주도 농어낚시 인기 로드

엔에스
NEW 씨피어스 S-932ML

레귤러 패스트 타입의 전형적 농어루어 낚싯대의 액션을 가지고 있는 제품으로, 중장거리에 포진한 농어군락에 여유 있게 다가설 수 있는 캐스팅 능력과 대형농어의 바늘털이도 유연하게 받아낼 수 있는 팁과 허리의 밸런스가 우수하다. 루어와의 밸런스도 잘 유지해 액션을 부드럽고 자연스럽게 연출하며 캐스팅에 전혀 불편함이 없다. 가격 43만5천원.

다이와
모어댄 브란지노 AGS 97LML

길이가 9.7ft지만 로드의 무게가 125g으로 아주 가벼워 롱캐스팅의 정확도를 높인 모델이다. 초리는 라이트 액션의 유연함을 유지하면서 손잡이대는 미디엄라이트의 빳빳함을 가지고 있어 대형 농어도 여유롭게 제압할 수 있다. 14cm 대형 미노우와 바이브레이션까지 폭 넓게 사용할 수 있다. 가격 8만3천엔.

라팔라
XLT SECRET 90M2

원피스에 버금가는 로드 액션으로 라이트한 루어와 라인을 사용할 수 있는 농어전용 스피닝 로드다. 팁은 부드럽고, 허리는 고탄성인 모델이다. 일본 후지 K가이드를 탑재해 원투가 수월하며 허리힘이 좋아 대물과의 파이팅에도 잘 대응한다. 루어는 28g까지 사용가능해 140mm 대형 미노우도 문제없이 캐스팅할 수 있다. 가격 23만원.

천류
엑스카리브 시배스 330

천류가 제작한 본격 농어루어 전용대로 정확한 휨새를 구현해 대물농어의 저항에도 유연하게 대응할 수 있다. 3피스 로드로 길이가 10ft 내외로 길기 때문에 갯바위, 방파제, 백사장 등에서 원투용으로 적합하다. 모든 제품에 티타늄 코팅 SiC가이드를 채용, 원줄과의 마찰을 최소화했으며 후지 릴시트 채용으로 로드 파지감도 뛰어나다. 가격 17만8천원.

JS컴퍼니
빅쏘드 S4 972ML

길이가 9.7ft이지만 무게는 150g대로 아주 가벼워 워킹 포인트 공략에도 손쉽게 사용할 수 있다. 강한 허리와 고감도 액션은 넙치농어를 상대하기에 충분하다. 가이드는 가벼우면서도 변하지 않는 티타늄 프레임의 후지티타늄 KR가이드 콘셉트 적용, 파워, 감도, 정투성, 원투성이 뛰어나다. 가격 51만원.

영규산업
스탤리온 ST-962M

파워 게임에 적합하도록 설계된 9.6ft짜리 모델로 제주와 같은 원투가 필요한 포인트에서 효과적으로 사용할 수 있다. 루어는 45g까지 사용할 수 있어, 무거운 싱킹 펜슬베이트도 거뜬히 풀캐스팅할 수 있다. 가격 20만원.

▼경기 군포에서 제주도로 원정낚시를 간 홍성백씨(코리안피싱 회원)가 넙치농어를 들고 힘겹게 포즈를 취하고 있다. 낚은 곳은 서귀포 법환포구 인근 갯바위.

나만 입질을 받지 못한다면?
비거리 짧거나 릴링 속도가 문제

똑같은 장소에서 똑같은 루어로 캐스팅해도 나만 입질을 못 받는 경우가 있다. 그런 현상이 생기는 이유는 두 가지. 캐스팅이 미숙하거나 너무 굵은 라인을 사용해서 나만 비거리가 짧아져 루어가 농어가 있는 포인트에 도달하지 못하는 경우이거나, 릴링 속도에 문제가 있는 경우다. 비거리가 짧은 문제는 현장에서 당장 해결할 수 없다. 캐스팅에 익숙해져야 하고 가는 라인으로 바꿔야 하기 때문이다. 그러나 릴링 속도라면 당장 바꿀 수 있으므로 다른 사람이 어느 정도 속도로 릴링을 하는지 물어보고 따라하도록 한다.

밤낚시를 할 때는 미노우가 천천히 유영하도록 릴 핸들을 1초에 한 바퀴 정도 돌리는 것이 좋다. 농어는 시력이 그리 좋은 어종이 아니라 밤에 루어를 금방 식별하지 못하므로 미노우로 잔 파장을 꾸준히 일으키며 천천히 감아야 농어가 입질을 할 수 있다.

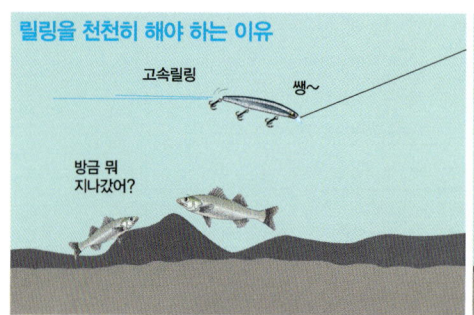
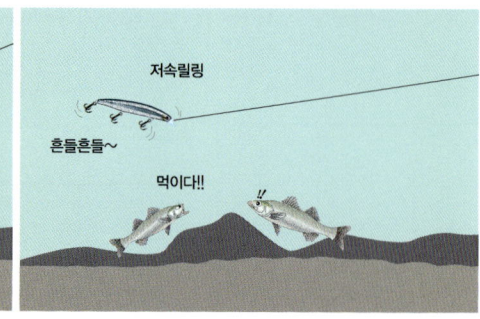

■ 제주도 농어낚시용 추천 릴

다이와
모어댄 브란지노 LBD

레버 브레이크가 달려 있는 농어루어낚시 전용 LBD릴이다. 레버로 줄의 풀림을 조절할 수 있을 뿐 아니라 드랙으로도 조절이 가능하다. 일본에서는 대형 농어의 바늘털이와 갑작스러운 방향 전환을 효과적으로 제압하기 위해 LBD릴을 즐겨 사용하고 있다. 수동으로 드랙을 풀어줄 수 있기 때문에 더 가는 라인을 사용할 수 있다는 것도 장점이다. 권사량은 PE 1호 200m, 1.5호 150m. 가격 7만1400엔.

서귀포항방파제에서 바라본 정방폭포. 민물이 대량으로 유입되는 곳은 베이트피시가 많아 농어가 출현할 확률이 높다.

제주시 한림읍 선녀코지에서 70cm급 넙치농어를 낚아낸 강영민씨.

라팔라
오쿠마 세이마르 HD

라팔라가 릴 전문 제조기업 오쿠마를 인수한 후 새로 출시한 스피닝릴이다. 기존 세이마르 스피닝릴을 좀 더 세련되게 리뉴얼한 제품으로 플라이트 드라이브를 탑재해 릴링감이 부드럽고 기존 기어보다 한 단계 큰 HDG-2 기어를 채용해 강한 견인력을 가지고 있다. 1000번부터 4000번까지 출시했다. 제품을 출시하기 전 가장 작은 1000번으로 수 개월간 필드테스트를 진행했으며 농어, 부시리를 대상어로 극한의 테스트를 한 결과 6개월이 지나도 고장이 나지 않는 내구성을 자랑한다. 농어용으로는 3000번과 4000번이 적합하다. 가격 9만원대.

■ 포인트 특징
수중여 많은 홈통이 최상의 포인트

지역을 막론하고 농어루어낚시에 있어서 가장 중요한 부분이 바로 포인트다. 제주에는 여러 가지 형태의 포인트가 있는데, 포인트를 잘 모르고 접근하면 실패하기 쉽다. 특히 포인트의 형태에 따라 맞는 물때가 있어서 그것을 잘 맞춰 가야 한다.

제주의 농어루어낚시는 대부분 밤에 이루어진다. 물색이 맑고 수심이 얕기 때문에 낮에는 파도가 쳐도 연안으로 농어가 잘 붙지 않기 때문이다. 또 항상 원하는 바람이 불어주지도 않는다. 밤이 되면 주변이 어두워져서 잔잔한 날에도 농어들이 연안 가까이 접근한다. 제주에서 가장 흔한 농어 포인트의 형태는 아래와 같다.

가파도와 제주 본섬 사이의 물골. 바람이 불어 파도가 치는 날엔 큰 농어들이 잘 낚인다.

❶ 수중여가 발달한 수심 얕은 홈통이다. 이런 곳은 농어의 먹잇감이 되는 베이트피시들이 늘 드나들기 때문에 농어가 손쉽게 먹이를 구할 수 있다. 특히 농어들이 최고 먹잇감인 멸치를 포위해서 홈통지역으로 몰아놓고 사냥할 때는 엄청난 마릿수 조과를 거둘 수도 있다. 홈통 지역은 들물보다 썰물에 조과가 좋다.

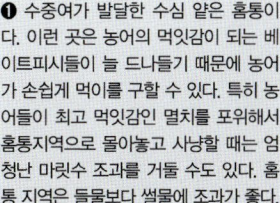

수중여가 발달한 얕은 홈통. 제주도에서 최고의 포인트로 꼽힌다.

❺ 백사장도 농어의 단골 회유로다. 모래엔 게나 작은 물고기 같은 먹잇감이 풍부하며, 모래에 수중여가 있는 곳이라면 농어의 은신처나 매복 사냥터가 되기 때문에 농어가 있을 확률이 높다. 백사장은 잔잔할 때보다는 파도가 쳐서 모래가 일어나 물색이 탁할 때가 좋다. 그래야 경계심을 늦춘 농어들이 먹이활동을 위해 가까이 접근할 수 있기 때문이다. 백사장은 중들물 이후가 좋고 입질 지점이 멀기 때문에 비거리가 좋은 미노우를 사용하는 게 유리하다.

백사장. 게나 작은 물고기 같은 먹잇감이 풍부해서 농어가 자주 출현한다.

❷ 몽돌밭 지역은 농어들이 먹이활동을 하기도 하며 휴식을 취하는 곳으로 사용된다. 몽돌밭 주변은 은신처가 되는 수중여가 많고 돌 틈에 다양한 먹잇감이 있어서 농어들이 정기적으로 출몰한다. 물때는 중들물부터 만조를 지나 초썰물까지가 좋다.

몽돌밭. 농어들이 먹이활동을 하기도 하며 휴식을 취하는 곳이다.

❻ 방파제 안통으로도 베이트피시들이 많이 모여들기 때문에 농어가 자주 출현한다. 먹잇감을 노리고 들어오는 농어도 있으며, 파도가 높은 날이나 밤에 휴식을 취하려고 들어오는 경우도 종종 있다. 방파제 안통에서 낚시할 경우 정숙이 제일 중요하다. 시끄럽게 하면 농어들이 놀라서 달아나버린다. 발소리를 조심하고 랜턴도 켜지 않도록 한다. 물때는 만조 전후가 가장 좋다. 가끔 생각지도 못한 대물이 있으므로 긴장을 늦추지 말아야 한다.

방파제 안통. 의외로 큰 농어가 들어오는 체크 포인트.

❸ 육지에서 물이 유입되거나 해저 바닥에서 용천수가 솟는 지역에도 농어가 자주 출현한다. 민물과 바닷물이 섞이는 지역엔 베이트피시가 항상 붙어 있고, 농어가 기수역을 좋아하기 때문이다. 한라산을 중심으로 남쪽 해안에는 용천수가 흘러나오고 수중여가 복잡하게 산재해 있는 곳이 많은데, 이런 곳은 대형 넙치농어도 종종 출현한다.

바닥에서 용천수가 솟는 지역. 베이트피시가 많아 농어가 자주 출현한다

❼ 하천과 바다가 만나는 지역도 좋다. 민물과 해수가 만나는 곳은 유기물이 풍부해져 수중에 다양한 생물이 서식하게 되는데, 특히 지렁이나 게가 많이 산다. 지렁이가 물위로 떠오르는 시기가 되면 엄청난 양의 농어가 들어오기 시작하는데, 그런 시기를 잘 맞추면 마릿수 조과를 거두는 것이 가능하다. 주로 1~2월에 지렁이들이 물위로 떠오르는 경우가 많은데, 매년 같은 장소에서 같은 현상이 일어나지는 않는다. 들물보다는 썰물이 좋다.

하천과 바다가 만나는 지역. 지렁이나 게가 많이 산다.

❹ 육상양어장에서 배수관이 뻗어나간 곳도 포인트가 된다. 제주도에는 광어나 우럭 등을 양식하는 육상양어장이 많은데, 배수관을 통해 바다로 흘려보내는 폐수엔 사료 찌꺼기와 우럭, 광어 치어들이 섞여 있어 그것을 노리고 모인 베이트피시나 우럭 광어 치어를 노린 농어들을 낚을 수 있다. 양식장 주변은 물때를 따지지 않는다. 물때보다는 얼마나 조용한가, 낚시인이 자주 드나들지 않고 있는지가 더 중요한 요건으로 작용한다. 이런 곳은 수시로 들러보는 수밖에 없다.

육상양어장에서 배수관이 뻗어나간 곳. 물때에 상관없는 농어 포인트다.

❽ 밤에 항상 불빛이 있는 곳도 베이트피시들이 들어오기 때문에 노려볼 만하다. 특히 날씨가 좋지 않아 파도가 높게 일거나 반대로 아주 조용한 날에 찾아가보면 의외의 조과를 거둘 수 있다. 큰 항구나 시내 주변의 해안도로에 이런 형태의 포인트가 있는데, 입질지점이 연안에서 멀리 떨어져 있는 경우가 많으므로 비거리가 좋은 미노우를 사용해야 한다. 물때는 크게 상관없다.

밤에 항상 불빛이 있는 곳도 베이트피시들이 많아 포인트가 된다.

제주도 HIT 루어 컬렉션

플로팅 미노우와 싱킹 펜슬베이트는 필수

제주도는 얕은 여밭이 해안으로부터 수십, 수백 미터씩 뻗어 나가 있기 때문에 얕은 수심에서 작동하는 루어를 사용하지 않으면 밑걸림 탓에 낭패를 보기 십상이다. 제주에서 꼭 필요한 루어는 세 가지로 압축할 수 있다. 첫째로 바늘이 3개 달린 길고 슬림한 플로팅 미노우, 둘째 바늘이 2개 달린 플로팅 미노우, 셋째로 싱킹 펜슬베이트다.

● **바늘이 세 개 달린 플로팅 미노우**
원래 봄철에 산란을 마치고 입질이 약해진 농어를 잡아내기 위해 사용하게 된 이 루어는 사용해보니 사계절 내내 효과가 있어 이제는 제주의 필수 아이템이 되었다. 바늘이 세 개 달려 있으면 미약한 입질을 잘 잡아낼 수 있을 뿐 아니라, 입질한 바늘 외의 다른 바늘이 농어의 몸에 박혀 바늘털이를 예방하는 효과를 가지고 있다. 그리고 바늘을 세 개 달기 위해서는 보디가 길어질 수밖에 없는데, 길고 슬림한 보디에서 나오는 자연스러운 액션으로 인해 특히 조용한 밤이나 조류가 없는 곳에서 잘 먹히는 아이템이다. 그러나 단점도 있다. 파도가 높거나 바늘을 한 사이즈 큰 것으로 교체하면 액션이 깨지는 것이 흠이다.

● **바늘이 두 개 달린 플로팅 미노우**
바늘 세 개짜리 미노우보다 바늘 두 개짜리 미노우는 높은 파도에도 액션이 깨지지 않으며 좀 더 크고 튼튼한 바늘로 교체해도 여전히 액션이 잘 나오는 것이 장점이다. 즉 파도밭에서 대형 농어를 노릴 때 적합하다. 그러나 바늘이 하나 줄어든 만큼 바늘털이에 대한 위험이 있으며, 예민한 입질에 대응력도 떨어진다.

● **싱킹 펜슬베이트**
작고 슬림하면서도 무게는 많이 나가기 때문에 맞바람이 불어도 어려움 없이 원투할 수 있다. 한 마디로 멀리 던지기 위한 루어라고 생각하면 된다. 플로팅 미노우는 맞바람을 극복하지 못하는 반면 싱킹 펜슬베이트는 맞바람에 강하다. 멀리 던지면 농어가 은신해 있는 수중여를 넘겨 뒤쪽에서부터 자연스럽게 루어를 접근시킬 수 있으며, 멀리 캐스팅한 만큼 오랜 시간 어필할 수 있다. 그러나 싱킹 펜슬베이트도 단점이 있다. 릴링을 멈추면 가라앉기 때문에 수심이 얕은 제주 연안에서는 사용하기가 조금 까다롭다. 몇 번 사용해보면 익숙해지기는 하지만 로드 액션이나 릴링으로 제때 펜슬베이트를 띄워 주지 않으면 밑걸림이 잘 생긴다. 아주 느린 액션은 하지 못한다는 것도 흠이다.

[JS컴퍼니]
티엠코 잘로우 113
길이 113mm, 무게 17g으로 거친 필드에 대응하기 위해 개발된 잠행수심 40~50cm의 미들레인지 미노우다. 바늘은 '티바 51-46 #5'를 채용해 예상치 못한 런커의 저항에도 휘어지지 않는다. 텅스텐 싱커가 내장되어 있어 만족스러운 비거리를 얻을 수 있다. 가격 2만4천원.

[JS컴퍼니]
티엠코 가이나123
길이 123mm, 무게 17g으로 동급 최장 비거리 능력을 가진 플로팅 미노우다. 잠행심도 30cm의 요란한 워블링이 장점. 슬로우 리트리브 운용에 적합하다. 어떤 상황에서도 안정적인 스위밍 액션을 연출한다. 전어, 정어리, 숭어 등 대부분의 베이트피시에 매치할 수 있다. 가격 2만4천원.

[라팔라]
스톰 플루터스틱 매드-플래시
길이 10cm의 슬로우 싱킹 타입 스틱베이트로 수면 바로 아래를 유영하는 서브서피스 액션이 가능한 모델이다. 초원투 후 아주 얕은 곳을 공략하기 좋다. 실제 베이트피시에 가까운 비늘 모양을 구현했으며 화려한 홀로그래픽 도장에 3D 아이를 부착해 어필력이 강하다. 무게 20g. 가격 1만원.

[라팔라]
맥스랩 15
무게 23g, 길이 150mm의 대형 미노우인데 보디는 아주 슬림한 모델이다. 발군의 비거리를 자랑하며 잔잔한 수면에서 유연하게 헤엄치는 것이 장점. 공기역학을 적용한 디자인으로 캐스팅에 실패할 위험을 줄였으며 VMC 훅을 사용해 대형 농어를 걸어도 바늘이 휘어질 염려가 없다. 잠행수심 30~90cm. 플로팅. 가격 2만3천원.

[라팔라]
엑스랩 솔트워터
농어루어의 기본 액션을 잘 살린 미노우로 완벽한 밸런스와 저크 액션이 장점이다. 현란한 액션으로 포인트를 빠르게 공략하고 싶을 때 위력적이다. 빠른 조류에서도 균형을 잘 잡으며 보디의 길이가 10~12cm로 짧아 농어가 한 번에 바이트할 수 있게 설계되었다. 웨이트가 내장되어 비거리가 우수하다. 잠행수심 1.2~2.4m. 무게 13~22g. 슬로우 싱킹. 가격 1만6천원~1만7천원.

[다이와]
쇼어라인 샤이나Z 120F
71m 비거리를 자랑하는 초원투용 미노우로 다이와가 새롭게 출시한 모델이다. 몸속에 내장된 텅스텐 웨이트가 뒤쪽까지 이동할 수 있도록 만든 '원조 와이어 오실레이트 시스템'을 적용해 착수 후에도 빠르게 자세를 유지하며 안정된 액션을 보여준다. 잠행수심 30~120cm. 플로팅. 가격 2천엔.

[다이와]
쇼어라인 샤이나 SL14 DT
슬림계열의 길이 140mm 미노우로 기존의 SL14보다 40cm 정도 잠행수심이 깊어진 모델이다. 거친 파도에 휩쓸리지 않고 어떤 조건에서든 원하는 액션을 연출할 수 있다. 잠행수심은 100cm 내외로 유영층을 넓혔다. 플로팅. 가격 2천엔.

엔에스
칼립소 145F
길이 145mm의 대형 미노우로 초원투가 가능하며 대물의 바늘털이에도 대응하기 좋은 모델이다. 길고 슬림한 보디에서 나오는 유연한 액션으로 예민한 농어를 지나치게 자극하지 않고 자연스러운 입질을 유도한다. 파도가 높은 포인트에서 대형 넙치농어를 상대하기 좋다. 길이가 130mm인 130F 모델은 잔잔한 날 밤낚시에 유리한 모델. 잠행수심 50~80cm. 가격 1만9500원.

야마리아
스쿼시 F125
립 대신 헤드의 아래가 튀어나온 헤드컷 형태의 플로팅 미노우로 넓은 해변이나 기수역, 수중여가 있는 연안에서 폭넓게 활용할 수 있는 아이템이다. 지금껏 구현해내지 못한 발군의 비거리를 자랑하며 대물이 숨어 있는 스팟까지 신속하게 도달한다. 내구성이 강한 도장으로 플래싱 효과를 오래 유지할 수 있다. 길이 125mm, 무게 20g, 가격 2만2천원.

다이와
모어댄 S-RUSH 85S/95S
'S'자로 유연하게 헤엄치는 와이드 슬라롬 액션을 완벽하게 구사하는 싱킹 펜슬베이트로 조인트 미노우와 같은 강한 액션을 낸다. 대신 비거리는 바이브레이션만큼 멀리 날아가며 수심 1m 내외의 얕은 곳을 천천히 탐색할 수 있는 것이 특징이다. 85mm, 95mm가 있으며 무게는 18g, 18.5g. 가격 1780엔.

다이와
모어댄 X-ROLL 148S 러프 라이드
갯바위 넙치농어에 최적화된 롤링 액션이 가능한 싱킹 펜슬미노우로 거친 파도와 강풍에서도 안정된 액션과 발군의 비거리를 자랑한다. 길이 148mm, 무게 25.5g으로 저중심 설계로 급류도 잘 헤치고 나간다. 잠행수심 50~150cm. 싱킹. 가격 2100엔.

다이와
쇼어라인 샤이나 SL 17F-G
슬림 플로팅 미노우 중에서도 길이 170mm인 빅사이즈 미노우에 속한다. 길지만 슬림한 보디 덕분에 아주 부드러운 유영이 가능하며 수심 15~80cm의 얕은 수심을 천천히 탐색할 수 있다. 뒤집어졌을 때의 복원력이 좋아 파도가 높을 때에도 무난하게 쓸 수 있으며 백사장, 갯바위에서도 활용할 수 있다. 플로팅. 가격 2250엔.

야마리아
블루스코드 슬림 V125
무게는 28g에 불과하지만 내부에 고정되어 있는 웨이트와 슬림한 보디로 경이적인 초원투가 가능한 모델이다. 맞바람이 불거나 일반 미노우로는 도달할 수 없는 먼 거리에 있는 포인트를 공략할 때 쓴다. 초슬로우 싱킹 타입이라 약간의 로드 테크닉만 익히면 밑걸림 없이 사용할 수 있다. 슬로우 싱킹. 가격 1만9천원.

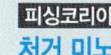

피싱코리아
처거 미노우
헤드컷 타입의 플로팅 미노우로 표층에서 저킹 시 농어를 피해 도망가는 베이트피시의 소음과 움직임을 동시에 연출한다. 농어의 입질을 놓치지 않도록 보디는 길이 120mm를 유지, 무게는 17g으로 비거리와 액션의 안정성을 모두 갖추었다. 플래싱 효과가 뛰어난 홀로그램 테이프로 도장해 내추럴한 색감이 우수하다. 잠행수심 30cm 내외. 가격 1만1500원.

피싱코리아
솔트 미노우
빠른 탐색용으로 설계한 미노우로 단순한 리트리브와 립 액션만으로도 자연스러운 액션을 연출할 수 있다. 133mm의 사이즈가 큰 타입으로 강한 워블링을 낼 수 있다. 홀로그램 보디와 3D 아이를 채용해 대상어에게 더 자연스럽게 어필한다. 잠행수심 1m. 플로팅. 무게 19g. 가격 1만1500원.

야마리아
엔젤키스
길이 140mm, 무게 27g으로 넓은 섈로우 구간에서 대형 농어를 타깃으로 슬로우 액션을 하기 좋게 설계되어 있다. 강력한 워블링으로 폭넓게 어필할 수 있으며, 비거리가 길어 멀리 떨어진 타깃에도 도달할 수 있다. 야마리아의 베스트셀러 제품으로 오랫동안 인기를 끌고 있는 제품. 가격 1만9천원.

야마리아
페이트베이츠 F130
범용성을 자랑하는 스탠더드 미노우로 다양한 포인트에 대응하는 모델. 비거리가 뛰어나고 안정적인 액션을 유지하는 것이 장점이다. 아주 자연스러운 내추럴 컬러와 유연한 스위밍 액션으로 잔잔한 수면에서도 가짜 미끼임이 들키지 않을 정도로 섬세한 액션이 가능하다. 잠행수심 30~80cm. 플로팅. 가격 1만8천원.

피싱코리아
솔트 프로 미노우
무게 31.5g, 길이 152mm의 대형 미노우로 악천후에도 롱캐스팅과 안정적인 액션을 유지할 수 있는 모델이다. 불규칙한 저크액션 후에도 강한 복원력으로 재빨리 제자리를 잡아 농어의 리액션 바이트를 유도할 수 있다. 빠르게 리트리브해서 사용하는 타입이며 잠행수심은 1m 내외이다. 플로팅. 가격 1만4천원.

제주 농어 고수 테크닉 1
장진성 JS컴퍼니 필드스탭

초원투 가능해야 입질확률 높인다

캐스팅 지점은 포인트의 뒤쪽

낚시인들이 농어를 노릴 때 범하는 착각은 루어를 농어가 숨어 있을 만한 곳에 던져 넣기만 하면 입질할 것이라고 생각하는 것이다. 이런 생각은 잘못된 것이다. 제주처럼 수심이 얕은 조용한 포인트에 루어가 첨벙하고 바로 떨어지면 숨어 있던 농어들은 놀라서 달아난다. 그러므로 포인트 뒤쪽에 멀리 던져서 포인트로 루어를 끌어들여 입질을 받아야 한다. 얕고 조용한 곳, 특히 방파제 내항처럼 아주 조용한 곳은 농어가 있는 곳을 피해 루어를 던진 후 농어가 있는 곳으로 루어를 감아 들여야 한다.

먼 곳을 노릴 때도 마찬가지다. 농어가 있을 만한 곳 근처보다는 훨씬 더 뒤쪽에 루어가 떨어져야 입질 받을 확률을 높일 수 있다. 예를 들어 농어가 은신하고 있을 만한 수중여가 있다면 루어를 수중여 뒤쪽으로 멀리 캐스팅해서 천천히 수중여 주변으로 헤엄쳐 오게 하는 것이 더 자연스럽고 입질 받을 확률도 높일 수 있다.(그림1)

따라서 어떤 포인트를 공략하든 원래 노리는 지점보다 더 먼 곳으로 루어를 날리는 것이 상당히 중요한 요소라고 할 수 있겠다. 루어를 멀리 던지는 방법은 가는 합사에 무거운 루어를 사용하는 것이지만, 이것도 어느 정도 밸런스가 맞아야 한다. 로드가 견딜 수 있는 최대 무게에서 루어 무게를 2~3g 낮추고 합사는 1.2호 내외로 너무 굵지도 가늘지도 않아야 힘껏 루어를 던질 수 있다. 줄이 너무 가늘거나 루어가 지나치게 무거우면 무게 밸런스가 맞지 않아 로드를 힘껏 휘두를 수 없게 된다.

미노우의 비거리와 액션 안정감은 반비례

미노우를 교체해서 비거리를 늘릴 수도 있다. 바늘이 두 개 달린 짧고 통통한 미노우보다는 길이가 130~140mm로 길고 슬림한 보디를 가진 루어가 훨씬 더 멀리 날아가며, 130~140mm 중에서도 무게가 2~3g 더 나가는 것이 더 멀리 날아간다.

가장 멀리 날아가는 루어는 싱킹 펜슬베이트로 묵직한 무게감과 더불어 립이 없어서 공기의 저항을 받지 않으므로 미노우로서는 불가능한(?) 거리를 날아가는 것이 가능하다.

그런데 멀리 날아간다고 해서 무조건 좋은 것은 아니다. 꼭 맞아 떨어지는 것은 아니지만 멀리 날아갈수록 거친 바다에서의 액션은 불안정해진다. 잔잔한 날이라면 아무런 상관이 없지만 파도가 높은 날엔 보디가 슬림한 미노우는 쉽게 뒤집어지고 액션도 제대로 나오지 않는 단점이 있다. 그러므로 무턱대고 멀리 날릴 요량으로 슬림한 미노우만 고집해서는 안 되며, 상황에 맞는 루어를 사용해야 한다.

미노우 형태에 따른 비거리와 안정성의 관계

액션의 안정성

짧고 똥똥한 플로팅 미노우
(야마리아 페이크베이츠 90S)

길고 똥똥한 플로팅 미노우
(야마리아 페이크베이츠 110F)

길고 슬림하며 립이 짧은 플로팅 미노우
(야마리아 페이크베이츠 NL125)

길고 슬림한 싱킹 펜슬베이트
(야마리아 블루스코드 슬림125)

비거리

짧고 똥똥한 타입은 액션이 화려하고 안정적이지만, 비거리가 짧다. 길고 슬림한 타입일수록 비거리가 좋지만, 짧은 것에 비해 액션이 화려하지 못하고 안정성도 떨어진다.

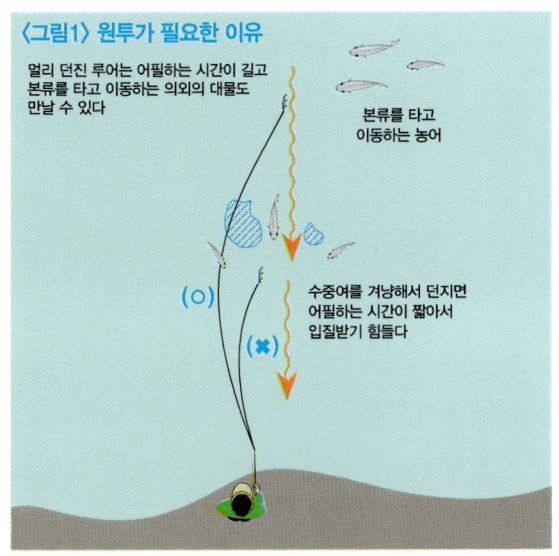

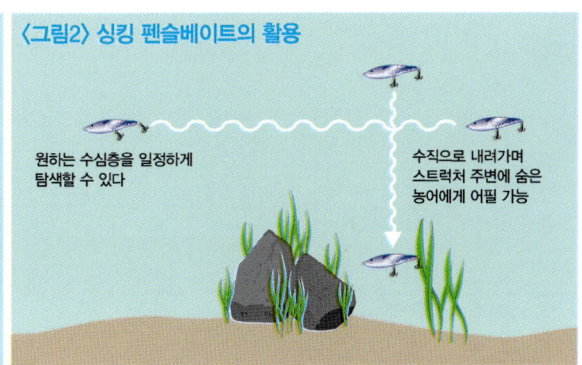

얕은 곳을 노릴 수 있게 만들어진 섈로우 바이브레이션. 비거리가 뛰어나고 천천히 가라앉는다.

싱킹 펜슬베이트는 저활성 농어에게도 효과적

싱킹 펜슬베이트를 무조건 먼 곳을 노리는 루어로만 생각하는 낚시인들이 있다. 그러나 그런 단순한 용도 외에 아주 다양한 목적으로 사용할 수 있다. 첫째 비거리가 긴 만큼 아주 넓은 구간을 탐색하는 것이 가능하다. 멀리 여러 곳에 던져본 후 농어의 유무를 확인하는 데 사용할 수 있다.

둘째 원하는 수심대를 일정하게 탐색하는 것이 가능하다. 미노우는 릴링을 시작하면 립이 물의 저항을 받아 어느 정도 가라앉은 상태의 그 범위만 탐색이 가능하다. 또 바이브레이션은 전층을 노릴 수는 있지만 릴링을 멈추면 너무 빨리 가라앉기 때문에 허둥지둥 탐색을 해야 하거나 탐색 자체가 불가능한 경우가 많다. 하지만 싱킹 펜슬베이트는 초솔로우 싱킹인 것이 많아 아주 천천히 릴링하면 일정한 수심을 꾸준히 탐색할 수 있게 된다. 이런 것에 익숙해지려면 약간의 노하우도 쌓여야 하는데, 싱킹 펜슬베이트의 침강 속도만 머릿속에 기억해두면 어렵지 않게 활용 가능하다.

셋째 싱킹 펜슬베이트는 수직으로 천천히 가라앉기 때문에 장애물 주변으로 천천히 가라앉으며 바닥까지 탐색할 수 있는 것이 장점이다. 오직 싱킹 펜슬베이트만 가능한 액션이다. 겨울에 어초나 해초 주변에 숨어 있거나 바닥에 웅크리고 있는 농어를 노릴 때 효과적으로 사용할 수 있다.

섈로우 바이브레이션의 활용

먼 곳을 노리기 위한 아이템으로는 최근에 주목을 받기 시작한 섈로우용 바이브레이션이 있다. 생긴 형태와 길이, 무게는 기존의 바이브레이션과 거의 흡사하지만, 조금 더 천천히 가라앉고 조류의 영향을 많이 받도록 설계해 일정한 수심을 유지한 상태로 저속 리트리브가 가능한 것이 특징이다.

루어 운용에 익숙하지 않은 낚시인들은 밑걸림을 이유로 섈로우 바이브레이션을 사용하길 꺼려하기도 하지만, 의외로 조작하는 법이 간단해 조금만 사용해보면 금방 익숙하게 사용할 수 있다. 루어가 착수하면 동시에 천천히 릴링을 시작하면 되는데, 루어가 착수한 직후에 릴링하면 상층, 2~4초 여유를 주고 릴링하면 중층 이하를 탐색할 수 있다. 너무 빨리 감으면 루어가 상층으로 떠올라 버리기 때문에 천천히 감는 것이 중요하다.

섈로우 바이브레이션은 얕고 넓은 구간을 탐색할 용도로 먼저 사용하면 좋다. 미노우보다 먼 곳까지 닿으며 조금 더 빨리 훑어 볼 수 있기 때문이다. 입질이 들어와도 히트가 되지 않으면 루어의 크기가 작아서이거나 액션이 빠르기 때문인데, 그럴 땐 다시 미노우로 교체해 입질을 받은 곳을 노려주면 된다.

⊕ 캐스팅 비거리를 늘리는 방법

① 로드와 미노우의 밸런스가 잘 맞아야 한다. 로드가 견딜 수 있는 무게보다 무겁거나 가벼우면 캐스팅 거리는 현격하게 줄어든다. 특히 무겁다고 해서 절대 멀리 날아가는 것이 아니므로 무턱대고 무거운 루어를 선택해서는 안 된다. 낚싯대에 표기되어 있는 루어중량을 보고 그 무게의 루어를 쓰는 것이 좋다. 루어중량의 최대치에서 2~3g 가벼운 것이 가장 이상적이라고 한다.

② 루어의 무게와 합사의 굵기도 밸런스가 맞아야 한다. 비거리를 늘이기 위해 가는 줄을 쓰는 것은 좋지만, 가는 줄에 가벼운 루어를 사용하면 바람이 부는 날엔 가벼운 줄이 바람에 날려 캐스팅이 힘들고 루어가 착수해서는 라인 정렬도 힘들게 된다. 반대로 줄에 비해 너무 무거운 루어를 달게 되면 캐스팅할 때 갑작스런 부하가 걸릴 경우 라인이 터지므로 주의해야 한다. 1호~1.5호 합사에 20g 내외의 루어를 사용하는 것이 적당하다.

③ 주변보다 조금이라도 더 높은 곳에서 캐스팅하면 루어를 더 멀리 날릴 수 있다. 만약 농어를 히트해서 랜딩을 할 때에는 반대로 낮은 자리로 내려와서 랜딩하는 것이 편하다.

④ 합사 전용 스풀이 달린 릴도 비거리를 늘려주는 역할을 한다. 캐스팅 직후 합사는 스풀과 강한 마찰을 일으키며 빠른 속도로 풀려나가게 되는데, 합사 전용 스풀은 합사와의 마찰을 줄여 되도록 원활하게 원줄이 빠져나갈 수 있도록 설계되어 있다.

제주 농어 고수 테크닉 2

성상보 한국다이와 필드스탭·제주 무한루어클럽 매니저

수중여보다
본류 브레이크라인!

낚시인들은 농어가 수중여 주변이나 파도가 들이치는 갯바위 주변에 많이 붙어 있다고 알고 있지만 그렇지 않다. 농어는 조류를 따라 이동하며 베이트피시를 노리는 사냥꾼들이다. 연안에서 멀리 떨어져 흐르는 본류를 타고 이동하며 수심이 깊은 브레이크라인 주변을 따라 매복하거나 무리를 지어 사냥하거나 어둠을 틈타 얕은 연안으로 접근한다.

농어는 아주 다양한 형태로 베이트피시를 사냥한다. 어둠속에 매복해 있다가 갑자기 덮치기도 하고 바닥을 훑고 다니며 새우나 지렁이를 주워 먹기도 한다. 물때에 맞춰 연안 수중여 주변으로 들어와서 은신하고 있다가 베이트피시를 덮치기도 하고, 무리를 지어 막무가내로 덤비거나 반대로 서서히 접근해오기도 한다(그림1).

핵심은 농어가 어떤 형태로 행동하든 그 모든 행동들이 베이트피시를 사냥하기 위한 과정이라는 것이다. 만약 사냥하는 농어를 만난다면 낚는 것은 식은 죽 먹기나 다름없다. 그런 상황을 만나면 대부분 베이트피시가 튀어 올라(반대로 가라앉는 경우도 있다) 농어의 존재와 위치를 쉽게 파악할 수 있기 때문에 그곳에 루어를 던지기만 하면 낚을 수 있다. 농어의 활성도가 좋은 여름~가을에는 농어들이 베이트피시를 쫓는 것을 종종 경험할 수 있다. 문제는 큰 농어를 낚을 수 있는 봄과 겨울에는 이런 상황이 드물다는 것이다.

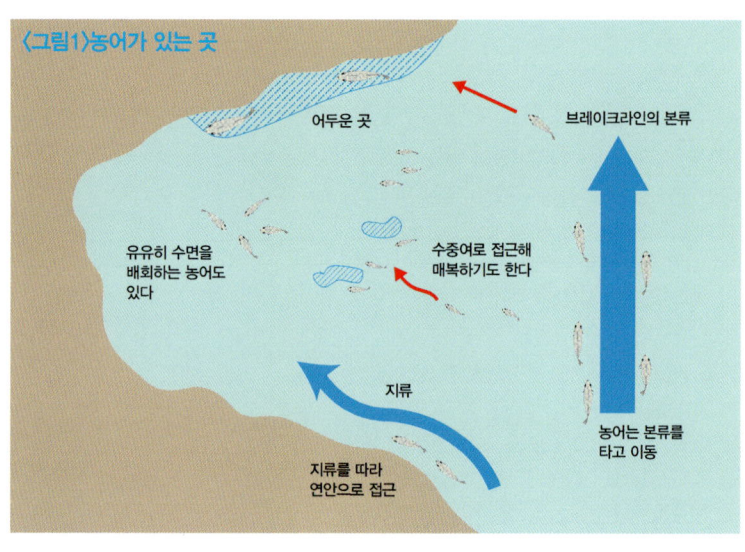

〈그림1〉농어가 있는 곳

마라도가 바라보이는 가파도의 남쪽 해안. 본류가 가까이 있고 연안에서 조금 멀어지면 급심 구간이 있어 큰 농어들이 자주 출현한다.

베이트피시의 움직임을 먼저 파악하라

농어의 위치를 전혀 파악할 수 없을 때라고 해서 막무가내로 아무데나 노려서는 안 된다. 우선 눈에 쉽게 띄는 수중여나 간출여 주변을 노린다. 그 이유는 연안에서 멀리 있는 베이트피시가 수중여나 간출여 주변으로 모이기 때문이다(그림2). 조류가 약한 물돌이(특히 만조 물돌이)때는 아예 베이트피시가 많은 수중여 주변에 농어들이 붙어 움직이지 않는 경우도 있다고 하므로 지나칠 수 없는 포인트가 된다.

하지만 최근에는 수중여나 간출여 너머 본류나 합수지점 혹은 농어가 붙기 좋은 브레이크라인을 직접 노리는 경우가 많다(그림3). 이런 곳을 공략할 수 있다면 농어가 수중여로 붙기를 기다

필자가 즐겨 쓰는 미노우들. 자연스러운 내추럴 컬러가 돋보이고 립이 짧고 비거리가 긴 것을 선호한다.

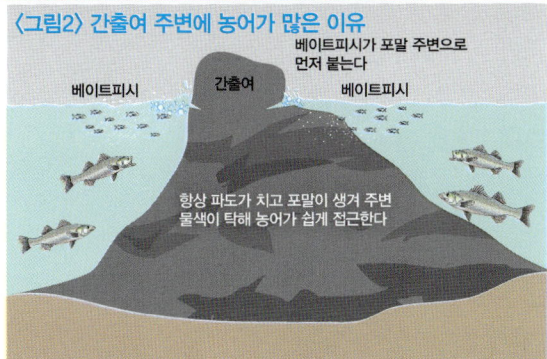

〈그림2〉 간출여 주변에 농어가 많은 이유
- 베이트피시가 포말 주변으로 먼저 붙는다
- 베이트피시
- 간출여
- 베이트피시
- 항상 파도가 치고 포말이 생겨 주변 물색이 탁해 농어가 쉽게 접근한다

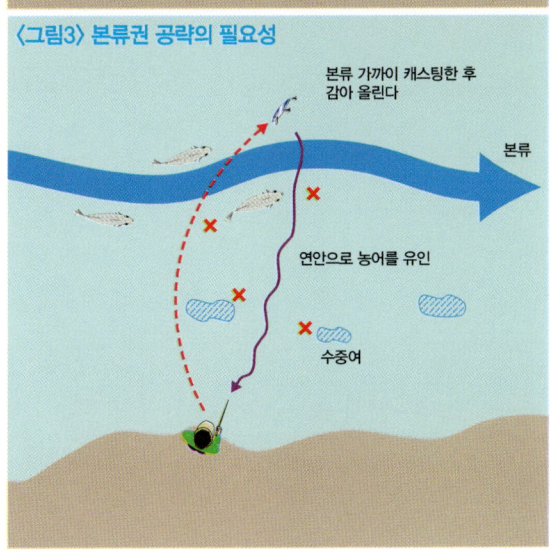

〈그림3〉 본류권 공략의 필요성
- 본류 가까이 캐스팅한 후 감아 올린다
- 본류
- 연안으로 농어를 유인
- 수중여

릴 필요 없이 농어가 지나가는 길목을 노려 더 높은 확률로 입질 받을 수 있다. 또 미노우를 따라 농어가 여러 마리 쫓아올 확률도 있기 때문에 마릿수 조과가 뛰어나다.

다만 조류가 약한 깊숙한 내만의 경우 이런 자리가 드물다. 대신 연안에서 수심이 깊어지는 자리인 브레이크라인을 노려서 비슷한 효과를 볼 수 있다. 물골이나 곶부리 앞, 방파제 곶부리, 배가 지나다니는 항 입구에 깊어지는 구간이 많다.

야간엔 슬로우 리트리브가 기본

농어를 낚기 위해서는 몇 가지 기본 테크닉을 필수적으로 알고 있어야 한다.

먼저 캐스팅! 루어를 1m 정도 늘어뜨린 후 던지는 버트캐스팅이 기본이다. 버트캐스팅은 무거운 루어를 캐스팅할 때 생기는 저항을 줄이고 낚싯대를 휘두르는 과정에서 생기는 원심력과 반발력을 최대한 이용해 조금이라도 더 멀리 루어를 날리기 위한 방법이다. 처음엔 조금 어색하지만 익숙해지면 루어를 바짝 감아 캐스팅할 때보다 더 멀리 날릴 수 있다.

다음으로 릴링과 저킹! 릴을 감으며 로드를 저킹(획- 당기거나 쳐올리는 동작)하는 불규칙하고 다양한 액션을 연출한다. 릴링을 하다가 멈추기만 해도 액션이 달라지므로 지나가는 농어를 유인할 수 있다. 또 저킹을 하면 루어가 뒤집어지면서 반짝이는 플래싱 효과를 낼 수 있고 갑작스런 강한 액션은 농어의 반사적인 입질도 유도할 수 있다.

하지만 야간에는 빠른 액션은 금물이다. 농어가 미노우를 식별할 시간을 주는 것이 우선이다. 그래서 야간에 농어를 노릴 때는 천천히 감아 들이는 슬로우 리트리브가 기본이다. 릴핸들을 1초에 한 바퀴 돌린다는 생각으로 아주 천천히 감고 입질이 느껴지면 릴링을 멈추거나 살짝 저킹해서 액션의 변화를 주면 된다. 하지만 농어가 아주 예민한 상황이라면 액션에 변화를 주기보다는 같은 속도로 계속 릴링하는 것이 더 효과적일 때도 있다.

밑걸림 줄이고 싶다면 더블훅으로 교체

플로팅 미노우의 잠행수심이 아무리 얕다고 해도 밑걸림을 완전히 피하기는 어렵다. 그 이유는 파도가 치면서 생기는 파도의 골 때문이다. 파도의 골은 주변보다 수심이 급격히 얕아지는데, 그 순간에 드러나는 수중여나 해초에 미노우가 잘 걸린다.

밑걸림을 줄이기 위해서는 트레블훅을 더블훅으로 교체해주는 것이 좋은 방법이다. 더블훅은 미노우의 꼬리쪽으로만 두 개의 바늘 침이 있고 머리쪽으로는 바늘 침이 없어 밑걸림을 상당히 줄일 수 있는 것이 장점이다. 최근에는 출시될 때부터 더블훅이 달려 나온 미노우들이 제법 있는데, 농어의 활성이 낮을 때 바닥을 탐색하기 위한 용도로 만들어진 것들이다.

그러나 바늘 침 하나가 줄어든 만큼 후킹이 잘 안되거나 바늘털이를 당할 확률은 그만큼 높아지므로 히트 후 랜딩 과정에서 각별히 주의해야 한다.

가파도에서 큰 넙치농어를 낚은 필자.

밑걸림을 줄이기 위해 더블훅으로 교체한 미노우.

➕ 본류 공략용 루어의 조건
비거리 길고 슬림한 형태라야 좋다

본류를 노리기 위해서는 그에 맞는 루어를 사용해야 한다. 일단 루어가 멀리 날아가야 하고, 멀리 떨어진 곳의 높은 파도에도 제대로 된 액션을 내는 것이어야 한다. 립은 캐스팅할 때 바람의 영향을 작게 받을수록 좋으며, 보디 내부에는 웨이트가 내장되어 있어 파도에 뒤집어져도 빨리 제자리를 잡는 것이어야 한다. 이런 형태의 루어는 대부분 길이가 140mm로 길고 슬림한 보디에 무게는 20g 이상으로 무거운 것이 많다.

제주 농어 낚시터

제주 본섬 BEST 29

강정~남원 갯바위가 겨울시즌 노른자위

북쪽 제주시 일대에는 주목할 만한 농어 포인트가 적고, 남쪽 서귀포권의 강정부터 남원까지가 특급 포인트로 꼽힌다. 인적이 드문 곳에서 큰 농어가 잘 낚인다. 또 광어·우럭 양식장이 있는 곳도 물때에 관계없이 입질을 기대할 수 있다. 다음은 제주 현지 낚시인들에게 검증된 포인트로 자동차를 타고 이동하며 둘러보기 좋은 곳이다. 내비게이션에 입력하면 찾아갈 수 있도록 포인트에 근접해 있는 양식장, 숙박업소, 식당 등의 이름과 전화번호를 기재했다.

구 한림여고 방파제 앞
금능해수욕장 안통

❶ 구 한림여고 방파제 앞-제주시 한림읍

○공략법-방파제에서 도로를 보고 촬영. 앞에 보이는 수문 건너편에서 민물과 베이트피시가 썰물 때 내려오면서 포인트가 형성된다. *한림항 왼쪽에 있는 방파제다.
▶내비 검색 대성수산냉동(☎064-796-7257), 한림어촌계복지회관

❷ 금능해수욕장 안통-제주시 한림읍

○공략법-우측에 보이는 해수욕장이 금능해수욕장이다. 사진 가운데 물속에 있는 구조물이 용천수가 나오는 곳으로 이 주변에 베이트피시와 농어가 몰린다.
▶내비 검색 금능해수욕장, 한림금능호텔, 콘텔그린비치(☎064-796-1051)

❸ 월령리 월령코지 앞-제주시 한림읍
○공략법-멀리 보이는 펜션 앞 다리를 건너가서 갯바위 끝에서 낚시를 한다. 안통과 바깥쪽에서 모두 입질을 받을 수 있다. 특히 무늬오징어도 잘 낚이는 곳이다.
▶내비 검색 풍차와바다(☎064-796-9966)

❹ 스위스콘도 앞 방파제-제주시 한경면
○공략법-정면의 작은 방파제에서 바깥쪽으로 루어를 치는데 앞쪽은 모래밭이어서 멸치가 들어올 때 농어가 잘 낚인다. 태풍이 강하게 불 때 노려볼만하다.
▶내비 검색 스위스콘도

❺ 판포양식장 앞-제주시 한경면
○공략법-판포 스위스콘도에서 200m 정도 더 들어가면 나오는 펜션과 양식장 사이 배출수 부근이 포인트. 사진의 우측 방파제 끝으로 들어가면 에깅에 무늬오징어가 잘 낚인다.
▶내비 검색 제주올레수산(☎064-772-3453), 빅하우스. *스위스콘도를 지나 남쪽으로 400m 정도 가면 우측에 녹색 지붕 양식장이 나온다. 우회전해 진입.

❻ 신도 노을 해안로-제주시 한경면
○공략법-한경면 고산리~대정읍 영락리에 이르는 해안로는 양식장 밀집지대로 유명하다. 배출수가 나오는 곳이면 어디서나 농어가 낚인다.
▶내비 검색 한장수산, 보라매수산

❼ 산이수동선착장 우측 동굴 앞-서귀포시 대정읍
○공략법-우측 해안을 따라 걸어가면 절벽 중간까지 갈 수 있다. 절벽 밑에 일제강점기에 만든 포 진지용 동굴이 있다. 동굴 앞에서 정면으로 루어를 던진다. 씨알은 잘지만 마릿수 재미가 좋다.
▶내비 검색 산이수동 선착장, 송악산 편의점(☎064-794-7711)

❽ 사계리 발자국화석관리소-서귀포시 대정읍
○공략법-사진 중간의 떨어진 여 주변으로 민물이 내려가며 기수역을 형성한다. 밤에는 관리하지 않기 때문에 낚시에 지장이 없다.
▶내비 검색 발자국화석관리사무소

❾ 서귀포 해안경찰서 사계파출소 앞- 서귀포시 안덕면
○공략법-멀리 형제섬이 보이는 포인트다. 중들물 때 찍은 사진으로 썰물이 되면 앞쪽으로 걸어가서 낚시한다. 여 끝에서 왼쪽으로 루어를 던지면 씨알보다는 마릿수가 좋은 포인트.
▶내비 검색 산계원 키토산 오가피(☎064-794-5292).

❿ 대평포구 우측 갯바위-서귀포시 안덕면
○공략법-방파제 너머 갯바위 전역에서 농어가 낚인다. 방파제 초입 기름탱크 바로 밑은 파도 셀 때 농어 포인트. 우측 소나무 숲 안쪽은 무늬오징어 에깅 포인트로 유명한 박수절벽이다.
▶내비 검색 대평회센터(☎064-783-1313), 대평슈퍼민박(☎064-738-0505)

⓫ 남원 일화국제연수원 앞-서귀포시 남원읍
○공략법-멀리 보이는 일화연수원 정문 앞에 내려가는 계단이 있다. 계단 바로 앞 갯바위에서 낚시를 한다. 사진 앞쪽에 보이는 작은 계단 앞쪽은 멸치가 많이 들어올 때 농어가 잘 낚인다.
▶내비 검색 팔도민박(☎064-764-7700). *신주소 : 태위로 604-16

⑫ 남원 벽돌공장 앞–서귀포시 남원읍
○공략법–사진의 왼쪽과 오른쪽 콧부리는 물론 정면에서도 낚시한다. 용천수가 나오는 곳으로 대물 농어, 부시리가 잘 들어온다.
▶내비 검색　보현사

⑬ 남원읍 남태교 인근 민가 앞–서귀포시 남원읍
○공략법–용천수와 배출수가 함께 나오는 곳으로 1~2월에 양식장에서 광어 치어를 걸러낼 때 대형 농어, 넙치농어, 부시리가 함께 낚인다.
▶내비 검색　남태교, 대경수산 *신 주소–남태해안로 243)

⑭ 남원 태흥1리방파제 배출수 앞–서귀포시 남원읍
○공략법–배출수 건너편 갯바위로 이동해서 배출수가 바다와 만나는 중간 지점에서 루어를 던진다. 아니면 끝까지 걸어 나가 난바다 쪽으로 루어를 쳐도 된다.
▶내비 검색　태흥교, 태흥1리포구, 드림캐슬펜션(☎064-764-0871)

⑮ 남원 하수처리장 밑–서귀포시 남원읍
○공략법–사진의 길게 뻗은 돌무더기(바닷물을 빨아들이는 관이 묻혀있다) 끝에서 농어를 노린다. 일반 농어 위주.
▶내비 검색–남원하수처리장 종말처리장

⑯ 남원읍 태흥2리 동진수산 앞–서귀포시 남원읍
○공략법–배출수가 바다와 합류되는 지점에서 낚시한다. 물이 빠지면 맞은편으로 건너가서 낚시해도 된다. 일단 올라설 수 있는 발판이 드러나야만 돼 중썰물에서 초들물이 좋다.
▶내비 검색–동진수산, 천혜농수산 *신 주소–태신해안로 159-16

⑰ 남원 태흥3리 운동장 앞 홈통–서귀포시 남원읍
○공략법–배출수가 갯바위 사이로 배어나오는 곳으로 사진의 전역이 포인트다. 발판이 높은 자리가 많아 들물과 썰물 모두 볼 수 있는 장점이 있다.
▶내비 검색–삼덕수산 *신 주소–삼덕로 18-21

⑱ 남원 수농원 앞 몽돌 포인트–서귀포시 남원읍
○공략법–길가에 '수농원'이라는 간판이 있다. 일반 농어와 넙치농어가 모두 잘 들어오는 포인트다. 지대가 낮아 중들물 이상 때는 불리하고 끝썰물~초들물 때 낚시 여건이 좋다.
▶내비 검색　수농원 *신 주소–태신해안로 3431

⑲ 표선해수욕장 해녀탈의장 옆 홈통–서귀포시 표선읍
○공략법–사진의 해녀탈의장 뒤쪽에 있는 계단으로 내려가서 보이는 홈통 전역이 포인트다. 수중에서 용천수가 올라오는 곳이다.
▶내비 검색　표선해수욕장

⑳ 신천리 원경수산 앞–서귀포시 성산읍
○공략법–해녀탈의장 옆에서 촬영한 모습이다. 중간 지점에 양식장 배출수가 나오는 곳이 포인트다. 배출수가 여러 곳에서 나오므로 발판 좋은 곳이면 어디서나 농어가 낚인다.
▶내비 검색　원경수산, 해룡수산 *신 주소–신청로 143

✚ 부속섬 농어낚시터의 쌍두마차 비양도 & 가파도

비양도와 가파도는 객선을 타고 들어가서 워킹낚시를 한다. 바다 쪽으로 툭 튀어나온 콧부리, 홈통, 수중여가 있는 곳, 본류가 가까이 흐르는 곳은 모두 농어 포인트다. 낮에 충분히 포인트를 둘러보고 기억했다가 밤에 찾아가서 낚시하면 된다.

●비양도 | 출항지인 한림항까지 가려면 제주 공항에서 한림콜택시를 부르는 것이 저렴하다. 공항에서 일반 택시를 타면 미터기로 2만원이 넘지만, 한림콜택시를 부르면 1만5천원을 받는다. 한림항엔 한림매일시장이 있는데, 식당도 많고 생선도 구입할 수 있다. 한림항에서는 매일 오전 9시, 12시, 오후 3시에 도선이 출항하며 비양도에 도착한 후 바로 한림항으로 다시 나온다. 요금은 1인 편도 2천원. 민박은 민경슈퍼에서 한다. 1실 4만원이며 1인 1식에 7천원을 받는다. 한림콜택시 064-796-4242, 비양도 선착장 064-796-7522, 민경슈퍼 064-796-8973

●가파도 | 출항지인 모슬포로 이동할 때 모슬포콜택시를 타면 2만원에 갈 수 있으며 모슬포에서 공항으로 갈 때는 3만원을 받는다. 모슬포항에 도착하면 하루 4번 가파도를 오가는 21삼영호를 타면 된다. 오전 9시, 오전 11시, 오후 2시, 오후 4시에 출항하며 소요시간은 10분. 요금은 1인 편도 5천원. 숙박은 가파도 상동마을 초입에 있는 별장민박에서 한다. 벵에돔과 농어가 제철을 맞는 겨울이면 관광객보다 낚시인이 더 많이 찾는 집으로 다양한 제주의 음식도 즐길 수 있다. 숙박은 1인 1박에 3만원. 단체 방문 시에는 예약 필수. 모슬포콜택시 064-794-5200, (주)삼영해운 064-794-3500, 별장민박 064-794-6885

㉑ 신산리 해양수산~정해수산 구간–서귀포시 성산읍
○공략법–얕은 돌담 때문에 길에서 잘 안보여서 그냥 지나치는 곳이다. 배출수가 한 곳밖에 안 나오지만 걸면 대물급이 곧잘 올라오는 포인트다.
▶내비 검색 해양수산, 정해수산 *신 주소–황해장성로 237

㉒ 온평리 오성수산 앞–서귀포시 성산읍
○공략법–왼쪽 멀리 보이는 초소 밑으로 내려가면 갯바위 끝에서 홈통 쪽이 포인트다. 사진 우측의 갯바위 중간 지점에서 안쪽과 바깥쪽으로 모두 입질을 받을 수 있다.
▶내비 검색 오성수산, *신 주소–황해장성로 739

㉓ 하도 수문방파제–제주시 구좌읍
○공략법–들물에서 썰물로 바뀌면 방파제 안쪽에 있던 물이 빠져나가는데 이때 많은 베이트피시들이 입구로 몰리고 앞쪽 검은 갯바위 부근으로 농어가 거슬러 올라온다.
▶내비 검색 하도 파도소리펜션에서 성산 방향.
더하우스펜션(☎064–784–6040)에서 구좌방향 *신주소–해맞이 해안로 2080

㉔ 평대리 송해수산 앞(일명 평촌 양식장 앞)–제주시 구좌읍
○공략법–수심이 얕은 곳이라 중들물 이상 때가 좋다. 사진의 길가에서 정면으로 루어를 던지고, 가운데 길게 늘어선 갯바위에서 바깥쪽을 보고 루어를 던져도 된다.
▶내비 검색 송해수산, 갯마을수산 *신 주소–해맞이 해안로 1310. 인근에 해녀작업장 있음.

㉕ 한동리 한동수산 앞–제주시 구좌읍
○공략법–건너편 핑크색 건물 앞에서 갯바위로 내려가 낚시한다. 간조가 되면 중간 지점까지 걸어갈 수 있는데 여기서 안쪽과 바깥쪽을 모두 노린다.
▶내비 검색 한동수산 *신 주소–해맞이 해안로 902

㉖ 월정리 대풍수산 앞–제주시 구좌읍
○공략법–사진은 만조 때 촬영. 썰물이 되면 배출수가 흘러가는 게 보이는데 정면에 멀리 보이는 좌측 갯바위 끝에서 바깥쪽으로 루어를 던진다. 왼쪽 담벼락은 옛날 목욕탕으로 용천수가 나온다.
▶내비 검색 대풍수산

㉗ 김녕 동복양식장 앞–제주시 구좌읍
○공략법–용천수가 나오는 곳이다. 사진 우측 중간의 툭 튀어 나온 갯바위 주변이 포인트. 앞쪽은 너무 얕아 밑걸림이 심하다.
▶내비 검색 금해수산 *신 주소–구좌해안로 100

㉘ 신흥리 양식장(초소) 앞–제주시 조천읍
○공략법–낚시인이 서 있는 곳에서 간출여가 보이는 오른쪽으로 루어를 던진다. 거의 만조 때 촬영한 모습으로 물이 빠지면 수중여들이 많이 나온다.
▶내비 검색 팜비치펜션(☎064–784–5570) *신 주소–조암해안로 321–14

㉙ 삼양리 삼양포구 빨래터–제주시 삼양1동
○공략법–사진 왼쪽 길가에서 바다를 정면으로 보고 루어를 던지며, 썰물이 되면 왼쪽 방파제 끝으로 옮겨가 난바다로 루어를 던진다. 건너편 방파에서는 바깥쪽 우측 홈통이 농어 포인트다.
▶내비 검색 삼화포구식당(☎064–726–7887), 삼양정(☎064–756–4044)

Special Guide 1

일본 치쿠고천의 사례로 본
기수역 농어낚시 방법
(강 하구)

치쿠고천을 찾은 일본 낚시인이 104cm 농어를 낚아 기념촬영을 했다.

비슷한 사이즈의 또 다른 대물 농어.

치쿠고천의 농어 포인트. 과거 계류장이 있던 장소로 계단과 수몰된 석축이 있어 여럿이 낚시하기 편한 포인트다.

현지 낚시인이 바이브레이션으로 히트한 농어를 끌어내고 있다.

6월 초순이면 일본 큐슈(九州)지역은 장마가 시작되어 7월 하순까지 계속되는데 약 2개월간 축축하고 찌뿌드드한 날씨가 계속된다. 그때 큐슈의 대도시 후쿠오카의 남쪽에 있는 우리 동네 하천인 치쿠고(筑後)천엔 특별한 낚시가 시작된다. 산란을 맞은 웅어들이 강 하구에 모이면 이놈들을 먹기 위해 농어들이 줄을 서면서 '치쿠고천의 농어낚시'가 개막하는 것이다.
한국에서 웅어는 한강과 낙동강 하구에서 쉽게 볼 수 있는 물고기지만 일본에서 웅어는 이곳 치쿠고천밖에 서식하지 않는 드문 물고기다. 하구에 포란을 한 웅어가 대거 모여들고 있는데 농어가 그냥 바라보고만 있을 리 없지 않은가.
장마철이 되면 웅어를 잡아먹으려고 모여드는 농어를 노리고 많은 낚시인들이 모여든다. 이들에게 가장 뜨거운 시즌의 개막인 것이다. 물론 농어는 일본 전국 어디에서나 낚이는 대중적인 물고기다. 그러나 이 시기, 이곳에서의 농어낚시에 열광하는 데는 이유가 있다.

장마 때마다 솟는 짜릿한 농어 물기둥

일단, 먹이인 웅어를 공격하는 농어의 보일(Boil-베이트피시와 포식어들이 수면 가까이에서 쫓고 쫓기며 마치 물이 끓듯 파장을 일으키는 현상)이 압권이다. 웅어 무리를 농어가 아래에서 위로 공격하면 30~40cm에 달하는 웅어가 수면을 가르고 뛰어 오르는데 은색의 리본과 같은 웅어가 하늘하늘 수면 위에서 춤을 추고 계속해서, "첨벙~ 촤악- 텀버덩!"하고 마치 큰 돌을 던져 넣은 것 같이 1m 정도의 물기둥이 솟는다.
또 한 가지, 농어가 웅어를 공격하는 모습도 흥분되지만, 무엇보다 농어가 웅어의 무리를 쫓는 것과 마찬가지로 대형 톱워터 플러그에도 격하게 공격해 온다는 사실이다. 톱워터로 낚는 농어, 다른 루어로 낚는 것과는 비교도 안 되는 쾌감, 바로 이것이 민물농어루어 마니아가 되는 이유이다.

사노 사다오

profile 1962년 일본 고베 출생. 물고기를 좋아하는 낚시광으로 세계 제일의 루어를 만들겠다는 일념으로 GL공방을 운영하고 있다. 한일 양국의 낚시문화 교류에 관심이 크다.

서울의 한강과는 비교할 수 없지만, 그래도 여기 치쿠고천은 강폭이 200m 이상이고 보일은 대개 가까이에서는 나타나지 않는 것이 현실, 최대한 원투가 필요한 낚시이기도 하다. 그래서 낚시장비는 하천용 농어낚시 도구라고는 해도 좀 오버한 느낌이다. 노리는 농어의 사이즈도 90cm 이상이라서 튼튼한 도구가 필요한 것이다. 초리에 탄력이 좋고 좀 뻣뻣한, 60g까지 던질 수 있는 8~11피트 낚싯대에 중형 스피닝릴, 원줄은 PE 1~2호에 쓸림을 고려해 목줄 20~30파운드를 2~3m 연결해 사용한다. 루어는 슬로우 싱킹의 40~50g의 포퍼를 연결한다.

톱워터에 대물 농어의 파상 공격

낚시하는 방법은 어렵지 않다. 낚싯대를 크게 휘둘러 톱워터를 최대한 원투한 후 천천히 릴링하면 된다. 낚이는 사이즈는 60~70cm가 넘는데, 가끔 미터급이 출현하기도 한다. 대물이 걸리면 바늘 3개가 모두 뻗어 버릴 정도로 괴력을 쓰기도 한다.

시즌 초반에는 웅어의 무리가 그다지 크지 않아 농어의 보일이 잘 나타나지 않기도 하는데, 그럴 때는 바이브레이션 플러그로 바닥을 더듬든가 미노우로 표층을 탐색하든가 싱킹 펜슬로 수면에서 워킹을 하는 등 여러 가지를 시도해 보기도 한다. 웅어가 보이지 않을 때도 마찬가지로 이런 형태로 다양하게 노려볼 수 있다. 입질이 없을 때는 바로바로 이동한다. 그것이 루어낚시의 기본이고 그것에 충실해야 좋은 조과를 거둘 수 있다.

하천에서 낚이는 농어의 단점이 있다면, 수질이 별로 좋지 않은 곳이라 낚은 농어를 가져가는 일이 거의 없다는 것이다. 특히 하구둑이 있는 곳은 수질이 나쁜 곳이 많은데, 그런 곳에서는 보통 손맛을 본 뒤에 놓아주는 일이 많다. 그렇다고 해서 섭섭할 것은 없다. 미터급 농어가 눈앞에서 수면을 박차고 나와 톱워터를 덮치는 광경을 목격한다면, 농어쯤이야 취하지 않아도 충분히 만족할 수 있기 때문이다.

하천에서의 낚시는 보통 6월 이후에 시작해 2개월 정도 즐길 수 있다. 그렇게 하다가 웅어가 사라지면 농어도 함께 사라진다. 큰 하천이라면 심심치 않게 미터급 농어를 낚을 수 있으므로, 바다와 하천이 연결된 곳이라면 도전해보길 바란다.

한국에서도 하천에 농어가 있을까?

한국도 일본과 마찬가지로 크고 작은 강과 바다가 만나는 하구에서 농어루어낚시가 잘된다. 대표적인 곳이 부산의 수영강, 울산의 태화강, 경북 영덕의 오십천, 목포 영산강 하구 등이다. 그 외에도 특히 동해안에는 작은 천과 바다가 만나는 곳이 많은데, 그 주변은 대부분 농어 포인트라고 생각하면 틀리지 않다.

하천 주변이 농어 포인트가 되는 이유는 첫째 민물과 바다가 만나는 곳에 지렁이 같은 베이트피시의 먹잇감이 많아 베이트피시가 잘 모여들며, 둘째 조고차로 인해 하구에 모인 농어들이 상류로 거슬러 오르기 좋으며(반대로 베이트피시도 이동하기 좋은 여건을 갖춤), 셋째 시즌에 따라 학공치, 은어, 빙어, 웅어 등이 하천을 오르내릴 때면 자연스레 많은 양의 농어들이 붙기 때문이다.

시즌은 7월 장마부터 시작해 지역에 따라 길게 가는 곳은 12월 초겨울에도 농어를 낚을 수 있다. 그러나 한국에서는 선상이나 갯바위낚시에 비해 기수역 농어낚시가 큰 인기를 누리지 못하는데, 그 이유는 아무래도 바다보다 강 하구의 수질이 좋지 못하다보니 고기를 가져가는 것을 꺼리기 때문이다. 그러나 베이트피시의 동선만 파악하면 의외로 쉽게 미터급 농어를 만날 수 있다는 것은 매력이다.

1 웅어 보일이 보이지 않을 때 사용하는 다양한 패턴의 루어들. 주로 바이브레이션으로 바닥을 노린다. 2 계측자 위에 놓인 104cm 농어. 웅어 보일만 찾으면 이런 대물을 낚는 것이 어렵지 않다. 3 치쿠고천 단골꾼들이 연안에 모여 담소를 나누고 있다. 4 치쿠고천에 사는 웅어. 농어들의 먹잇감이다. 5 테트라포드가 끝나는 지점엔 물살이 아주 거세다.

Special Guide 2

일본 루어낚시 고수 특강
시배스 게임의 3대 패턴

미노우에 걸려든 농어. 농어가 움직이는 물때와 공략 패턴을 잘 알아야 좋은 조과를 거둘 수 있다.

쇼어 솔트루어(연안루어낚시)의 대표로 현재 급성장하고 있는 것이 바로 농어루어낚시다. 일본에서 농어는 '스즈키'로 불리지만 루어로 낚는 경우에는 '시배스'라고 불리는 경우가 많아 이 글에서는 시배스로 통일하겠다.
한국과 마찬가지로 일본에서도 시배스의 인기는 무척 높다. 지역에 따라서는 낚시점 매장 매출의 절반 정도가 시배스 상품일 정도다. 왜 그렇게까지 시배스에 인기가 몰렸냐고 하면 그것은 다이와뿐만이 아니라 여러 조구업체들이 피와 땀이 묻어나는 노력으로 개발한 새로운 상품들이 있어서이다. 도구의 진화가 오늘의 시배스 조과를 가능하게 하였으며 나머지는 낚시인이 낚는 일만 남았다.

농어의 유선형 보디는 순발력의 상징

시배스는 크게 3종류가 있다. 첫째 농어, 둘째 넙치농어, 셋째 점농어다. 해외에 다른 종의 농어가 서식하고 있지만 거리가 먼 관계로 제외하겠다. 내 고향 일본은 농어와 넙치농어는 자주 접하지만, 점농어를 낚았다는 소식은 잘 들리지 않는다. 이미 한국에서 농어 게임을 여러 번 즐겼지만 세 종류의 농어를 모두 낚을 수 있어 매우 부럽게 생각하고 있다.

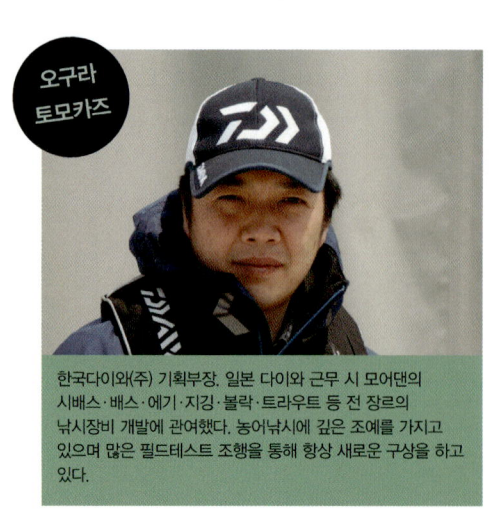

오구라 토모카즈

한국다이와(주) 기획부장. 일본 다이와 근무 시 모어댐의 시배스·배스·에기·지깅·볼락·트라우트 등 전 장르의 낚시장비 개발에 관여했다. 농어낚시에 깊은 조예를 가지고 있으며 많은 필드테스트 조행을 통해 항상 새로운 구상을 하고 있다.

이야기가 조금 달라지지만, 다이와의 최고봉 시배스 로드 '모어댄브란지노'의 이 브란지노는 이태리어로 넙치농어를 뜻하고 있고, 'LABRAX(라브락스)'와 'LATEO(라테오)' 시리즈도 실은 농어의 학술명인 'LATEOLABRAX JAPONICUS'에서 유래했다.

필자는 "시배스를 낚기 위해서는 어떻게 하면 좋습니까"라는 질문을 자주 받는데, 시배스 뿐만 아니라 모든 낚시가 그렇듯 먼저 그 타깃이 되는 물고기에 대해 아는 것이 중요하다고 생각한다. 먼저 시배스는 겉모습이 멋있다. 유선형의 보디는 루어피싱을 대표하는 이미지이다. 바로 주목해야 하는 부분은 그 보디에 있다. 유선형이라는 것은 헤엄치기 좋고 꼬리가 크다는 것부터 강력한 순발력이 있다는 것을 쉽게 상상할 수 있다. 식성은 사납고 난폭하며 움직이는 것이라면 모두 다 먹는다고 한다. 호기심도 강하고 그 덕에 루어로도 낚는 것이 가능하다. 사이즈는 종류에 따라 다르지만 최대 120cm까지 성장한다. 그러나 이 넓은 바다에는 아직 미지의 사이즈가 있을 것으로 예상한다. 점농어는 일반 농어보다 성장이 빨라 대만 등에서는 양식업도 번성하고 있다. 서식지는 3종류 다 약간씩 다르지만 큰 부분에서는 공통 사항이 많다. 시배스에 대해 여러 가지 하고 싶은 이야기가 많이 있지만, 이번에 이야기하고자 하는 것은 시배스를 낚기 위해 중요한 지식들이다.

①시배스 낚시에서 가장 중요한 것은 물때

시배스는 조류가 흐르는 기본 방향에 맞춰 헤엄을 친다. 조류가 움직이지 않을 때는 조과가 거의 없다. 그러므로 시배스 낚시를 하는 낚시인들은 반드시 물때의 상황을 보고 조행일자를 선택하시길 바란다.

조금, 사리 물때에 따라 물의 변동이 달라진다. 가장 변동이 큰 물때가 사리물때(6물~8물)인데, 일반적으로 시배스의 경우 사리물때를 기점으로 전후 2~4일에 좋은 조과가 나오고 있다. 시배스는 빠른 조류에 강하다고 하지만, 왠지 급류 속에서는 먹이를 따라오지 않는 습성이 있어, 조류의 움직임이 너무 센 사리물때에는 낚시가 힘들다고 한다.

물때 다음으로 중요한 것이 만조와 간조의 시간대다. 일본에서는 농어낚시에 있어 '밀물 3분 썰물 7분'이 가장 좋다고 말하는데, 이것은 조류가 움직이기 시작하는 시간을 말한다. 밀물 3분이란 만조를 10, 간조를 0으로 한 경우 간조 0부터 물이 3까지 차오르는 정도(즉 초들물)가 가장 좋다는 뜻이다. 반대로 썰물은 만조 10부터 물이 7까지 빠지는 정도(즉 초썰물)가 가장 좋다. 따라서 시배스를 낚아보고 싶은 낚시인은 사리물때 전후 2~3일의 초밀물과 초썰물을 노려보길 바란다.

여러 가지 다른 일을 하기보다는 이 시간에 집중해서 낚시를 하는 것이 조과와 연결될 확률이 높다. 또한 기본적으로 밀물과 썰물로 바뀌면 바다 흐름의 방향이 바뀌므로 밀물에서 낚이는 포인트와 썰물에서 낚이는 포인트가 바뀌는 경우도 자주 있다. 조류 방향에 주의해두길 바란다.

②위에서 아래로 공략하는 것이 순서

'시배스 낚시를 가면 가장 처음으로 묶는 루어는 무엇인가요'라는 질문도 많이 듣는다. 과거에 농어를 낚은 경험이 있는 낚시인이라면 그 루어를 묶고 싶을 테고, 현장에서 자주 낚이는 루어가 무엇인지 들으면 그 루어를 묶고 싶을 것이다. 그러나

▲상층을 노린 플로팅 미노우를 공격한 농어. 상층의 활성이 좋은 농어부터 낚아내는 것이 올바른 낚시방법이다.

▲해질 무렵을 노려 미터급 농어를 낚은 낚시인. 농어는 사리 물때 2~3일 전후로 초들물과 초썰물에 잘 낚인다.

이런 것을 무시하고 '위에서 아래로' '활성이 높은 것부터 낚는다'가 가장 기본적인 공략법이다.

위에서 아래라는 말은 수면(톱워터)부터 탐색한다는 뜻이다. 그 이유는 두가지다. 첫째는 시각적으로 재미가 있다. 둘째는 시배스가 있는 장소를 특정하기 쉽기 때문이다. '시배스가 톱워터로 낚인다고?' 의문이 드는 낚시인들도 있겠지만, 시배스를 포함한 바다의 포식자는 기본적으로 자신보다 위를 보고 있다. 장소를 특정할 수 있다는 뜻은 수면은 더 이상 도망칠 장소가 없어 농어가 베이트피시를 궁지로 몰아넣고 사냥하기 쉽다는 말이다. 톱워터를 덮치는 시배스를 경험하면 아마 시배스 게임에 푹 빠질 것이다. 반응이 없으면 그 다음으로 미노우·바이브레이션·지그 이렇게 조금씩 깊은 곳을 탐색해 나간다.

'활성이 높은 물고기부터 낚는다'는 활성이 높은 시배스를 낚을 수 있다면 다음 시배스도 낚기 쉬워진다는 뜻이다. 한 마리를 낚으면 옆 사람에게도 바로 낚이는 것이 시배스의 특징이다. 시배스는 단독행동을 한다고 하지만 아마도 수 마리 혹은 수십 마리 단위로 무리를 지어 있으리라 생각된다. 반대로 말하면 옆 사람이 낚으면 바로 자신에게도 기회가 올 수 있다는 것이다. 활성이 높은 것부터 낚는다는 것은 조금이라도 높은 확률을 추구하여 같은 루어를 계속해서 사용하는 것이 아닌 어떤 수단을 사용하여도 한 마리를 빨리 낚는다는 것이다. 그럼 여기까지는 어느 정도 기본지식이었지만 이제부터는 상황별로 이야기를 하고자 한다.

파도가 들이치는 복잡한 연안에서 농어를 노리고 캐스팅하고 있는 낚시인.

톱워터 게임

필자가 가장 좋아하는 낚시방법이다. 수면을 가르고 나오는 시배스의 모습을 한번이라도 보면 누구라도 그 매력에 빠질 거라 생각한다. 톱워터 게임을 잘하는 몇 가지 포인트가 있다.

① 리트리브 스피드

배스낚시에서 톱워터 액션은 '스톱&고'가 기본. 배스낚시는 짧은 거리에서 천천히 유혹하는 스타일이 많지만 시배스의 경우는 더 빠른 속도로 움직인다. 이미지로 말하자면 '고&고&고&고&스톱'이다. 배스가 천천히 낚이는 것에 비해 시배스는 인조 미끼라는 것을 간파당하는 것을 방지하여, 먹게끔 만든다.

② 로드 액션

루어가 멀리 있을 때는 로드 팁(초릿대)을 위로, 가까이 왔을 때는 로드 팁을 아래로 내려 액션을 준다. 중요한 점은 루어가 수면위로 튀어나오지 않게 속도를 유지하는 것. 루어가 연안 가까이 왔을 때 초릿대가 위를 향해 있으면 루어가 수면 위로 튀어나오게 된다. 반대로 멀리 있을 때 아래를 향해 있으면 루어가 먹이처럼 움직이지 않는다. 장소가 협소해 로드를 아래로 향하게 할 수 없다면 옆으로 하여도 괜찮다.

③ 입질

배스와 똑같이 빠른 챔질은 금물이다. 라인이 팽팽해져있기 때문에 무게가 느껴졌을 때부터 로드를 올리는 느낌으로 천천히 챔질하여도 문제없다.

이 세 가지를 마스터하는 것만으로 쉽게 톱워터 게임을 즐길 수 있다. 그리고 가장 중요한 루어는 인기모델 중에서도 가장 인기 있는 'TD 솔트 펜슬'이다. 아마 이 루어를 이길 수 있는 톱워터 플러그는 바다루어 부문에서는 존재하지 않을 정도로 엄청난 루어이다. 필자에게 만약 딱 하나의 루어만 고르라고 한다면 미노우가 아닌 이 루어를 선택할 정도로 신뢰하고 있는 루어이다. 종류와 컬러도 여러 가지가 있으므로 꼭 하나 가져가보시길 바란다.

톱워터 미노우인 TD 솔트 펜슬. 립이 없고 완전히 물에 뜬 상태로 움직인다.

미노우 게임

미노우를 사용할 때 일반적으로 리트리브만 하고 있는 낚시인들을 많이 볼 수 있다. 그래도 시배스가 낚이기도 하고 문제는 없지만 시배스용 미노우에는 놀라운 힘이 숨겨져 있는데, 그것을 소개하고자 한다.

그것은 '저크 성능'이다. 배스루어낚시 용어로 흔히 트위치(트위칭)라고 한다. 섬세한 액션에 큰 폭으로 이동하는 스타일이며, 강한 액션으로 농어에게 매우 효과적이다.

①액션

라인을 팽팽하게 한 상태에서 릴을 감으면서 로드를 50~60cm 들어 올린다. 때로는 1m 가까이 올리곤 한다. 그 동작을 2~3회 한 후 바로 릴을 감는 속도에 맞춰 아주 빠르게 로드를 내려친다. 여기가 중요한 포인트다. 낚싯대를 내려치는 순간에 입질이 들어온다.

저크 중 미노우는 급격한 텐션으로 인해 똑바로 헤엄치지 못하고 밸런스가 무너지게 된다. 2~3번 연속해서 움직이면 첫 번째 저크는 오른쪽으로 비틀어지고, 두 번째의 저크에서는 왼쪽으로 비틀어진다. 그 움직임을 이미지로 표현하자면 '릴을 감으면서 저크→저크→릴을 천천히 감는다→입질' 이 된다. 이런 설명만으로 낚시하는 과정을 상상할 수 있다면 상당한 마니아라고 생각한다. 상상하지 못한 낚시인들도 실제 저크를 해보고 입질을 받으면 쉽게 이해가 될 것이라 생각된다.

저크에서 추천 루어는 모어댄 X-ROLL 128. 사이즈도 적당하고 비거리도 잘나온다. 실제 제주도에 있는 가파도에서 톱워터나 일반 미노우에 낚이지 않을 때 이 루어의 저크로 조과를 올릴 수 있었다.

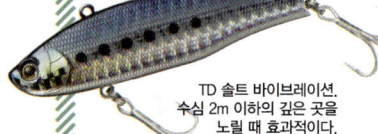

저크용 미노우인 모어댄 X-ROLL128. 리트리브와 저크 액션으로 활용한다.

바이브레이션 게임

배스루어낚시에 잘 사용되고 있는 바이브레이션은 시배스에서도 효과적이다. 단순히 조과만 생각하면 톱워터보다 더 많이 낚일지도 모른다. 사용방법은 매우 간단하다. '던지고 감기'이면 된다. 그 외에 몇 가지 중요한 포인트가 있어서 안내하고자 한다. 이것을 익히면 조과는 향상된다.

①서밍 캐스팅

솔트루어에서는 손가락으로 원줄이 풀리는 속도를 조절해주는 서밍 캐스트가 기본이 된다. 바이브레이션을 사용할 때는 특히 주의해야 한다. 왜냐하면 비행 중과 착수 시에 바이브레이션이 회전하기 쉽고 그 즉시 라인이 잘 꼬이기 때문이다. 다소 비거리가 떨어지더라도 착수 전에 서밍을 해주고 낚싯줄을 팽팽하게 하고 캐스팅을 하는 것이 좋다.

②2m 이하 깊은 수심에선 바이브레이션

고객으로부터 "2m 이상 잠수하는 미노우는 어떤 게 있나요"라는 질문을 받지만 미노우 중엔 2m 이상 잠수하는 것은 거의 없다. 2m 이하(deep)를 미노우로 공략하려고 하면 립을 크게 하거나 본체를 무겁게 할 수밖에 없다. 립을 크게 하면 비거리는 떨어지고 감아 들일 때 물의 저항이 커지게

TD 솔트 바이브레이션. 수심 2m 이하의 깊은 곳을 노릴 때 효과적이다.

거친 파도발을 노려 씨알 좋은 넙치농어를 낚아낸 낚시인. 농어가 있을 법한 수심층을 빨리 찾아내는 것이 핵심 테크닉이다.

된다. 본체를 무겁게 하면 움직임이 한정(액션의 부자연스러움)된다. 그렇다면 역시 2m보다 깊은 곳은 바이브레이션이 좋다. 시배스가 조금 밑에 있겠다 싶으면 바이브레이션으로 빨리 교체하는 것이 좋다. 바이브레이션 중 추천하는 것은 시배스계에 바이브레이션이라는 카테고리를 만들어낸 'TD솔트바이브레이션R'이다. 실은 이 루어가 시배스계에서 바이브레이션의 시초이다. 현장에서는 감는 저항도 작으며, 타이트한 워블링 액션이 좋고 비거리도 강도도 충분하다. 올해 2월 일본 남녀군도에 갔을 때 이 루어로 부시리를 걸었지만 전혀 문제가 없었다.

랜딩 노하우

루어 테크닉과 조금 다른 이야기지만 랜딩하고 손으로 캐치하는 것까지도 테크닉의 한 가지이다. 시배스는 걸면 엄청난 기세로 저항을 한다. 모처럼 힘들게 건 시배스인 만큼 당연히 기념사진은 찍고 싶다. 하지만 의외로 놓쳤다는 말들을 자주 듣는다. 솔직히 필자가 보기에는 랜딩 중에 놓치게 되는 50% 아니 80% 가까이는 낚시인 스스로의 실수로 놓치고 있는 것 같다.

왜 놓치게 되는지 그 이유는 간단하다. 낚싯대가 더 이상 휠 수 없기 때문이다. 휘지 않는다→쿠션이 없다→놓친다. 단지 이 이유이다. 휠 수 없는 상황이라니? 상상할 수 있을지 모르겠지만, 물고기를 걸었을 때 대부분의 낚시인은 낚싯대를 위로 향하게 한다. 그리고 시배스를 자신의 근처까지 오게 한다. 그리고 빨리 들어 올리고 싶어진다.

처음에는 시배스는 아직 멀리 있기 때문에 낚싯대 전체가 휜다. 하지만 낚싯대를 위로 한 자세를 그대로 유지한 상태로 감아오면 거리가 점점 짧아져 낚싯대의 끝만 휘게 된다. 이 상태에서 낚싯대는 더 이상 휠 수 없게 되어, 쿠션이 없어진다. 그렇다면 어떻게 하면 좋은가? 라인을 느슨하게 하지 않는 것은 기본으로, 그 외 간단한 방법이 두 가지 있다.

한 가지는 낚싯대를 옆으로 하는 것이다. 이렇게 하면 낚싯대를 보고 있기 때문에 본능적으로 낚싯대의 가장 파워가 있는 배트 부분을 사용하여 들어 올리려고 하게 된다. 이때 낚싯대 전체가 휘며 놓치지 않게 된다. 또 한 가지는 그대로 뒤로 물러서면 된다. 가깝기 때문에 각도가 생기는 것이므로 거리를 유지한 상태로 뒤로 물러서며 끌어 올리면 문제없다. 뒤로 물러설 곳이 없다고? 낚시인이라면 어디에 캐스팅하고, 어디서 걸고, 어디서 랜딩할지 생각하고 낚시를 해야 한다. 이것이 낚시의 기본이고 모든 것이 한 세트이다. 자주 캐스팅하는 것만 생각하는 사람이 있지만, 낚시를 잘하는 사람은 랜딩 장소까지 생각하여 캐스팅한다. 걸었는데 놓치게 된다면 무엇보다 자기 자신이 후회하게 된다. 따라서 랜딩까지 생각하고 낚시를 하시길 바란다.

농어의 주둥이 언저리에 바이브레이션이 걸려 있다. 이런 경우 농어가 튀어오르며 머리를 흔들면 루어가 떨어져 나갈 수 있으므로 주의해야 한다.

강하구 기수역을 플로팅 미노우로 노려 미터급 농어를 낚아낸 낚시인. 이런 대물 농어들은 입질 받기도 어렵지만 랜딩할 때 아주 조심스럽게 해야 한다.

낮 시배스 게임의 비법

TWO

주의! 아래는 매우 매니아적인 내용이다.
입문자가 섣불리 따라할 경우 로드가 파손될 확률이 높다.
따라하기 전에 자신의 레벨을 고려해 보길 바란다.
실수에 대해서는 일절 책임질 수 없음을 밝히며….

스틱베이트에 히트된 농어.

시배스는 실은 낮과 밤의 포식방법이 다르다. 이것을 알면 물때와 루어 이 두 가지만 믿고 있었던 사람도 조과가 급변하게 된다. 낮의 시배스 낚시방법은 리액션바이트를 기본 액션으로 활용한다. 리액션바이트는 낚시인이 생각하고 있는 이상의 힘을 가지고 있다.

①바이브레이션 초고속 감기
이 테크닉은 3000번 클래스의 릴을 사용하여 말 그대로 바이브레이션을 최고 속도로 감는 것이다. 먼저 낚싯대에 라인을 통과시키지 않은 상태로 핸들을 있는 힘껏 돌려 보길 바란다. 이 속도로 감는 것이 중요하다. 그러나 현장에선 루어가 수면위로 튀어나오는 위험이 있으므로 그것을 방지하기 위해서는 로드를 수면 가까이 대는 것이 중요하다. 감는 속도가 빨라 라인의 위치를 알 수 없기 때문에 루어가 톱 가이드에 닿는 사고가 발생하기 쉽다. 감아 들일 때의 느낌으로 지금 루어가 어디에 있는지 상상하는 것이 중요하다.

②바이올런스(violence) 저크
앞에 말한 저크를 더 강렬하게 하는 것이다. 이런 액션을 하려면 평소의 릴 포지션으로는 무리가 있다. 평소 왼손으로 핸들을 잡고 오른손으로 로드를 잡는 경우, 오른손은 릴을 낚싯대에 고정시키는 릴시트를 잡고 있지만, 이 저크를 할 때는 오른손으로 포어 그립을 잡아야 한다. 즉 릴시트 앞을 잡는데, 이렇게 함으로써 팔이 움직이는 범위가 커진다. 또한 릴이 손 뒤에 있기 때문에 낚싯대 뒤쪽이 무거워 내려가고 낚싯대 끝이 위를 향해 더욱 큰 저크를 하기가 쉬워진다. 로드의 길이가 짧은 것이 바이올런스 저크를 하기 쉽다. 이때 평소와 다른 위치를 잡고 있기 때문에 입질이 들어올 때 혼란을 일으키기 쉬운데, 핸들을 잡는 손과 낚싯대를 잡고 있는 손이 떨어져 있을 경우 매우 감기 힘들다. 익숙하지 않으면 예상외의 트러블이 발생하기도 한다.

추천 루어

마지막으로 다이와의 시배스 루어 5개를 소개한다.

❶ TD 솔트펜슬 11F. 톱워터 중에서는 무적의 루어이다.
❷ 쇼어라인샤이나 SL12. 비거리·안정적인 유영·빠른 액션 반응을 모두 추구한 루어.
❸ 모어댄X-ROLL 128F. 쇼어라인과 다른 액션으로 저크도 가능하다.
❹ 쇼어라인샤이나 R40. 하구지역에 서식하는 먹이 패턴용으로 필요하다.
❺ TD 솔트바이브 RR 80. 시배스 바이브레이션의 원조로 설명이 필요 없는 루어.

상기 다섯 아이템을 가지고 있으면 어떤 상황이라도 90%는 대응할 수 있다. 시배스 낚시는 아주 심도가 깊어 여기에 안내한 부분도 극히 일부분에 불과하다. 다음에 기회가 된다면 더 알찬 내용으로 안내하고자 한다.

Special Guide 3

허연 포말이 이는 만재도에서 농어선상낚시를 하고 있는 낚시인. 남해 원도에서는 7월 중순부터 큰 농어들이 먹잇감을 찾아 모여들기 시작한다.

절해고도에서 맛보는 메가톤급 손맛
먼바다 갯바위 농어루어낚시

남해 먼바다에 있는 가거도, 만재도, 추자도 등지에서는 근해에서 상상하기 힘들 정도의 엄청난 농어 떼를 만날 수 있다. 특히 장마가 시작되는 6월 말부터 9월 말까지는 "하루 100kg을 낚는 것도 가능하다"고 할 정도다.
'하루에 농어를 100kg 넘게 낚는다고?'
펄쩍 뛰는 낚시인들도 분명히 있을 것이다. 그러나 오동통하게 살이 오른 80~90cm 농어(보통 6~7kg 나간다) 열댓 마리면 너끈히 100kg을 기록할 수 있다. 농어 떼를 만난 경우 사이즈가 작아도 쉽게 100kg을 낚을 수 있다.
이런 대박 조황이 잦은 대표적인 낚시터로 가거도, 만재도가 꼽히며 태도, 홍도, 맹골도, 추자도, 거문도, 백도(선상낚시만 가능)가 뒤를 잇는다. 물론 원도에 갈 때마다 이런 조과를 거둔다고 말하면 거짓말이겠지만, 장마철 이후에는 아주 높은 확률로 이런 조과가 터져 나온다.
먼바다 농어루어낚시의 시즌은 7월 이후. 6월 중하순은 조금 빠르고 날씨가 더워져 평균 수온이 18도를 웃도는 시기가 되면 농어가 몰리기 시작하는데, 그때가 7월 중순경부터라고 생각하면 거의 틀리지 않는다. 시즌은 9~10월까지 계속된다. 그러나 시즌이 언제 끝나는지는 정확하게 예측할 수 없다. 9월 중순에 폭발적으로 낚이다가도 9월 말이 되어 어느 날 갑자기 농어가 사라져버리는 경우가 많기 때문이다. 굳이 시즌을 따진다면 9월까지가 호황기이며 10월에 들어서면 차츰 조과가 시들해진다.

원도에서 잘 먹히는 바이브레이션과 닭털루어(우).

바이브 VS 닭털루어

원도는 깊은 수심에 조류가 강하고 입질지점이 멀리 형성되는 곳이 많아 무게가 많이 나가는 바이브나 닭털루어를 선호한다. 어떤 것을 쓰든 무게는 30g 내외가 적당하다. 바이브의 장점은 리트리브할 때 강한 진동을 내기 때문에 탁한 물색에서도 충분히 자신의 존재를 어필할 수 있고, 액션이 깨지지 않고 깊은 수심까지 빠르게 도달할 수 있다는 것이다.
그에 비해 닭털루어는 특별한 액션이 없지만, 오래전부터 농어가 이 전통 루어에 잘 낚인다는 사실이 입증되었다. 일부 낚시인들은 '닭털의 붉은 빛이 입질을 유도한다'고 말하지만, 검은색이나 갈색 털을 사용해도 입질하는 것은 마찬가지이다. 일부는 '물속에 들어가면 깃털이 풍성하게 퍼져서 입질을 유도한다'고 말하기도 하는데, 릴링을 하면 깃털은 조류의 저항을 받아 움츠러들기 때문에 그 말도 맞지 않다. 닭털루어의 효과의 원인은 미스터리에 가깝지만 잘 먹힌다는 사실은 틀림없다.

베스트 초이스는 바이브와 닭털루어

원도엔 모든 어종이 풍부하지만 특히 장마가 시작되면 멸치, 정어리, 까나리 같은 작은 물고기들이 큰 어군을 이루며, 그것을 노린 큰 농어들이 떼로 몰려든다. 여름 원도에 몰려드는 베이트피시의 양은, 어부들이 그물로 하루에 수십 톤씩 조업할 수 있는 어마어마한 양이다.

큰 농어가 잘 낚이는 진도군과 신안군 해역의 원도는 물색이 탁해 농어들이 마음 놓고 활동하기 좋고, 농어가 좋아하는 강한 조류가 흐르며 섬 곳곳에 몸을 숨겨 베이트피시를 사냥할 은신처도 많다. 한 마디로 남해서부의 먼바다는 덩치 큰 농어들이 살기에는 최적의 여건을 갖추고 있다고 할 수 있다. 농어들은 먼바다에서 충분히 영양보충을 하고 겨울을 날 준비를 하는데, 10월경에 원도에서 낚은 농어의 배를 갈라보면 내장 주변에 지방 덩어리가 가득 차있는 것을 볼 수 있다.

그런데 이런 엄청난 원도의 농어루어낚시는 의외로 성행하지 않고 있다. 그 이유는 첫째 낚시터가 너무 먼 곳에 있다는 것, 둘째는 상세한 낚시정보가 너무 빈약하다는 것이다. 그러나 최근에는 대도시의 전문 출조점들이 1박2일 혹은 2박3일로 원도 단체출조를 하며 루어낚시를 전문으로 출조하는 곳도 있으므로 그런 출조점을 이용하면 쉽게 원도 농어낚시를 즐길 수 있다.

사실 원도에서 대박조과를 거둔 낚시인들의 낚시비결을 들어보면 특별한 테크닉이 없다. 그저 농어가 많아서 많이 낚을 수 있었다고 말하는 낚시인들이 대부분이다. 그도 그럴 것이 하루에 100kg의 농어를 낚아내려면 '던지면 물어주는' 상황인데 그 상황에 무슨 비결과 테크닉이 있겠는가.

그래도 염두에 둘 것이 있다. 강한 조류에도 액션이 잘 나오는 루어를 꼭 챙겨야 한다. 또한 가거도나 만재도 등지에서 큰 농어가 낚이는 곳의 수심은 3~15m로 깊이가 다양하기 때문에 상층만 노리는 미노우보다 전층을 노릴 수 있는 바이브가 유용하게 쓰인다. 조류의 세기도 다양한데, 홈통이라도 강한 조류가 밀려들어올 수 있고, 곶부리라도 전혀 조류가 흐르지 않을 수 있으므로 역시 조건에 불문하고 액션이 잘 나오는 바이브 계열이 효과적이다.

바이브 외에 일명 '닭털루어'라고 부르는 재래식 농어용 루어도 먼바다에선 필수 아이템으로 꼽는다. 닭털루어는 30g 내외의 묵직한 싱커에 닭털이 달려 있고 '타이라바'처럼 낚싯줄에 바늘을 묶어 늘여 놓은 형태이다. 별다른 액션도 없고 컬러가 강하게 어필하는 것 같지도 않지만, 의외로 잘 먹히기 때문에 원도 농어 마니아 사이에서는 인기를 끌고 있다.

강한 조류가 흐르는 깊은 곳, 높은 너울이 치는 곳에서도 안정된 액션을 보이는 루어를 가져갈 것. 루어의 원투 성능은 당연히 좋아야 한다. 농어가 발밑에도 있지만, 상당히 멀리 떨어진 곳에서도 먹이활동을 할 수도 있기 때문이다.

낚시인들이 만재도에서 낚은 농어를 보여주고 있다.

농어를 싱싱하게 보관하기 위해 아이스박스에 얼음을 가득 담았다.

원도 농어터 추천

가거도
대한민국 최서남단에 위치한 섬으로 낚싯배로 3시간이나 걸리는 아주 먼 섬이다. 가거도까지 가는 방법은 진도 서망항에서 낚싯배를 이용하는 방법과 목포 여객선터미널에서 여객선을 이용하는 방법이 있다. 멀기 때문에 현지 1박은 필수이며 여유가 있다면 2박 정도 하는 것이 좋다.

●선비&숙박료 – 낚싯배는 진도↔가거도 왕복 14만원. 시즌이 되면 거의 매일 진도 서망항에서 새벽 2~3시에 출항한다. 여객선은 목포~가거도 왕복 122,600원. 목포 출발 08:00~12:20, 가거도 출발 12:30~17:00. 여객선을 타고 들어가면 오전낚시를 하지 못한다. 가거도 현지에서는 현지 낚싯배를 이용해야 하는데 하루에 4만5천원을 받는다. 숙박료는 1인1박3식 4만원.
☎가거도행 낚싯배 – 진도 서망 파이넥스호 017-606-7041, 진도 서망 덕원호 010-5055-6960, 진도 서망 OK피싱 061-542-9328.
☎현지 종선/민박 – 한보호 061-246-3413

만재도
여객선을 타면 가거도에 닿기 전에 마지막으로 들르는 섬이 만재도다. 낚싯배로 2시간 30분, 여객선은 3시간 30분 정도 걸린다. 낚시여건은 가거도와 비슷하다.

●선비&숙박료 – 낚싯배는 진도↔만재도 왕복 12만원. 대개 가거도행 배가 만재도를 경유하는 경우가 많다. 여객선은 목포항에서 출항하는 가거도행을 타면 된다. 운임은 왕복 112,600원. 여객선이 가끔 만재도를 경유하지 않는 경우도 있으므로 출발 전에 반드시 문의해야 한다.
☎만재도행 낚싯배 – 진도 서망 파이넥스호 017-606-7041, 진도 서망 덕원호 010-5055-6960, 진도 서망 OK피싱 061-542-9328, 목포 만재피싱 061-285-9820
☎현지 종선/민박 – 만재호 061-275-6962, 승진호 061-275-9813

추자도
제주도와 완도 사이에 있는 섬으로 여름~가을에 많은 양의 농어가 낚인다. 최근 들어 농어루어낚시터로 주목 받고 있는데, 씨알보다는 마릿수가 장점인 곳이다.

●선비 – 낚싯배는 해남·진도↔추자도 왕복으로 당일인 경우 7만원, 1박 이상하면 9만원을 받는다. 약 1시간 소요. 여객선은 완도에서 오전 8시에 제주로 출항하는 한일카페리 3호를 이용한다. 약 3시간 소요. 추자도 현지 종선비는 하루 5만원. 민박은 1인 4만원으로 3식을 제공한다.
☎추자도행 낚싯배 – 해남 땅끝 황제호 011-601-7211, 진도 서망 뉴진도호 010-3614-5255
☎현지 종선/민박 – 대서리 뉴반도호 011-691-3833, 묵리 에이스호 011-9440-7447, 묵리 피싱스토리호 010-4690-3199, 신양리 하추자레져호 064-742-2070, 신양리 추자피싱랜드 010-5489-5500

가거도 갯바위에서 대형 농어로 화끈한 손맛을 즐긴 낚시인.

chapter 6

로드·릴·장비

농어루어낚시용 로드(rod)와 릴(reel) 그리고 현장에서 유용하게 사용할 수 있는 장비들을 소개한다. 낚싯대를 선택할 때는 자주 출조하는 낚시터의 여건에 맞는 길이와 강도를 우선 선택하고 무게나 부가 옵션을 살펴보고 자신에게 맞는지 검토해본다. 릴은 1.5호 합사가 150m 정도 감기는 스피닝릴 중 드랙력 7kg 내외면 무난하다. 그 외 관심 있게 봐야 할 장비들은 가프, 웨이더, 아이스박스 등이다.

Rod Line-up

농어루어 낚싯대 전시

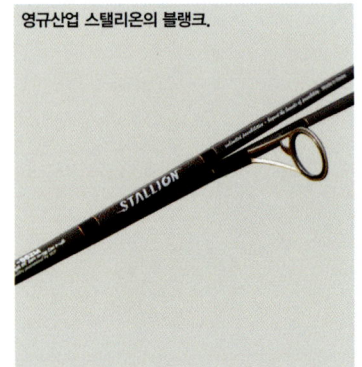

영규산업 스탤리온의 블랭크.

영규산업 STALLION(스탤리온)

품명	전장 (ft)	절수 (개)	무게 (g)	루어중량 (g)	적정라인 나일론(lb)	가격 (원)
ST-802ML	8'0"	2	150	7~25	6~12	147,000
ST-862ML	8'6"	2	165	7~25	6~12	157,000
ST-862M	8'6"	2	170	10~33	8~14	167,000
ST-902ML	9'0"	2	180	10~30	8~14	178,000
ST-902M	9'0"	2	210	15~45	8~20	189,000
ST-962ML	9'6"	2	183	10~30	8~14	194,000
ST-962M	9'6"	2	212	15~45	8~20	200,000
ST-1002M	10'0"	2	215	15~45	8~20	210,000

'스탤리온'은 영규산업의 농어전용 낚싯대로 고탄성 카본과 평직카본의 조화로 완성도 높은 디자인을 구현했으며, 너트형 후지 릴시트를 채용해 릴과의 일체감이 아주 뛰어나다. 무게가 상당히 가볍고, 전 가이드에 SiC링을 채용해 캐스팅 시 원줄과의 마찰을 줄여 캐스팅 시 비거리가 뛰어나다.

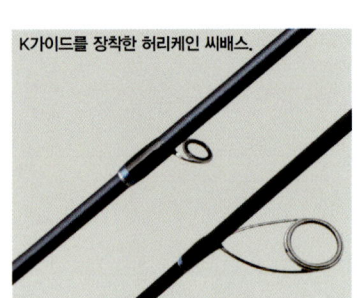

K가이드를 장착한 허리케인 씨배스.

엔에스 허리케인 씨배스 K-GUIDE

품명	전장 (cm)	절수 (개)	무게 (g)	선경/원경 (mm)	루어중량 (g)	적정라인 PE(호)	카본함유량 %	가격 (원)
S-902ML	272	2	195	1.7/13.27	9~25	1.5~3	99	135,000
S-952ML	285	2	195	1.7/13.27	9~25	1.5~3	99	140,000
S-1002ML	300	2	208	1.66/15.48	9~28	1.5~3	99	145,000
S-1103M	335	3	246	1.77/16.63	9~35	1.5~3	99	150,000
962MONSTER	288	2	238	1.7/13.27	30~90	2~5	99	160,000

강한 파워로 호평을 받아온 허리케인 씨배스에 K가이드를 장착한 최신형 모델이다. 블랭크 보강소재인 우븐원단을 사용해 디자인과 강도를 모두 혁신적으로 개선했다. 휨새와 가이드 밸런스, 낚싯대의 탄력이 모두 잘 갖춰져 있어 한국형 농어루어 전용대의 스탠더드 모델로 꼽힌다. 마니아들의 다양한 욕구에 맞춰 총 5가지 모델을 출시했다.

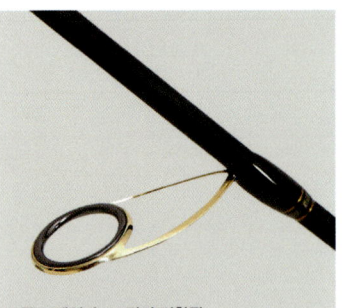

도금 프레임과 SiC링이 결합된 씨피어스의 신형 K가이드.

엔에스 신형 K가이드 씨피어스

품명	전장 (cm)	절수 (개)	무게 (g)	선경/원경 (mm)	루어중량 (g)	적정라인 PE(호)	카본함유량 %	가격 (원)
S-822L	248	2	165	1.5/12.7	8~24	0.8~1.5	99	400,000
S-872ML	261	2	180	1.6/12.8	8~28	0.8~1.5	99	415,000
S-932ML	282	2	211	1.7/13.9	8~32	0.8~2.0	99	435,000
S-932M	282	2	225	1.8/15.3	12~42	1.0~2.0	99	445,000
S-962MONSTER	290	2	271	2.0/16.9	30~100	2.0~5.0	99	470,000
S-1003M	300	3	250	1.8/15.3	12~42	1.0~2.0	99	460,000

엔에스 농어 전용대 중 최고급형 모델로 기존 제품에 K가이드를 장착, 로드 전체의 무게를 줄이고 훨씬 더 좋은 캐스팅 능력을 발휘하게 만들었다. 강도 위주의 견고함에서 벗어나 대상어와의 거리, 낚시터 지형을 고려해 더욱 섬세한 테크닉을 구사할 수 있도록 업그레이드 했다.

엔에스 씨배스 파이널

품명	전장(cm)	절수(개)	무게(g)	선경/원경(mm)	루어중량(g)	적정라인 PE(호)	카본함유량(%)	가격(원)
C-782ML	233	2	148	1.5/13.6	9~26	0.8~1.5	99	230,000
C-832M	251	2	168	1.8/13.2	11~37	1~2	99	240,000
S-862L	258	2	166	1.4/12.6	7~20	0.8~1.5	99	231,000
S-952ML	283	2	190	1.6/13.6	9~24	1~2	99	248,000
S-902L	270	2	172	1.4/12.4	8~20	0.8~1.5	99	241,000
S-1002ML	300	2	192	1.6/13.6	9~25	1~2	99	252,000
S-1103ML	330	3	228	1.7/14.8	9~30	1~2.5	99	262,000
S-1203M	360	3	258	1.9/15.9	11~40	1~3	99	273,000
S-962MONSTER	290	2	230	2.0/16.6	20~80	2~5	95	283,000

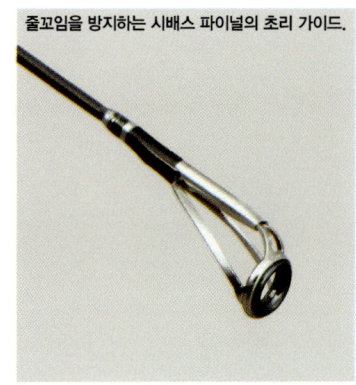

줄꼬임을 방지하는 시배스 파이널의 초리 가이드.

40톤 고탄성 특수 카본원단과 후지 골드이온 도금 프레임에 후지 SiC링을 장착, 캐스팅, 파이팅, 랜딩의 모든 과정에 유연하게 대응할 수 있다. 엔에스가 출시한 본격 농어루어 전용대로 사양은 최고급이나 가격은 중가에 맞춘 모델이다. 이미 많은 농어루어 낚시인들에게 호평을 받았고 2013년에 또 한 번 업그레이드를 거쳐 후지공업사의 K가이드 장착, 우븐원단으로 블랭크를 보강하여 초장타와 고감도를 구현해냈다. 엔에스의 농어루어 전용대 중 가장 다양한 스펙을 구성하고 있다. 베이트릴 마니아를 위한 베이트캐스팅릴 모델, 초장타 마니아를 위한 12피트 낚싯대도 제품군에 포함되어 있다.

엔에스 캐빈II

품명	전장(cm)	절수(개)	무게(g)	선경/원경(mm)	루어중량(g)	적정라인 PE(호)	카본함유량(%)	가격(원)
S-822L	249	2	159	1.51/11.91	8~24	0.8~1.5	99	170,000
S-862L	261	2	168	1.51/11.93	8~28	0.8~1.5	99	175,000
S-902L	272	2	187	1.69/13.14	8~32	0.8~2.0	99	180,000
S-962ML	290	2	200	1.69/14.58	10~36	0.8~2.0	99	185,000
S-962MHMONSTER	291	2	235	2.07/15.82	30~100	2.0~5.0	99	200,000
S-1062M	321	2	220	1.72/15.68	10~42	1.0~2.0	99	190,000

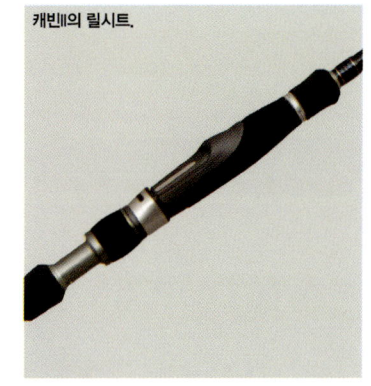

캐빈II의 릴시트.

새로운 트렌드의 농어루어낚시에 걸맞는 액션과 스펙으로 탄생한 엔에스의 차세대 농어루어 전용대로 전문적으로 농어루어낚시를 즐기는 마니아들을 위한 제품이다. 로드의 섬세함과 유연함을 잘 살리고 가벼운 루어를 자유자재로 콘트롤할 수 있는 라이트급 모델이 주를 이루고 있으며, 선상 연안 할 것 없이 최고의 손맛을 느낄 수 있다. K가이드를 장착해 줄꼬임 없이 낚시할 수 있다.

엔에스 버뮤다 SB 후지 티타늄SiC가이드

품명	전장(cm)	절수(개)	무게(g)	선경/원경(mm)	루어중량(g)	적정라인 PE(호)	카본함유량(%)	가격(원)
S-862ML	259	2	124	1.5/12.8	7~35	0.8~1.5	99	620,000
S-902L	274	2	127	1.3/13.0	6~25	0.8~1.5	99	610,000
S-932ML-L	282	2	137	1.3/13.4	6~33	0.8~2.0	99	630,000
S-962ML	289	2	141	1.4/13.7	7~35	0.8~2.0	99	640,000
S-1002M	305	2	154	1.5/14.0	10~40	1.0~2.5	99	650,000
C-832ML	251	2	129	1.4/12.8	8~38	0.8~2.0	99	650,000

엔에스가 2013년 후반에 발표한 최고급형 신상품으로 농어루어낚시의 최신 트렌드를 모두 반영한 제품이다. '블랭크의 혁신'이라는 콘셉트로 가볍고, 고탄성이지만, 부드러운 휨새로 농어의 저항을 자연스럽게 받아넘겨 바늘털이에 쉽게 대처할 수 있으며, 우수한 제압력과 캐스팅 능력도 보유하고 있다. 강인함은 어느 낚싯대와 견주어도 손색이 없으며 가이드, 릴시트, 그립 등은 모두 최고급 부품을 사용했다.

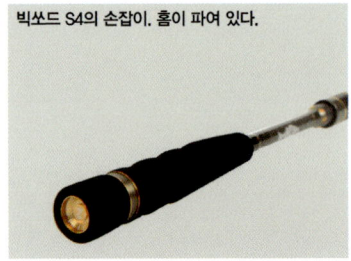

빅쏘드 S4의 손잡이. 홈이 파여 있다.

JS컴퍼니 빅쏘드 S4

품명	전장(cm)	절수(개)	무게(g)	선경/원경(mm)	루어중량(g)	적정라인 PE(호)	카본함유량 %	가격(원)
872L	261	2	132	1.5/12.3	5~24	0.6~2.0	99	460,000
902ML	274	2	140	1.6/12.7	7~30	0.8~2.0	99	480,000
972ML	291	2	155	1.7/13.2	7~35	0.8~2.0	99	510,000

'3M 파워럭스' 원단을 사용한 JS컴퍼니의 프리미엄 농어전용 로드로 블랭크를 최신 로드 제조 기술인 '헥사크로스 공법'과 '슈퍼 마이크로 고밀도 카본 공법'으로 제작해 더 슬림해지고 가벼워졌다. 가이드는 가벼우면서도 변하지 않는 티타늄 프레임의 후지티타늄 KR가이드 콘셉트를 적용, 파워, 감도, 정투성, 원투성을 극대화했다.

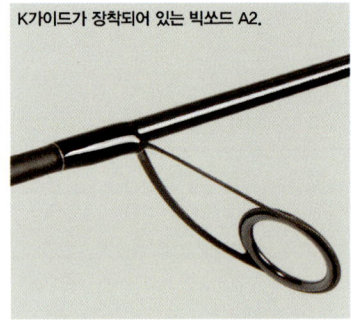

K가이드가 장착되어 있는 빅쏘드 A2.

JS컴퍼니 빅쏘드 A2

품명	전장(cm)	절수(개)	무게(g)	선경/원경(mm)	루어중량(g)	적정라인 PE(호)	카본함유량 %	가격(원)
A214s(S722ML)	220	2	121	1.5/14.2	5~30	0.6~2.0	99	270,000
A214b(BC742ML)	223	2	122	1.6/14.2	7~28	0.6~2.0	99	270,000
A213s(S762L)	228	2	113	1.5/13.2	5~21	0.6~1.5	99	260,000
A214s(S802ML)	243	2	120	1.6/14.0	7~28	0.8~2.0	99	275,000
A213s(S862L)	259	2	124	1.5/14.2	5~24	0.6~2.0	99	280,000
A214s(S902ML)	274	2	138	1.6/14.7	7~28	0.8~2.0	99	295,000
A224s(S972ML)	292	2	147	1.6/14.4	7~30	0.8~2.0	99	310,000

JS컴퍼니의 낚싯대 제조방식인 '헬리컬코어' 구조를 적용한 블랭크로 압축강도, 비틀림강도, 굴곡강도를 향상시켜 어떠한 대상어도 쉽게 제압할 수 있다. 캐스팅 시 순간적인 반발력을 높여 비거리를 향상시키고 복원력이 빠르며 짧은 회전운동으로도 쉽고 간결한 캐스팅을 가능하게 했다. 후지 신형 K가이드를 채용, 초보자도 쉽게 캐스팅할 수 있고 야간낚시에서도 라인트러블 없이 수월하게 캐스팅 할 수 있는 것이 장점이다. 최적의 무게밸런스를 실현, 장시간 캐스팅과 액션에도 힘들지 않으며 뛰어난 감도로 아주 가벼운 루어도 컨트롤할 수 있다.

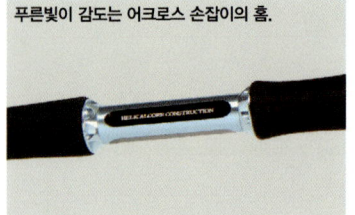

푸른빛이 감도는 어크로스 손잡이의 홈.

JS컴퍼니 어크로스

품명	전장(cm)	절수(개)	무게(g)	선경/원경(mm)	루어중량(g)	적정라인 PE(호)	카본함유량 %	가격(원)
ACR-872PE	262	2	150.1	1.68/11.05	18~32	1.5~2.0	99	355,000
ACR-872	262	2	151.0	1.68/11.05	18~32	1.5~2.0	99	385,000
ACR-902PE	274	2	155.0	1.79/12.95	21~35	1.5~2.5	99	370,000
ACR-902	274	2	156.2	1.79/12.95	21~35	1.5~2.5	99	395,000

최적의 무게 밸런스를 실현, 팁에서 버트까지 힘의 전달을 부드럽게 연결시켜 주어 한 단계 더 나아간 액션을 구현했다. 낚시공간이 협소한 낚싯배와 갯바위에서 블랭크의 성능을 극대화해 롱캐스팅과 자연스러운 루어 액션이 가능하다. 후지티타늄 가이드와 EVA그립, 블랙 러버 도장 릴시트는 장시간의 캐스팅과 루어 운용에도 편안한 파지감을 유지한다. 농어에 관해서는 올라운드 전용로드임을 자부하는 모델.

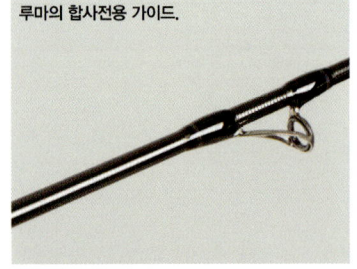

루마의 합사전용 가이드.

JS컴퍼니 루마

품명	전장(cm)	절수(개)	무게(g)	선경/원경(mm)	루어중량(g)	적정라인 PE(호)	카본함유량 %	가격(원)
LM-762	229	2	128.4	1.50/10.07	17~28	1.5~2	99	320,000
LM-7112	241	2	133.8	1.66/11.18	25~42	1.5~3	99	330,000

JS컴퍼니가 제안하는 최강의 다목적 바다루어로드. 후지 티타늄 SiC 가이드와 후지 합사 전용 가이드인 T-LDBSG · T-LCSG 가이드를 채용해 라인 손상과 염수에 의한 부품의 부식 및 변형을 최소화했다. 후지 러버 도장 릴시트를 채용해 수천 번의 캐스팅과 액션에도 우수한 착용감을 유지한다. 초고탄성(40톤+46톤)의 하이카본 원단은 순간적인 반발력을 높여 방파제, 갯바위에서도 원거리 캐스팅을 가능하게 해준다. 무거운 지그헤드와 메탈루어의 운영에도 최적인 제품이다.

천류 X-Carib SEABASS (엑스카리브 시배스)

대형릴도 장착하기 편한 엑스카리브 시배스의 너트형 릴시트.

품명	전장(cm)	절수(개)	무게(g)	루어중량(g)	적정라인 PE(호)	가격(원)
X-Carib240	240	2	190	10~30	0.8~2.0	133,000
X-Carib270	270	2	205	10~35	0.8~2.0	138,000
X-Carib300	300	3	270	12~40	1.0~2.5	163,000
X-Carib330	330	3	290	15~50	1.2~3.0	178,000
X-Carib360	360	3	300	15~50	1.2~3.0	198,000
X-Carib390	390	4	330	12~50	1.2~3.0	215,000
X-Carib420	420	4	375	15~50	1.2~3.0	233,000

천류가 제작한 본격 농어루어 전용대로 정확한 휨새를 구현해 대물농어의 저항에도 유연하게 대응할 수 있다. 다양한 농어낚시 환경에 맞춰 다양한 스펙으로 구성, 선상낚시용으로 8ft 내외의 짧은 로드에서부터 갯바위, 방파제, 백사장 등에서 원투용으로 적합한 14ft 모델까지 1ft 단위로 출시되었다. 모든 제품에 티타늄 코팅 SiC 가이드를 채용, 원줄과의 마찰을 최소화했으며 후지 릴시트 채용으로 로드 파지감도 뛰어나다.

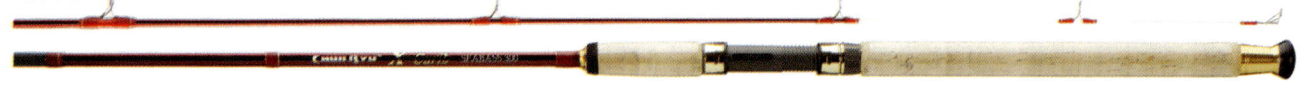

천류 SEABASS X-Caribix (시배스 엑스카리브ix)

시배스 엑스카리브ix의 블랭크.

품명	전장(cm)	절수(개)	무게(g)	루어중량(g)	적정라인 PE(호)	카본함유량(%)	가격(원)
S892ML	259	2	160	10~28	0.8~1.5	99	190,000
S962M	289	2	183	12~36	1.0~2.0	99	198,000

일본 '텐류'와 기술 제휴로 제작한 실전형 농어루어낚시 전용 로드로 고탄성·고장력 블랭크로 농어루어낚시에 최적화한 모델이다. 후지 SiC K가이드를 채용, 줄꼬임이 없고 롱캐스팅이 한결 수월해졌다. 농어루어낚시 마니아들이 가장 선호하는 8.9ft, 9.6ft 두 종만 출시, 연안·선상낚시에 모두 사용할 수 있다. 후지 정품 릴시트, EVA 그립, 코르크 뒷마개 등을 최고급 부품을 적용했다.

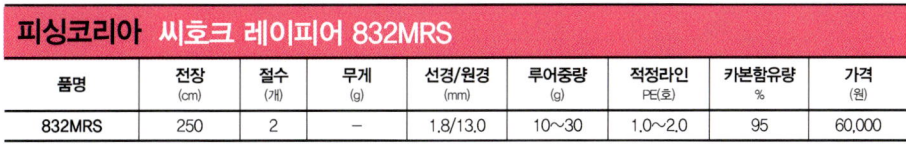

피싱코리아 씨호크 레이피어 832MRS

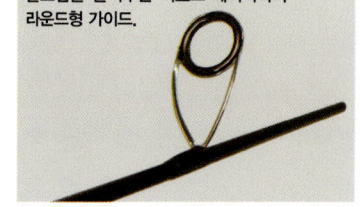
줄꼬임을 줄여주는 씨호크 레이피어의 라운드형 가이드.

품명	전장(cm)	절수(개)	무게(g)	선경/원경(mm)	루어중량(g)	적정라인 PE(호)	카본함유량(%)	가격(원)
832MRS	250	2	–	1.8/13.0	10~30	1.0~2.0	95	60,000

농어루어낚시는 물론 선상낚시, 광어낚시, 갑오징어 등 다양한 장르에 사용할 수 있는 범용성이 높은 제품이다. 라운드형 가이드 구조로 라인트러블을 방지했으며, 낚싯대의 감도가 좋아 예민한 입질도 놓치지 않고 신속하게 전달된다. 바다에서 수많은 필드테스트를 거쳐 가볍고 질기게 설계되었다. 총 7가지 스펙이 출시되었으며, 그중 832MRS가 농어루어용으로 적합하다.

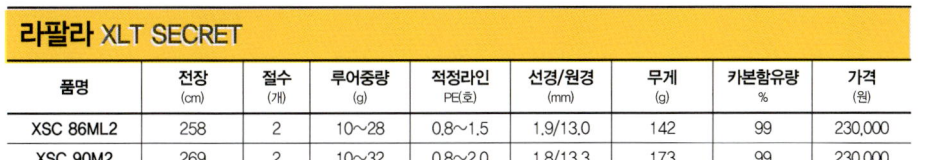

라팔라 XLT SECRET

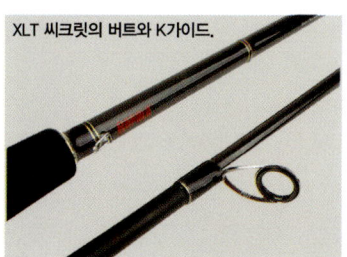
XLT 씨크릿의 버트와 K가이드.

품명	전장(cm)	절수(개)	루어중량(g)	적정라인 PE(호)	선경/원경(mm)	무게(g)	카본함유량(%)	가격(원)
XSC 86ML2	258	2	10~28	0.8~1.5	1.9/13.0	142	99	230,000
XSC 90M2	269	2	10~32	0.8~2.0	1.8/13.3	173	99	230,000

한국형 필드에 대한 분석과 다년간의 필드테스트를 통해 설계한 농어루어 전용대로 일본 후지공업사의 K-시리즈 가이드를 채용, 초중급자도 쉽게 다룰 수 있다. 기존의 고탄성 로드의 단점을 보완 강화하여 누구나 최대의 캐스팅 능력을 발휘하도록 했다. 염분에 강한 EVA 그립과, 후지 VSS 릴시트를 장착했다. 86ML, 90M 두 가지 모델로 어떤 필드에서도 대응할 수 있다.

다이와 모어댄 AGS

품명	전장 (cm)	절수 (개)	무게 (g)	선경/원경 (mm)	루어중량 (g)	적정라인 PE(호)	카본함유량 %	가격 (엔)
88MLM	257	2	118	1.6/12.4	7~30	0.6~1.5	99	55,500
86LLX	259	2	114	1.1/11.4	4~15	0.6~1.2	99	57,000
87LMX	261	2	116	1.1/12.4	4~25	0.6~1.2	99	57,000
88M	264	2	129	1.8/11.9	7~40	0.6~1.2	99	58,000
92L	279	2	116	1.4/11.9	5~24	0.5~1.2	99	57,000
93ML	282	2	122	1.4/12.4	7~35	0.6~1.5	99	58,000
97L	292	2	138	1.9/12.9	7~40	0.6~1.2	99	59,500
99MH	297	2	147	1.9/13.9	10~60	0.8~2.0	99	65,000
107MH	323	2	167	2.1/14.9	10~60	0.8~2.0	99	67,500
109MML	328	2	145	1.5/14.4	10~50	0.8~2.0	99	65,000
121M	368	3	190	1.7/14.9	10~50	0.8~2.0	99	71,000

다이와의 프리미엄 농어루어 전용대로 경량·고감도를 추구한 플래그십 모델이다. 유연성으로 농어의 강한 저항을 부드럽게 제압할 수 있는 모델로 총 11가지 스펙으로 구분해서 출시했다. AGS란 에어 가이드 시스템(Air Guide System)의 약자로 다이와가 독자 개발한 탄소소재의 초경량 가이드를 말한다.

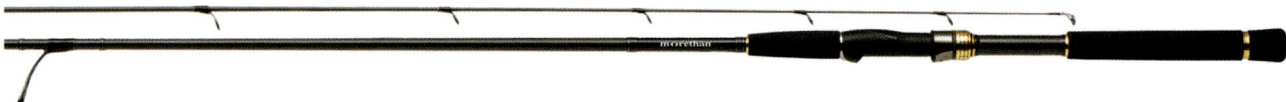

다이와 모어댄 브란지노 AGS

품명	전장 (cm)	절수 (개)	무게 (g)	선경/원경 (mm)	루어중량 (g)	적정라인 나일론(lb)	카본함유량 %	가격 (엔)
77ML	231	2	125	1.6/10.9	7~30	6~16	99	84,500
87LML	261	2	128	1.6/10.9	5~24	6~16	99	86,500
87ML	261	2	135	1.6/10.9	7~30	6~16	99	86,500
89.5ML	268	2	135	1.1/12.4	7~35	8~16	99	83,300
96MH	290	2	149	2.0/13.4	8~50	10~25	99	99,000
97LML	292	2	125	1.5/11.9	5~28	6~16	99	83,000
97ML	292	2	130	1.4/13.4	7~35	6~16	99	84,500
104MH	315	2	182	2.3/14.4	10~60	12~30	99	109,000
1010MML	330	2	155	1.4/13.9	7~35	8~20	99	95,000
115MH	348	3	205	2.0/13.9	12~60	10~25	99	107,000
130M	396	3	220	1.9/15.9	7~45	10~20	99	119,000

모어댄 AGS의 업그레이드형으로 전문 농어낚시인들을 위한 '런커 진화형 플래그십 모델'이다. 전 모델에 AGS 가이드, V조인트, SVF COMPILE-X를 채용했으며 모델에 따라 비틀림 방지 기능의 X토르크와 휨새와 반발력을 더 좋게 만드는 3DX 구조를 적용했다.

다이와 라브락스

품명	전장 (cm)	절수 (개)	무게 (g)	선경/원경 (mm)	루어중량 (g)	적정라인 나일론(lb)	카본함유량 %	가격 (엔)
76LL·F	229	2	108	1.4/9.9	4~21	4~12	98	33,900
80L·F	244	2	115	1.4/10.9	5~28	6~12	98	35,200
86L·F	259	2	120	1.4/11.4	5~28	6~12	98	36,000
86ML·F	259	2	126	1.7/11.9	7~35	8~16	98	36,500
90L·F	274	2	124	1.5/11.9	5~28	6~12	98	36,500
90ML·F	274	2	134	1.7/12.4	7~35	8~16	97	37,500
96ML·F	289	2	135	1.7/13.4	7~35	8~16	97	38,000
96M·F	289	2	160	2.1/13.9	10~50	10~20	97	37,700
100M·F	305	2	157	2.1/14.4	10~50	10~20	97	40,700
106ML·F	320	2	156	1.7/13.9	7~35	8~16	97	40,700
106MH·F	320	2	200	2.2/15.4	12~60	12~25	97	43,000
120M·F	366	3	210	2.1/16.4	10~50	10~20	99	44,100

모든 필드의 농어들을 공략한다는 콘셉트로 제작한 다이와의 고급 농어루어 전용대로 모든 모델에 티탄 프레임 K가이드와 '앤선드 마이트로 피치 블랭크'를 장착했다. 고탄성의 HVF 카본 구조로 제작해 캐스팅, 파이팅, 랜딩 전 과정을 아주 부드럽게 소화할 수 있다.

다이와 라테오

품명	전장(cm)	절수(개)	무게(g)	선경/원경(mm)	루어중량(g)	적정라인 PE(호)	카본함유량 %	가격(엔)
86LL-S · Q	259	2	120	1.1/11.4	3～15	0.4～1.0	97	22,500
90L · Q	274	2	130	1.5/12.4	5～28	0.5～1.2	97	22,500
86ML · Q	259	2	128	1.6/11.9	7～35	0.6～1.5	97	22,500
90ML · Q	274	2	133	1.6/12.4	7～35	0.6～1.5	97	23,000
96ML · Q	289	2	140	1.6/13.4	7～35	0.6～1.5	97	24,500
100ML · Q	305	2	152	1.6/13.9	7～40	0.6～1.5	97	25,000
90M · Q	274	2	148	2.0/12.9	10～50	0.8～2.0	97	24,500
96M · Q	289	2	155	2.0/13.9	10～50	0.8～2.0	97	25,000
100MH · Q	305	2	185	2.2/14.9	12～60	1.0～2.5	97	27,000

2만엔대의 낮은 가격에 비해 경량, 고탄성의 블랭크로 고감도, 고조작성을 발휘하는 모델이다. 블랭크의 비틀림을 방지하는 X토르크를 전 모델에 탑재했으며 샤프한 조작성과 파워 향상을 모두 이뤄냈다. 소구경 하이프레임의 KL-H 가이드를 채용해 라인트러블과 낚싯대의 무게를 줄였다.

다이와 시배스헌터

품명	전장(cm)	절수(개)	무게(g)	선경/원경(mm)	루어중량(g)	적정라인 나일론(lb)	카본함유량 %	가격(엔)
80L	244	2	135	1.6/10.9	5～28	6～12	90	12,200
86L	259	2	145	1.6/11.4	5～28	6～12	90	12,800
86ML	259	2	155	1.8/11.8	7～35	8～16	90	12,800
90L	274	2	155	1.6/12.9	5～28	6～12	89	13,500
90ML	274	2	160	1.8/12.9	7～35	8～16	90	13,500
96ML	290	2	170	1.8/13.4	7～35	8～16	89	14,900
96M	290	2	195	2.2/14.4	10～40	10～20	89	14,900
100ML	305	2	185	1.8/13.9	7～35	8～16	90	15,500

고성능의 농어루어 전용대로 여러 필드에 폭넓게 대응 가능한 구성을 갖추고 있다. 1만엔대의 보급형으로 전 모델에 공통으로 톱과 초리에는 SiC 가이드를 채용, 오리지널 릴시트와 EVA그립, 로드주머니도 포함되어 있다.

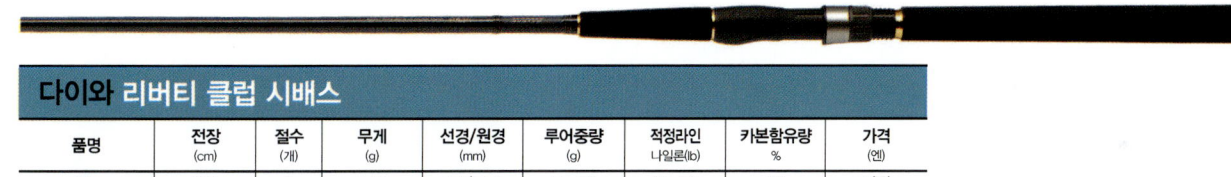

다이와 리버티 클럽 시배스

품명	전장(cm)	절수(개)	무게(g)	선경/원경(mm)	루어중량(g)	적정라인 나일론(lb)	카본함유량 %	가격(엔)
80L	244	2	140	1.6/11.4	5～28	6～12	70	미정
86ML	259	2	155	1.7/12.6	7～35	8～16	67	미정
86L	259	2	150	1.6/11.7	5～28	6～12	70	미정
90L	274	2	155	1.6/13.0	5～28	6～12	68	미정
90ML	274	2	165	1.7/13.5	7～35	8～16	67	미정
96ML	290	2	180	1.8/14.5	7～35	8～16	65	미정
96M	290	2	190	2.2/14.9	10～40	10～20	70	미정

다이와의 보급형 농어루어 전용대로 낮은 가격에도 불구하고 다양한 스펙으로 구성되어 있다. '낚시의 즐거움을 보다 많은 사람들에게 알리기 위한 전용 모델'이라는 콘셉트로 사용자의 편의성을 고려한 제품이다.

다이와 인피트 시배스

품명	전장(cm)	절수(개)	무게(g)	선경/원경(mm)	루어중량(g)	적정라인 나일론(lb)	카본함유량 %	가격(엔)
962MFS KS	289	2	200	2/14.4	10～40	10～20	98	미정

2013년 7월에 발매된 신제품으로 한국용으로 개발한 제품이다. 경량 플러그부터 1온스의 가벼운 루어를 보다 멀리 캐스팅할 수 있으며, 강한 파이팅을 구사할 수 있도록 제작한 농어루어 전용대이다. 로드 전체가 휘어져 농어의 강한 저항에도 바늘털이나 훅이 빠지는 경우가 적으며 캐스팅 능력도 아주 뛰어나다.

농어루어용 릴 전시

Reel Line-up

라팔라 오쿠마 세이마르HD

모델명	기어비	베어링	무게	감는길이	드랙력	가격	대상어
CHD-1000A	5.2:1	7BB+1BB	196g	68cm	5kg	90,000	볼락,쏘가리,꺽지
CHD-2500A	5.3:1	7BB+1BB	235g	78cm	9kg	95,000	에깅,갈치,배스
CHD-3000HA	6.0:1	7BB+1BB	235g	88cm	9kg	95,000	농어,광어,우럭
CHD-4000XA	6.2:1	7BB+1BB	273g	99cm	9kg	105,000	농어,삼치,참돔,광어

극도의 부드러움을 선사하는 플라이트 드라이브, 어떤 대상어라도 강력하게 제압할 수 있는 강인한 HDG기어, 어떤 상황에서든 용이한 캐스팅과 안정적인 릴링을 가능하게 하는 DLC롤러시스템과 스태빌라이제이션 피니언 디자인을 채용한 라팔라의 가성비 스피닝릴 모델이다. 표준 스피닝릴 기어보다 7% 더 커진 대형 기어를 적용해 대상어 제압력과 내구성을 한층 업그레이드 했으며 릴링감을 최적화해 손에 전달되는 진동과 소음을 대폭 감소 시켰다. 가벼운 알루미늄 핸들을 채용했으며 역회전 방지 레버로 쉽게 라인을 방출할 수 있다.

다이와 모어댄 브란지노 LBD

품명	권사량 (cm/핸들 1회전당)	기어비 比	무게 (g)	최대드랙력 (kg)	표준권사량 PE(호-m)	베어링 볼/원웨이	가격 (엔)
2508SH	91	6.2	265	6	1-200, 1.5-150	12	71,400

농어루어낚시 전용 스피닝릴로 레버브레이크과 드랙이 모두 장착되어 있는 제품이다. 농어가 점프하거나 루어를 털어내리고 할 때 레버를 조작해 라인을 방출할 수 있으며, 농어가 스트럭처로 돌진할 때에는 브레이크를 잡아 강하게 제압할 수도 있다. 대물농어와의 파이팅에서 유용하게 사용할 수 있다.

다이와 이그지스트

품명	권사량 (cm/핸들 1회전당)	기어비 比	무게 (g)	최대드랙력 (kg)	표준권사량 PE(호-m)	베어링 볼/원웨이	가격 (엔)
2508PE-H	84	5.6	185	7	0.8-150, 1-120	12/1	77,000
2508PE-DH	71	4.8	200	7	0.8-150, 1-120	14/1	79,000
2510PE-H	84	5.6	185	7	1-200, 1.5-150	12/1	77,000
2510R-PE	71	4.8	200	7	1-200, 1.5-150	12/1	79,000
3012	81	4.8	230	7	1.5-200	12/1	79,000
3012H	95	5.6	235	7	1.5-200	12/1	79,000

경량화와 내구성 향상을 모두 이뤄내고 감도를 더 높인 다이와의 플래그십 모델이다. 정밀하게 가공한 자이온 보디에 고강성, 고강도의 두랄루민 기어를 결합해 고차원적인 회전 내구성을 실현했다. 방수성능이 매우 높은 매그실드 기구를 보디뿐 아니라 라인 롤러에도 채용했다. 강도는 그대로 유지하면서 감도를 향상시킨 뉴에어로터를 탑재, ABSII와 더불어 권사량의 최적화를 계산해 비거리를 늘이고 라인트러블은 감소시켰다. 11가지 모델 중 농어루어용으로는 2508부터 적합하다.

다이와 세르테이트

품명	권사량 (cm/핸들 1회전당)	기어비 比	무게 (g)	최대드랙력 (kg)	표준권사량 PE(호-m)	베어링 볼/원웨이	가격 (엔)
2508PE	72	4.8	240	7	0.8-150, 1-120	10/1	39,000
2510PE-H	90	6.0	240	7	1-200, 1.5-150	10/1	39,000
2510R-PE	72	4.8	245	7	1-200, 1.5-150	10/1	41,000
3012	81	4.8	270	7	1.5-200	10/1	41,000
3012H	95	5.6	275	7	1.5-200	10/1	41,000

농어루어낚시용 스피닝릴로 오랫동안 꾸준한 인기를 누린 제품으로 내구성과 강성을 추구한 메탈보디를 지속적으로 채용해 왔으며 초대 모델부터 지금까지 9년 동안 그 성능을 입증해왔다. 다이와 스피닝릴의 하이그레이드 스탠더드 모델로 꼽히고 있으며, 2013년형은 매그실드 라인롤러와 자이온 에어로터를 탑재, 내구성을 더 높이고 무게를 줄이고 더 뛰어난 방수기능을 갖추고 있다.

다이와 루비아스

품명	권사량 (cm/핸들 1회전당)	기어비 比	무게 (g)	최대드랙력 (kg)	표준권사량 PE(호-m)	베어링 볼/원웨이	가격 (엔)
2510PE-H	84	5.6	215	7	1-200, 1.5-150	7/1	29,600
3012	81	4.8	250	7	1.5-200	7/1	33,000
3012H	95	5.6	255	7	1.5-200	7/1	33,000

가격대비 고성능을 추구하는 루비아스는 다이와의 최고급 제품에 적용하고 있는 매그실드와 에어로터, 자이온 부품 등을 채용하면서도 가격대는 2만~3만엔을 유지하고 있다. 2013년에 전 모델이 업그레이드되었으며, 내구성은 더 높이고 무게는 줄였다.

피싱코리아 다이와 엑셀러

품명	베어링	기어비	권사량	중량	표준권사량	드랙강도	가격(원)
EXC 2500	2CRBB,4BB,1RB	4.7:1	70	280	2-200,3-150,4-100	4kg	130,000
EXC 3000	2CRBB,4BB,1RB	4.7:1	79	305	3-200,4-150,5-120	6kg	130,000

다이와의 미국 판매용 스피닝릴 모델로 'HARDBODYZ' 기술이 적용되어 가볍고 내구성이 강한 제품이다. 알루미늄 합금 보디에 바다용 베어링인 2CRBB를 채용, 전체적으로 '6+1 베어링'을 적용해 부드러운 릴링과 내구성을 동시에 갖추었다. 농어루어용으로는 2500번이 무난하며 대물용은 3000번을 추천한다.

기타 소품들
Accessory & Tackles

다이와
DF-2003 블랙
2만3300엔

다이와
DR-1603
고어텍스 레인슈트
4만7500엔

구명조끼
어디서 낚시를 하든 꼭 착용해야 하는 장비이다. 두툼한 부력재식 제품과 물이 닿으면 센서가 작동해 실린더가 터져 자동으로 팽창하는 얇은 공기팽창식 제품이 있다. 선상낚시, 활동량이 많은 루어낚시에서는 공기팽창식 구명조끼가 편리하며, 갯바위에서 낚시를 즐기거나 자잘한 소품을 편하게 들고 다니고 싶다면 부력재가 들어 있는 것이 좋다. 물에 뜨는 능력은 부력재식이 더 좋다.

거상코리아
사사메 야이바-X
1만4천엔

다이와
솔트 브레스 웨더
SW-4500B(둥근 코)
26,100엔

낚시복
농어루어낚시는 필연적으로 파도를 맞아가며 낚시할 수밖에 없기 때문에 방수기능이 좋은 낚시복이 필수다. 비가 오거나 짙은 해무가 끼었을 때도 낚시복을 입는 것이 좋다. 방수기능이 좋은 낚시복에 목이 긴 갯바위 장화를 신으면 얕은 곳도 건너다닐 수 있다. 되도록 투습기능이 있는 제품을 입어야 많은 활동을 해도 땀이 차지 않는다.

라팔라 웨이딩 슈즈
9만9천원

바지장화
농어루어낚시를 할 때는 바지장화(웨이더)를 입고 얕은 웅덩이를 건너 간출여 위에 올라가서 낚시하는 경우가 많다. 연안에서 낚시하더라도 파도가 높은 날엔 몸이 젖지 않기 위해 바지장화(웨이더)는 입는 것이 좋다. 특히 겨울에 바지장화를 입지 않은 상태에서 파도를 맞으면 추워서 낚시를 할 수 없다. 여름보다는 가을·겨울에 많이 입는다. 신발과 바지가 하나로 붙은 일체형이 있고 분리형이 있는데, 어느 것을 사용해도 무방하다.

라팔라
엑스 에디션 몬턱 웨이더
15만5천원

필라이존 루어백
4만9천원

시선21 45L 보조가방
17만2천원

라팔라 택티컬백
5만9천원

다이와 멀티케이스
900~1400엔

루어백과 태클박스
루어와 각종 소품을 담는 가방으로 다양한 형태가 있다. 대형 하드케이스, 등에 메는 백, 허리에 감는 백 등 취향대로 선택할 수 있다. 루어를 하나하나 개별 보관할 수 있는 소형 플라스틱 케이스부터 선상낚시를 나가는 경우 작은 케이스나 백들을 한 곳에 담을 수 있는 큰 보조가방까지 고루 필요하다. 루어는 컬러나 용도별로 구분해서 담아야 나중에 꺼내 쓰기 편하다.

갯바위신발
갯바위는 늘 파도에 젖어 있고 미끄러운 해초가 자라 있으므로 반드시 미끄럼 방지용 발판이 부착된 갯바위신발을 착용해야 사고를 방지할 수 있다. 장화와 단화가 있는데 단화는 여름에 시원하기는 하지만 발목 이상 물이 잠기는 곳에서는 물이 쉽게 스며들어서 농어루어용으로는 장화를 선택하는 게 좋다.

다이와 PB 3600 스파이크펠트
2만3천엔

라팔라 피싱가프
2만9천원~3만5천원

거상코리아 쇼에이 LG-140
18만8천원

가프
갯바위에서 큰 농어를 들어 올릴 때 꼭 필요한 장비이다. 파도가 치는 연안에서는 뜰채는 파도에 밀려서 농어를 떠내기 힘들므로 가프를 써야 한다. 길이가 짧은 핸드가프와 길이가 긴 가프가 있다. 핸드가프는 휴대하기 간편하지만, 사정거리가 짧은 것이 흠이며 긴 가프는 휴대가 불편하고 다루기 어렵다. 최근에는 핸드가프를 선호하는 추세이다.

꿰미
낚은 고기를 살려 둘 때 쓰인다. 농어용으로는 돌돔용 꿰미를 사용하면 좋다. 민물낚시용 꿰미는 쉽게 망가지기 때문에 쓸 수 없다. 꿰미와 로프는 따로 구입해야 하며, 세트로 구성되어 있는 제품 중엔 로프의 길이가 짧거나 꿰미의 강도가 떨어지는 것이 많으므로 구입할 때 주의해야 한다.

편광안경
수면에 반사되는 자외선으로부터 눈을 보호하고, 편광원리로 인해 물속이 잘 보여 루어를 쫓아오는 농어를 발견할 수 있다.

피시그립
낚은 농어를 맨 손으로 들면 날카로운 아가미에 다칠 수 있으므로, 그립을 사용하는 것이 좋다. 그립 사용과 랜딩에 익숙해지면 그립을 가프 대신 사용할 수도 있다. 그립을 사용할 때는 농어의 주둥이에 박힌 미노우의 바늘에 찔리지 않게 주의해야 한다. 그립을 대려고 하면 농어가 머리를 흔드는 바람에 손을 다치는 경우가 종종 생긴다.

거상코리아 엑스코어 물고기집게
1만7500원

플라이어
고기 입에서 바늘을 빼낼 때 쓴다. 플라이어의 집게가 큰 것은 그립과 같은 용도로 물고기를 집어 올릴 때 사용할 수도 있다. 끝 부분이 기역자로 꺾여 있으면 루어에 달린 스플릿링을 쉽게 벌릴 수 있어 편하다. 녹이 슬지 않는 제품이라야 오래 쓸 수 있다.

라팔라 알루미늄 플라이어
4만원~4만5천원

플래시
야간낚시의 필수품이다. 모자에 끼우는 클립형 플래시와 손에 들고 다니는 휴대용 플래시를 하나씩 가지고 다니는 것이 좋다. 얕은 연안으로 들어갈 때는 플래시 불빛에 농어들이 놀라 달아날 수 있으니 불빛을 수면에 함부로 비추면 안 된다.

필라이즌 팀버원통
3만5천원~4만1천원

백조상사 6만원

로드케이스
하드케이스로 되어 있는 것이 많으며, 낚싯대 한두 대를 수납할 수 있다. 뜰채 등을 함께 담기 위해서는 여유 공간이 많은 것을 선택한다. 오직 한 대의 낚싯대만 들고 다닐 때는 로드벨트에 낚싯대를 묶어 다니기도 하지만, 낚싯배를 타거나 멀리 이동할 때는 파손의 위험이 있으므로 되도록 가방에 보관하는 것이 좋다.

뜰채
선상낚시에서는 뜰채가 유용하게 쓰인다. 프레임이 커야 미터급 농어도 담을 수 있다.

라팔라 프로가이드 랜딩뜰채
4만4천원~8만8천원.

핀온릴과 커트기
낚싯줄을 자를 때 사용한다. 조끼나 모자에 핀온릴을 핀으로 고정한 뒤 커트기를 잡아당기면 줄이 풀려나온다. 그러나 PE라인은 커트기로는 잘 잘리지 않아서 합사용 가위로 자른다.

거상코리아 야이바엑스 장갑
4만6200원

다이와 스트레치 속건 글러브
네이비 3870엔

휴대용 저울

고리에 농어를 걸고 무게를 잴 수 있다. 모든 낚시대상어의 무게를 잴 수 있기 때문에 유용하게 쓰인다.

라팔라 미니 디지털 저울
3만9천원

장갑

캐스팅, 파이팅 중에 로드의 그립감을 높여 주며 갯바위나 선상낚시 중에 넘어졌을 때 손을 보호할 수 있다. 캐스팅 전용 장갑을 사용해도 좋고 손가락이 뚫려 있는 낚시용 장갑이면 어떤 것이라도 착용해도 좋다. 단 손가락이 나오지 않거나 너무 두꺼운 장갑은 감각을 무디게 하므로 얇은 장갑을 착용하도록 한다.

아이스박스

농어는 덩치가 크고 길쭉하기 때문에 특대형 아이스박스가 필요한데, 흔히 '대장쿨러'라고 부르는 50리터 이상의 큰 것이 필요하다. 특대형 쿨러는 바퀴가 달려 있어야 한다.

다이와 S8000 블루
4만5200엔

라팔라 서픽스 832 8합사 250m
6만5천원

라팔라 라피노바X 멀티 4합사
150m 2만5천원

(좌)다이와 UVF모어댄 6합사+Si
7600엔~8100엔
(우)다이와 모어댄 센서 브란지노
8합사+Si 1만1300엔

농어루어낚시용 원줄

표면 코팅되어 매끈해야 캐스팅 원활

합사(PE)에도 여러 가지 종류가 있는데 저렴한 합사는 주로 배낚시용이다. 배낚시용 합사는 따로 코팅을 하는 경우가 드물기 때문에 줄이 쉽게 날리고 잘 꼬여 캐스팅용으로는 부적합하다.
루어낚시용 합사는 고급 원사를 4가닥, 혹은 8가닥을 꼬아 조밀하고 가늘게 만든다. 마지막에 표면을 코팅하기 때문에 줄이 하늘거리지 않고 직진성을 유지하여 캐스팅용으로 적합하다.
농어용 합사는 1호, 1.2호, 1.5호를 사용하는데, 바닥이 아주 거친 곳이 아니라면 1호 합사로 미터급 농어를 상대할 수 있다. 1.5호 합사는 무거운 루어를 캐스팅하거나 바닥이 아주 거친 곳에서 사용한다.

고수들의 장비와 채비

Professional Fishing Gear

농어루어낚시 고수들은 어떤 장비와 루어를 사용할까?
그리고 그들이 그 장비와 채비를 쓰는 이유는 무엇일까?
전국에서 활동하고 있는 우리나라 농어루어낚시 고수 7인의 장비를 직접 살펴본다.

이영수 라팔라 필드스탭

성상보 한국다이와 필드스탭

김장천 피싱코리아 필드스탭

박용섭 JS컴퍼니 필드스탭

이동지 천류 필드스탭

백종훈 엔에스 필드스탭

임신우 영규산업 필드스탭

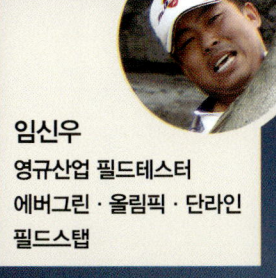

임신우
영규산업 필드테스터
에버그린 · 올림픽 · 단라인
필드스탭

나는 갯바위와 선상을 함께 즐기기 때문에 장르에 구분 없이 쓸 수 있는 범용성이 좋은 로드를 사용하고 있다. 서해와 남해로 출조할 때는 큰 농어를 만날 것에 항상 대비해야 하는데. 로드는 허리힘이 좋으면서도 농어의 강한 저항을 부드럽게 받아 넘길 수 있어야 한다. 루어는 깊은 곳에선 바이브, 얕은 곳에선 미노우를 쓴다.

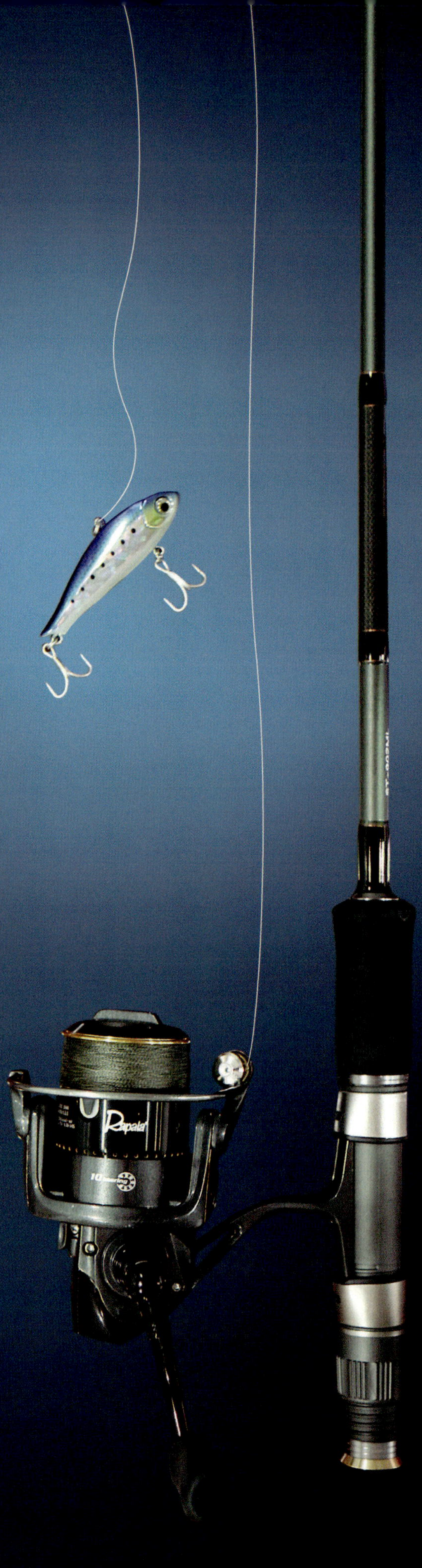

로드
영규산업 스탤리온 902ML

로드의 무게가 가벼운 것이 가장 큰 장점이다. 큰 농어를 만나면 자연스럽게 휘어져 라인의 부담을 덜어준다. 나는 가는 줄을 선호하기 때문에 '스탤리온'의 유연한 휨새를 선호한다. 지난 가을에 나로도에서 미터가 넘는 점농어를 견인했을 때도 이 낚싯대를 사용했다.

릴
라팔라 알타입 3000번

농어루어낚시에서 릴은 농어의 힘을 빼는 데 많은 역할을 한다. 드랙을 적당히 잠근 상태에서 농어가 저항하면 줄이 터지기 전에 스풀이 역회전해 줄이 풀려나가고, 농어의 저항이 멈추면 즉시 릴을 감을 수 있어야 한다. 많은 낚시인들이 고가의 릴을 선호하지만, 10만원대의 중저가 릴도 농어루어낚시에 충분히 활용할 수 있다.

라인
원줄 : 바리바스 시배스 합사 1호
쇼크리더 : 카본 또는 나일론 3호

원줄은 1호 내외로 가늘게 쓴다. 그러면 루어의 비거리가 상당히 늘어난다. 쇼크리더도 3호 내외로 가늘게 쓰는데, 그 이유는 라인이 굵으면 조류를 많이 타서 루어의 움직임이 부자연스럽고, 감도도 떨어지기 때문이다.

루어
야마리아 마아미고G

수심이 7~8m보다 깊은 곳이라면 주저 없이 바이브레이션을 꺼낸다. 가장 즐겨 쓰는 것은 야마리아의 마아미고G. 비거리, 진동, 다이빙 속도 등 모든 것이 마음에 든다. 컬러는 붉은색, 초록색, 파란색이 섞인 것이 좋다. 수심 7~8m 이하인 곳에서는 미노우를 쓴다. 길이 110~130mm를 주로 사용한다. 물색이 탁하면 어두운 색, 물색이 맑으면 밝은 색을 쓴다.

이영수
라팔라 프로스탭
바다루어클럽 회원

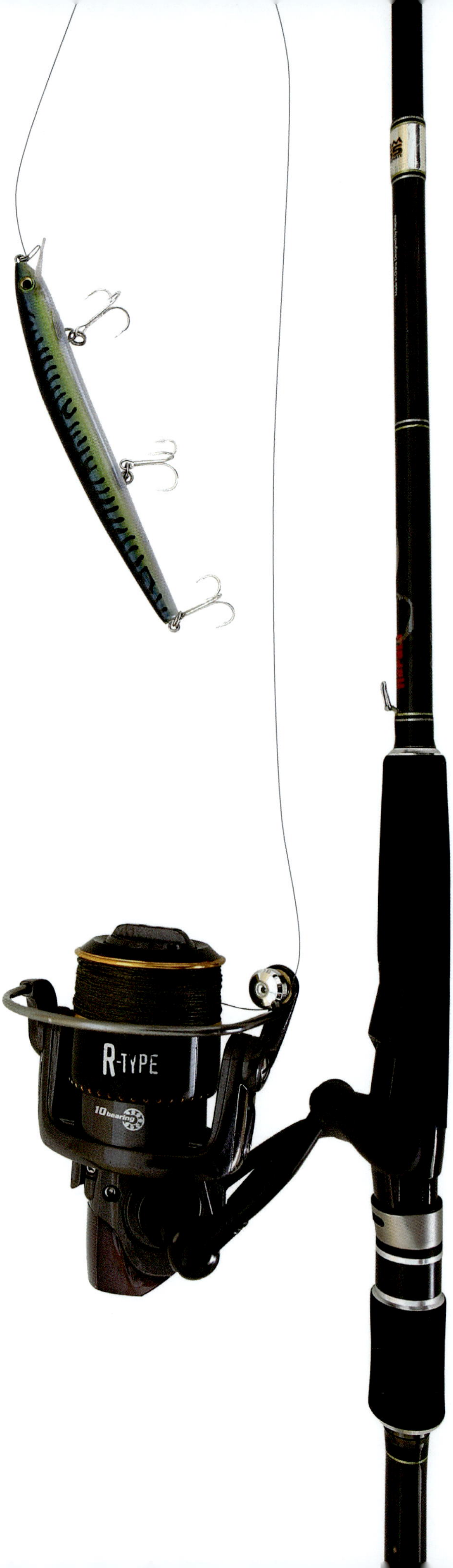

나는 주로 동해 연안에서 농어를 낚으며, 가끔 개인보트를 이용해 선상낚시를 하기도 한다. 동해에서는 원투를 중요시하기 때문에 긴 낚싯대만 찾는 경우가 있는데, 최근에는 대부분의 로드들이 성능이 좋아 8.6ft만 되어도 상당한 비거리를 낼 수 있다. 사실 9ft나 8.6ft의 비거리 차이는 크게 나지 않는다.

로드
라팔라 XTL SECRET 8.6ft
후지 K가이드를 장착한 신형 로드로 연안·선상낚시에 두루 사용할 수 있다. 허리힘이 좋아 캐스팅이 수월하고 대물을 상대하기에도 전혀 문제가 없다. 필자는 8.6ft를 즐겨 사용하는데, 9ft보다 훨씬 다루기 편하고 캐스팅도 자유자재로 할 수 있다.

릴
라팔라 알타입 2500
저렴한 가격의 릴이지만, 염수에 부식되지 않고 드랙의 성능도 좋아 중저가 스피닝릴 시장에서 좋은 반응을 얻고 있는 제품이다. 농어, 삼치 등 중대형 어종을 상대하기에도 무난한 파워를 가지고 있다. 깔끔한 블랙 디자인이라 로드와도 매치가 잘 된다.

라인
원줄 : 라팔라 라피노바X 멀티게임 합사 1.2~1.5호
쇼크리더 : 카본 또는 나일론 4~8호
라피노바X 멀티게임은 가격 대비 성능이 뛰어난 원줄로 농어루어 캐스팅용으로 안성맞춤인 제품이다. 라인에 코팅이 잘 되어 있어 꼬임이 잘 생기지 않으며, 강도도 아주 뛰어나다. 쇼크리더는 8호까지 사용하는데, 거친 암초밭에서 대형을 노릴 때는 굵게 쓰는 편이다.

루어
라팔라 맥스랩 13
맥스랩 13은 길이 130mm의 보기 흔한 미노우지만, 다른 미노우보다 아주 슬림해서 비거리가 좋고 잔잔한 수면에서 아주 자연스러운 액션을 낸다는 특징이 있다. 한편 라팔라 리핀랩은 가장 좋아하는 바이브레이션이다. 선상에서 탐색용으로 즐겨 쓴다. 넓은 지역을 빠르게 탐색한 후 입질이 오면 미노우로 바꾼다. 바람이 불고 파도가 높은 날엔 싱킹 펜슬베이트인 라팔라의 엑스랩 서브워크도 즐겨 쓴다.

성상보
한국다이와 필드스탭
제주 무한루어클럽 매니저

필자가 활동하는 제주도는 다른 곳과 낚시여건이 조금 다르다. 마릿수보다는 큰 것 한두 마리를 노리는 낚시를 주로 하다 보니 낚싯대도 길고 줄도 조금 굵게 쓰는 편이다. 특히 대형 넙치농어를 상대하기 위해서는 농어루어 장비 중에서도 중량급을 사용해야 한다. 로드는 적어도 9ft 이상을 사용하며 원줄은 1.5호 정도로 굵은 것이 좋다.

로드
다이와 모어댄 브란지노 AGS 97LML

길이가 9.7개이지만 로드의 무게가 125g으로 가벼워 롱캐스팅의 정확도를 높여 주며 멀리서 입질한 대형 넙치농어를 제압하는 데도 효과적이다. 허리는 강하고 초리는 유연해 예민한 농어의 입질을 놓치지 않고, 파이팅 시에는 강하게 대처할 수 있다.

릴
다이와 이그지스트 하이퍼커스텀 2510PE-H

무게가 200g이 되지 않는 아주 가벼운 스피닝릴로 경량, 피네스를 추구하는 낚시인에게는 최고의 모델로 꼽힌다. 내구성, 방수 등 농어루어낚시에 필요한 기능은 모두 갖추고 있다. 2510PE-H는 합사 1.5호가 150m 감긴다. 2호 줄을 감으려면 더 큰 3012 모델을 선택하면 된다.

라인
원줄:다이와 모어댄 센서 브란지노 8Braid+S i
1.5호
쇼크리더:카본 또는 나일론 6~10호

제주의 경우 아주 얕은 여밭에서 넙치농어가 바닥으로 파고 들면 원줄이 여에 쓸리는 경우가 잦다. 그래서 합사는 강도가 높은 8합사로 1.5호를 사용하며, 쇼크리더는 적어도 4m 정도 길게 쓰며 6~7호 정도로 굵은 줄을 묶어주는 것이 좋다.

루어
다이와 쇼어라인 샤이너 R50

제주는 연안 수심이 얕아 대부분 플로팅 미노우를 쓴다. 다이와의 쇼어라인샤이너 시리즈가 인기가 좋은데, SL14, SL17 등은 대부분의 농어루어낚시인들이 가지고 있을 정도로 인지도가 높다. 필자는 그 중에서도 조금 깊은 곳을 탐색할 수 있는 쇼어라인샤이너 R50을 즐겨 쓰는데, 립이 약간 길어 리트리브 하면 탐색 범위가 조금 넓은 것이 장점이다.

박용섭
JS컴퍼니 필드스탭
바다루어이야기 고문

루어낚시 장비는 가벼운 것이 좋다. 가벼운 장비는 다루기 쉽고 감도가 높다. 루어를 멀리 던져야 하는 만큼 캐스팅 능력도 좋아야 하는데, 로드의 탄성이 좋아야 하며 힘껏 로드를 휘두를 때는 그 부하를 충분히 받아줄 수 있어야 한다. 최근에는 농어루어낚시도 피네스피싱으로 흘러가는 추세이므로, 가볍고 섬세한 장비를 선택하는 것이 좋다.

로드
JS컴퍼니 빅쏘드S4 972ML

미국 3M사가 개발한 '파워럭스' 원단으로 만들어 허리힘이 좋고 낚싯대가 아주 질기다. 쉽게 부러지지 않는 것이 가장 큰 장점. 무게는 140~150g으로 아주 가볍다. 필자가 972ML을 사용하는 이유는 바이브나 펜슬베이트 같은 무거운 루어를 풀캐스팅하기 위해서이다.

릴
다이와 세르테이트 2510PE-H

합사 150m가 딱 맞게 감기는 권사량과 7kg의 드랙력으로 농어루어낚시 전용 모델이라고 해도 손색이 없는 제품이다. 방수기능이 뛰어나고, 내부식성이 강한 것이 장점. 2013년에 업그레이드된 제품은 로터에 달린 라인롤러에도 방수기능을 적용해 원줄이 손상되는 것을 막아주며, 바닷물의 침투에도 안심하고 사용할 수 있다.

라인
원줄 : 바리바스 시배스 1.2호
쇼크리더 : 카본 또는 나일론 4~5호

낚싯대가 972ML로 조금 긴 편이고, 무거운 루어로 풀캐스팅하는 것을 즐기기 때문에 1호는 조금 가늘어 1.2호를 쓴다. 쇼크리더는 특별한 경우가 아니라면 4~5호 줄로 대부분의 농어를 랜딩할 수 있다.

루어
JS컴퍼니 티엠코 잘로우 113

거친 바다에 대응하기 위해 개발된 잠행수심 40~50cm의 미노우로 화려한 컬러로 플래싱 효과가 뛰어난 제품이다. 텅스텐 싱커를 사용해 비거리가 좋다. 악조건에서도 액션을 잘 유지하기 때문에 항상 가지고 다니는 루어이다. 그 외에 티엠코의 가이나 1230이나 다이와의 SL14, 아이마의 사스케 130도 즐겨 사용한다.

이동지
천류 바다필드스탭 팀장

농어 로드의 경우 마니아가 아닌 이상에는 여러 대의 로드를 구입하지 않는다. 즉, 한 대로 다양한 포인트에서 활용하기 마련인데, 그래서 로드를 구입할 때는 범용성을 고려해야 한다. 선상, 갯바위, 해변 등 다양한 곳에서 즐기기에는 8ft 후반대의 로드가 좋다. 무게는 가볍고, 가이드는 최신형으로 합사 전용을 쓰는 것이 중요하다.

로드
천류 시배스 엑스카리브iX 892ML

일본 '텐류'와 기술 제휴로 제작한 농어루어 전용 로드로 기존의 엑스카리브를 고급형으로 업그레이드한 제품이다. 고탄성·고장력 블랭크와 후지SiC K가이드를 채용해 한결 쉽게 다룰 수 있다. 8.9ft는 범용으로 쓰기 좋다.

릴
다이와 루비아스 3012

중급 스피닝릴로 가격 대비 성능이 뛰어난 제품이다. 실제로 많은 낚시인들이 선호하는 제품 중 하나로, 내구성이 좋고 방수기능이 뛰어나다는 평가를 받고 있다. 3012 모델은 합사전용으로 1.5호 합사가 200m 감기도록 설계되어 있다. 2013년 신제품은 많은 부분이 업그레이드되었다.

라인
원줄 : 라팔라 서픽스 832 합사 1.5호
쇼크리더 : 카본 또는 나일론 4~5호

합사 1.5호면 미터급 농어도 거뜬하게 상대할 수 있을 만큼 강하다. 특히 라팔라의 서픽스 832는 8가닥의 라인을 꼬아 만든 8합사이기 때문에 강도가 아주 우수하다. 마찰 강도도 높아 여에 쓸려도 다른 합사에 비해 좀 더 오래 견디는 듯하다.

루어
엔에스 칼립소 미노우 130F

비거리와 액션이 좋고 부담스럽지 않은 내추럴한 플래싱 효과가 장점이다. 남해안에서는 어디서나 꺼내어 쓸 수 있을 정도로 활용도가 좋은데, 남해안의 맑은 물색에 잘 매치가 되는 듯하다. 농어의 입질이 예민할 때는 110mm로 작은 사이즈를 사용한다. 단순한 리트리브에도 자연스러운 액션을 내지만, 강한 저크 액션에도 반응이 좋다.

백종훈
엔에스 바다필드스탭
고성 푸른낚시마트 대표

남해안의 경우 선상, 갯바위, 해변에서 모두 농어를 노릴 수 있기 때문에 가급적이면 낚싯대 한 대로 언제 어디서나 농어루어낚시를 즐길 수 있는 올라운드 장비를 추구한다. 길이 8.6ft를 선호하는 이유도 그 때문이다. 다양한 곳에서 범용으로 쓰는 만큼 로드의 성능이 좋아야 한다.

로드
엔에스 버뮤다 862ML

엔에스에서 개발한 60만원대의 최신 제품으로 강한 허리를 가지고 있고 전체적으로 밸런스가 잘 맞아 캐스팅, 파이팅, 랜딩이 아주 매끄럽게 이어진다. 8.6ft 하나로 모든 장르의 농어낚시를 커버할 수 있으며, 각 부품은 최고급 옵션을 적용해 내구성도 아주 뛰어나다.

릴
다이와 세르테이트 2510PE-H

내구성, 방수성능, 릴링감, 파워 등 농어루어낚시뿐 아니라 낚시 전반에 걸쳐 릴이 필요한 기능을 충실하게 갖추고 있는 제품이라 오래전부터 사용하고 있다. 농어루어낚시를 할 땐 바닷물에 의한 부식을 항상 신경 써야 하는데, 세르테이트는 철수 후 물세척을 하고 보관하면 걱정 없이 오래 쓸 수 있는 것이 장점이다.

라인
원줄 : 엔에스 하이브리드 프리미엄 합사 1호
쇼크리더 : 카본 또는 나일론 4~5호

적어도 남해안에서는 합사 1호만 되어도 농어를 제압할 수 있다. 수심이 깊은 곳이 많아 농어가 암초로 박을 확률이 적기 때문이다. 최근에 출시되는 합사들의 성능이 워낙 좋아 강도는 걱정하지 않아도 된다. 원줄이 굵을수록 비거리만 손해 본다.

루어
엔에스 칼립소 미노우 130mm

농어 활성이 낮을 때는 길이가 조금 짧은 110mm가 좋고, 활성이 높을 때는 130mm가 좋다. 남해동부 해안에서는 대형 농어가 그리 많지 않기 때문에 145mm는 조금 부담스러워 130mm가 주력 아이템이 된다. 수심이 깊은 곳은 칼립소 바이브를, 몽돌밭이나 해변에서 먼 곳을 노릴 때는 마리아(야마시타)의 블루스코드 슬림을 즐겨 쓴다.

김장천
피싱코리아 필드스탭

최근에는 중저가형 농어루어낚시 장비 중에서도 고성능 제품들을 자주 볼 수 있다. 루어낚시 인구가 크게 불어난 것도 이런 고성능의 저가 장비들이 많이 보급된 덕분이다. 필자의 경우 개인보트를 이용해 군산의 외해나 목포나 신진도 일대의 워킹 포인트로 출조하고 있는데, 보급형 장비로 충분히 재미있게 낚시를 즐기고 있다.

로드
피싱코리아 씨호크 레이피어 832MRS

저가형 낚싯대지만 농어입문자용으로는 더없이 좋은 로드이다. 선상, 연안 모두 사용 가능하다. 30g 내외의 루어를 사용해도 캐스팅할 때 허리힘이 부족하지 않으며, 고기를 걸었을 때도 능숙하게 대응할 수 있다.

릴
다이와 엑셀러 3000번

다이와의 미국시장 판매용 릴로 이미 국내에서도 오랫동안 많은 양이 팔려 그 성능을 입증 받은 제품이다. 고가의 릴이 아니지만 성능은 뛰어나다. 염분에 내부식성이 강한 'CRBB' 베어링을 사용했으며, 알루미늄 보디와 핸들을 장착해 내구성이 강하다. 대형 농어의 저항에 대응할 만큼 드랙의 성능도 좋다.

라인
원줄 : 씨호크 블레이드 1~1.5호
목줄 : 카본 또는 나일론 5호

라인은 1호~1.5호면 어떤 사이즈의 농어가 걸려도 견딜 수 있다. 루어의 비거리를 감안해 1호나 1.5호 중에서 선택하면 된다. 단, 바이브레이션 같은 무거운 루어를 던질 때는 라인이 조금 굵은 것이 좋다.

루어
피싱코리아 처거 미노우

헤드컷 타입의 플로팅 미노우를 즐겨 사용한다. 표층에서 저킹 시 농어를 피해 도망가는 베이트피시의 소음과 움직임을 동시에 연출한다. 보디 길이 120mm, 무게는 17g으로 비거리와 액션의 안정성을 모두 갖추었다. 플래싱 효과가 뛰어난 홀로그램 테이프로 도장해 내추럴한 색감이 우수하다.

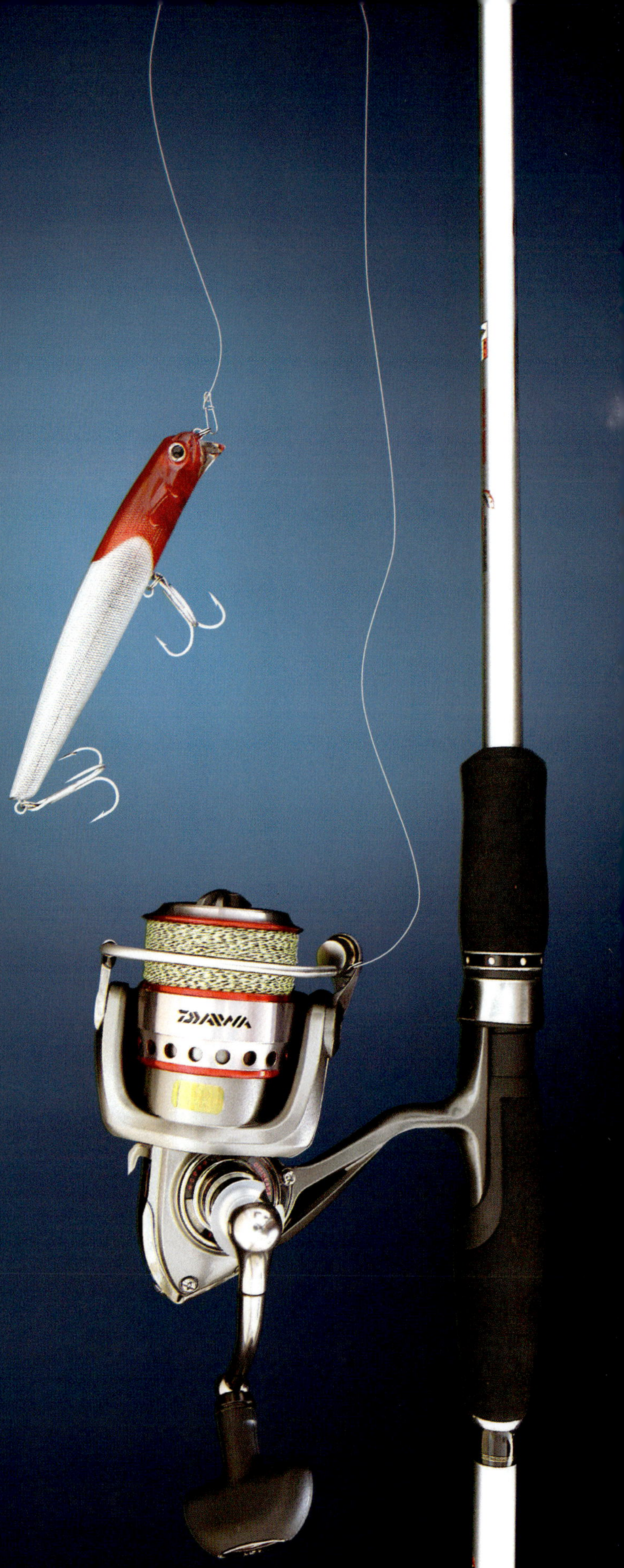

낚시춘추 무크지 ❷
SEABASS lure fishing
농어 루어낚시

지은이 낚시춘추 김진현 기자
펴낸이 정규도
펴낸곳 황금시간

초판 1쇄 인쇄 2013년 8월 29일
4쇄 인쇄 2025년 11월 10일

편집 허만갑
디자인 정현석 이승현 장미연 김현숙

공급처 (주)다락원 (02)736-2031

주소 경기도 파주시 문발로 211
전화 (02)736-2031(대)
팩스 (031)8035-6907
출판등록 제406-2007-00002호

Copyright ⓒ 2013, 황금시간

저자 및 출판사의 허락 없이 이 책의 일부 또는 전부를 무단 복제·전재·발췌할 수 없습니다. 잘못된 책은 바꿔드립니다.

값 27,000원
ISBN 978-89-92533-55-3 13690

http://www.darakwon.co.kr

- 다락원 홈페이지를 통해 인터넷 주문을 하시면 자세한 정보와 함께 다양한 혜택을 받으실 수 있습니다.